本研究得到国家社科基金青年项目"农民市民化过程中农地财产权的实现机制创新研究"（No.16CJL004）资助

马克思主义政治经济学青年论丛

农民市民化过程中农地财产权的实现机制创新研究

韩文龙 著

中国财经出版传媒集团

经济科学出版社

Economic Science Press

党的十八大以来，习近平总书记高度重视马克思主义政治经济学的学习、研究和运用，提出一系列新理念、新思想、新战略，在理论上不断拓展新视野、作出新概括、形成新学说。2020 年 8 月 24 日，习近平总书记在经济社会领域专家座谈会上强调，"面对错综复杂的国内外经济形势，面对形形色色的经济现象，学习领会马克思主义政治经济学基本原理和方法论，有利于我们掌握科学的经济分析方法，认识经济运动过程，把握经济发展规律，提高驾驭社会主义市场经济能力，准确回答我国经济发展的理论和实践问题"。把握这一重要讲话的精神实质和深刻内涵，需要深入思考领悟习近平总书记治国理政新理念、新思想、新战略，以改革发展进程中的重大问题为导向，不断进行理论观点、学科体系和研究方法的创新与发展，不断产出体现继承性和民族性、原创性和时代性、系统性和专业性的经济研究成果，不断形成充分体现中国特色、中国风格、中国气派的中国经济学理论体系。

这就需要我们坚持从中国实际出发，坚持马克思主义的基本立场、观点和方法，吸收和借鉴人类一切优秀文明成果，坚持以人民为中心的发展思想，坚持落实新发展理念，坚持和完善社会主义基本经济制度，坚持社会主义市场经济改革和对外开放基本国策，提炼和总结我国经济发展实践的规律性成果，把实践经验上升为系统化的经济学说。以新时代为逻辑起点，开展百年未有之大变局下的重大理论和实践问题研究。系统研究当代马克思主义经济学中国化的最新成果和独创性观点；系

总序

统梳理中国特色社会主义政治经济学的思想来源、理论进程和阶段特征；系统提炼中国特色社会主义政治经济学的内涵属性、逻辑主线、方法原则、理论结构，从而不断推进马克思主义政治经济学的中国化，不断书写中国特色社会主义政治经济学的新篇章，不断开拓当代中国马克思主义政治经济学新境界。

政治经济学是西南财经大学的传统优势学科。西南财经大学政治经济学团队一直瞄准国家重大需求，着力推动重大理论创新、重大决策研究、高层次人才培养、话语传播和国际交流，着力构建具有"中国气派、西部特色、西财风格"的中国特色社会主义政治经济学理论体系和话语体系。为了大力推进当代马克思主义政治经济学的发展与创新，西南财经大学全国中国特色社会主义政治经济研究中心组织了一批政治经济学青年学者聚焦研究马克思主义政治经济学的基本理论，以及城市化、农村土地问题、产融结合、贸易摩擦和新型经济全球化等重大理论问题和重大现实问题，陆续产出了一批重要研究成果，形成"马克思主义政治经济学青年学者论丛"系列丛书，由经济科学出版社陆续出版。

刘诗白
庚子年九月于光华园

党的十八届三中全会公报和党的十九大报告中都提到要加快农民市民化的进程，通过农地"三权分置"改革等措施，赋予农民更多的土地财产权。从经济社会发展历程看，工业化和城市化是推动农民市民化的重要力量，农民市民化也是经济社会现代化发展的必然趋势。如何在农村土地"三权分置"改革背景下，在农民市民化过程中保障农民的土地财产权，如承包地的承包权、经营权、处分权、收益权和退出权等，宅基地的资格权和使用权等，集体经营性建设用地的土地增值收益分配权等，需要不断探索和创新各类权能的实现机制。

产权，在经济学意义上和法律意义上的侧重点不太一样，但是总体来看，经济学意义上的产权和法律意义上财产权的主要权能是重合的。因此，本书所研究的农地财产权是指以农地主要产权权能为基础，可以给农民带来财产性收益的产权。因此，"三权分置"下的农地产权改革是实现农民土地财产权的基础性制度要件。农地产权制度改革实践的多样性是实现农民土地财产权的有益探索。构建以用益物权为主要权属内涵和创新权利运行与救济机制等是实现农民土地财产权的关键。

基于以上认识，本书研究农民市民化过程中土地财产权的实现问题。重点是农地"三权分置"背景下，农村的三块地，即承包地、宅基地和集体经营性建设用地的"确权颁证"和"还权赋能"过程中农民土地财产权的实现问题。

本书具体的章节安排如下：

第1章是导论，主要介绍研究背景与意义、理论基础与相关文献评析、研究目的和方法、核心概念和主要观点、主要内容和分析框架、创新点和可能存在的不足等。

第2章主要概括了新中国成立以来我国城乡关系演变和农民市民化的演变历程，以及改革开放以后农民工、劳动力市场和中国的经济发展过程等。

第3章概括了新中国成立以来我国农地产权制度的演变。我国农地产权制度变革经历了农地产权混合所有制以及向集体所有制的转变时期（1949~1978年）、农村土地集体所有制下的家庭联产承包责任制时期（1978~2012年）和坚持土地集体所有制和家庭承包经营为主的"三权"分置时期（2012年至今）。我国农地产权制度变革的逻辑主线是指与经济社会发展阶段相适应的农地产权权能的创设和具体化。我国农地产权制度变革的核心问题是要正确处理好农民和土地、农民和集体、农民和国家的关系。

第4章研究了承包地"三权分置"与农地财产权的实现。重点关注了承包地"三权分置"的理论实质和实践探索，包括落实所有权、稳定承包权和放活经营权三个方面，并以案例比较的方式对其进行了深入剖析。

第5章研究宅基地"三权分置"与农地财产权的实现。重点研究了宅基地"三权分置"的权能困境与权能实现机制创新，完成了宅基地使用权抵押贷款的案例和实证分析，以及进一步实证分析了权属意识、资源禀赋与宅基地退出意愿的逻辑关系和作用机制等。

第6章研究了集体建设用地入市与农地财产权的实现。本章采用案例研究的方式，研究了四川省泸县经营性建设用地和宅基地"入市"改革试点模式，并对多样化的实践模式进行了对比分析。

第7章研究了林地"三权分置"与农地财产权的实现。本章总结了我国林地产权改革历程、内涵和实现模式，重点对比分析了林地"三权"分置改革的实践模式。

第8章研究了新时代以城乡融合发展促进农民市民化与农地财产权的实现。本章以城乡融合发展为背景研究农民市民化，强调构建以用益物权为主要内涵的农地财产权制度和创新实现机制。

第9章是主要结论及政策建议。主要对全书研究的重点内容做了总结，并依据研究内容提出了一些政策建议。

本书的创新之处在于以下几点：

第一，提出了农地财产权实现的理论路径，即实现农民的土地财产权，需要构建以用益物权为主要权属内涵的农地财产权体系，创新机制，实现以土地承包权和经营权、宅基地资格权和使用权、集体收益分配权为主的农地财产权的经济价值。实现农地财产权还需要遵循权利赋予和回归、权利行使和运作、权利救济和保障的逻辑主线，重点把握法律路径、权利路径和市场机制路径三条路径。

第二，初步构建具有中国特色农地产权的国家、农民集体和农民的关系理论框架。与道格拉斯·诺斯提出的西方产权的国家理论不同，我国对农地产权制度的界定和保护都是动态的，国家意志的变迁对农地产权制度的调整具有重要的影响。我国的土地产权制度变革一直面临着两大约束：一是土地制度是社会主义公有制的有效实现形式；二是土地利益的分配是服从于经济现代化的目标，即从传统的农业国变为现代工业国。在这样的制度约束下，我国农地产权制度变革一方面在动态地调整国家、集体与农民的关系，另一方面在创立和细化农地产权的具体权能，如创立承包地经营权、宅基地资格权等。

第三，从各地的农地产权改革和实践模式出发，总结了农地财产权实现的多种模式和治理机制。例如，总结了承包地"三权分置"改革中产权权能实现的三种模式：市场主导型、政府主导型和股份合作社型模式；总结了闲置宅基地使用权实现的六种模式，分别为集体建设用地入市模式、共建共享模式、"置产经营"模式、"抵押融资"模式、"房地置换强脱贫"模式和超占宅基地"有偿使用"模式；总结了林地"三权分置"中放活经营权的三种模式：家庭林场、股份合作制和林地共营等。

第四，运用多学科交叉的研究视角。农地财产权实现机制创新的研究涉及经济学、法学和社会学等学科。以农地产权改革的实践为基础，采用跨学科的综合知识和多元分析视角是本书的方法论特色。

本研究也存在一些不足之处：

第一，新时代，乡村振兴战略实施背景下，我国城乡融合进入了关键阶段。全国各地在推进农民市民化过程中出现了一些土地财产权实现的新模式。对于这些新模式的追踪研究和理论分析还不够。

第二，限于经费和时间等约束，尽管本书的案例调研涉及到了贵州省安顺市、黔东南州和贵阳市，云南省昆明市，甘肃省张掖市和酒泉市，四川省成都市、德阳市、宜宾市、自贡市、泸州市，江苏省南通市，安徽省马鞍山市，内蒙古锡林郭勒盟，重庆市等，但是问卷调研仅局限在重庆市和四川全省各市州进行，有效样本 896 份，获得的只是地区性的小样本，还缺乏全国性的大样本，这是后续研究要改进的。

目　录
CONTENTS

第**1**章

绪　论

1.1　研究背景与意义

1.1.1　研究背景

中共十八届三中全会审议通过的《中共中央关于全面深化改革若干重大问题的决定》提出"赋予农民更多财产权利"[①]，2016 年中央一号文件再次提出"深化农村集体产权制度改革"[②]，向着实现农民土地财产权和深化农村土地制度改革迈出了实质性步伐。党的十九大报告也提出要"以城市群为主体构建大中小城市和小城镇协调发展的城镇格局，加快农业转移人口市民化"[③]；同时提出"深化农村集体产权制度改革，保障农民财产权益"[④]。工业化和城市化是推动农民市民化的重要力量，农民市民化也是经济社会现代化发展的必然趋势。在农村土地"三权分置"改革背景下，在农民市民化过程中，如何保障农民的土地财产权，尤其是农地的承包权、

---

①　中共中央关于全面深化改革若干重大问题的决定［N］. 人民日报，2013 – 11 – 16（001）.

②　中共中央国务院关于落实发展新理念加快农业现代化实现全面小康目标的若干意见［N］. 人民日报，2015 – 12 – 31.

③　习近平. 决胜全面建成小康社会夺取新时代中国特色社会主义伟大胜利——在中国共产党第十九次全国代表大会上的报告［M］. 北京：人民出版社，2017：33.

④　习近平. 决胜全面建成小康社会夺取新时代中国特色社会主义伟大胜利——在中国共产党第十九次全国代表大会上的报告［M］. 北京：人民出版社，2017：32.

经营权、处分权、收益权和退出权等，需要在实践中不断探索。农民市民化过程中，正确处理农民土地财产权的问题，关系到农民的切实利益和权益保障，也是解决"三农"问题和降低农民市民化成本的重要选择。

1.1.2 研究意义

"十三五"和"十四五"时期是中国推进城镇化的关键阶段，处理好农民与土地的关系是完成这一战略目标的重要"抓手"。界定和实现农地财产权，一方面有利于帮助农民获得相应收益来支持其市民化，或帮助农民保留部分土地权利以应对市民化过程中可能出现的各种风险，解决农民市民化的后顾之忧；另一方面有利于加快农地流转和实现农业规模化经营，构建新型的农业经营体系。这是本书研究的应用价值。

本书的理论价值在于以农地财产权改革实践为素材，初步构建具有中国特色的农地产权的国家、农民集体和农民的关系理论框架，以区别于道格拉斯·诺斯的西方产权国家理论。中华人民共和国成立至今，中国农地产权的变迁和调整是动态的，实质是在不断调整国家、农民集体和农民个体的利益，其中国家意志发挥了关键性作用。

1.2 理论基础与相关文献评析

1.2.1 理论基础

1. 马克思恩格斯的城乡融合发展思想

工业革命时期，以英国为代表的新兴资本主义国家开始快速进入工业化和城市化，同时也出现了城乡分离和对立问题。马克思和恩格斯在批判与继承英国古典政治经济学和法国空想社会主义者的城乡关系理论基础上，运用辩证唯物主义和历史唯物主义方法论分析、归纳和总结城乡关系演变规律，形成了"马克思恩格斯城乡融合思想"。新时代，与中国实际相结合，需要重点理解和把握马克思恩格斯城乡融合思想的四点内容。

（1）从城乡分离到城乡融合是城乡关系演变的客观规律。马克思和恩格斯一直坚持以唯物史观这一科学的方法论来研究城乡关系，并认为在人类社会发展进程中，城乡关系经历了"一体"到"分离"，以及"联系"和"融合"的历史性演进。在原始社会初期，由于不存在现代意义上的城市，城乡分割并不存在。此时，"混沌一体化"是该阶段城乡关系的典型特征。随着生产力的发展，部落内部和部落之间的交换规模逐渐扩大，物质劳动和精神劳动分工的出现，以及以政治为中心的城市的形成，开始出现了城乡分离。正如马克思和恩格斯所言，"物质劳动和精神劳动的最大的一次分工，就是城市和乡村的分离。城乡之间的对立是随着野蛮向文明的过渡、部落制度向国家的过渡、地域局限性向民族的过渡而开始的，它贯穿着文明的全部历史直至现在"①。"城乡分离"在资本主义时期发展到城乡对立的状态，城乡之间的矛盾越来越尖锐。这源于资本主义的生产方式使得大量的人口和生产资料聚集在城市，而乡村却处于相对孤立的状态。马克思和恩格斯曾指出，"城市本身表明了人口、生产工具、资本、享乐和需求的集中，而在乡村看到的却是完全相反的情况：孤立和分散"②。

马克思也认为"城市和乡村的分离还可以看作是资本和地产的分离，看作是资本不依赖于地产的存在和发展的开始，也就是仅仅以劳动和交换为基础的所有制的开始"③。由此可知，城市与农村的分离和对立，不仅带来了资本和劳动的分离，还带来了城乡居民间利益的对立。而要消灭这种城乡之间的对立，需要创造更多的物质条件，这是城乡融合的首要条件。什么时候会出现城乡融合？马克思和恩格斯的设想是在旧分工体系的瓦解和私有制消灭后。在未来的共产主义社会中，恩格斯指出"城乡之间的对立也将消失。从事农业和工业的将是同一些人，而不再是两个不同的阶级，单从纯粹物质方面的原因来看，这也是共产主义联合体的必要条件"④。

（2）实现人的自由全面发展是城乡融合的核心价值追求。城乡融合的

①② 马克思恩格斯文集（第 1 卷）［M］．北京：人民出版社，2009：556.
③ 马克思恩格斯文集（第 1 卷）［M］．北京：人民出版社，2009：557.
④ 马克思恩格斯选集（第 1 卷）［M］．北京：人民出版社，2012：561.

核心价值追求是什么？恩格斯在《共产主义原理》中明确指出，"通过城乡融合，使社会全体成员的才能得到全面发展"①。由此可知，恩格斯所理解的城市与乡村的分离与融合是与人的全面发展密切联系的。在城乡分离阶段，主要的生产资料流向城市，并在城市形成了聚集效应，同时城市的基础设施和公共服务要远远好于农村，此时的农村变得相对孤立和凋敝。这种城乡分离带来了城市居民和农村居民的权利不平等和利益对立，破坏了农村居民实现自由全面发展的物质基础和精神基础。尤其是资本主义生产方式下，私有制使得生产资料更加集中在少数人的手中，进一步形成了城乡居民之间的利益对立。随着生产力的发展，旧的城乡分工体系被打破，城乡之间出现了融合发展趋势。城乡融合阶段，城市居民和农村居民可以享受同等的公共服务和权利。但是，马克思和恩格斯也指出，只有在未来共产主义社会消除了工农差别、城乡差别和脑力劳动与体力劳动的差别后，才能实现人们从"人的关系依赖阶段"向"物的依赖阶段"，以及向"自由全面发展阶段"的转变②。此时的自由全面发展，则是"把不同社会职能当作相互交替的活动方式的全面发展的个人"③，以及"建立在个人全面发展和他们共同的、社会的生产能力成为他们的社会财富这一基础上的自由个性"。因此，只有实现了城乡融合，才能如恩格斯所言"断定说人们只有在消除城乡对立后才能从他们以往历史所铸造的枷锁中完全解放出来"④。

（3）打破旧的分工及解放和发展社会生产力是实现城乡融合的重要基础。在奴隶社会、封建社会和资本主义社会等以生产资料私有制为主的阶级社会中，马克思和恩格斯指出城乡对立的根源是旧的分工和私有制。他们认为"城乡之间的对立是工人屈从于分工、屈从于他被迫从事的某种活动的最鲜明的反映，这种屈从把一部分人变为受局限的城市动物，把另一部分人变为受局限的乡村动物，并且每天都重新生成二者利

---

① 马克思恩格斯文集（第5卷）[M]．北京：人民出版社，2009：557．
② 谢富胜，吴越，王生升．平台经济全球化的政治经济学分析 [J]．中国社会科学，2019（12）：62 – 81，200．
③ 马克思恩格斯文集（第8卷）[M]．北京：人民出版社，2009：52．
④ 马克思恩格斯选集（第3卷）[M]．北京：人民出版社，2012：264．

益之间的对立。在这里，劳动仍然是最主要的，是凌驾于个人之上的力量，只要这种力量还存在，私有制也就必然会存在下去"①。在马克思和恩格斯看来，农业和工业的分工、体力劳动和脑力劳动的分工是形成城乡分离的关键。当然，这些旧的分工体系是人类社会发展的必经阶段。旧的分工，某种意义上讲也是一个历史范畴，会随着生产力的发展而变化，可能会被瓦解。私有制，尤其资本主义私有制才是形成城乡对立的根源。在生产资料归少数资本家所有的社会制度下，私有制既可以部分发展生产力，又可能带来生产力的不充分发展。② 资本主义私有制会形成少数人对多数人的剥削和压迫，形成城乡之间发展的不平衡，形成城乡居民之间的利益对立。要实现城乡融合发展，不仅要以新的分工体系替代消灭旧的分工体系，还需要彻底消灭私有制。因为只有消灭私有制，建立社会主义公有制，实现土地等主要生产资料的公有，才能创造更多的物质财富和精神财富满足城乡居民的各类需要，才能为城乡融合发展铺就制度之路。

城乡融合的物质条件与基础是解放生产力和发展生产力，实现物质财富的充分积累。马克思和恩格斯认为，"消灭城乡之间的对立，是共同体的首要条件之一，这个条件又取决于许多物质前提"③。这里的物质前提可以理解为生产力的高度发展。马克思和恩格斯在论述城乡分离时，提出生产资料向城市的聚集和农村的孤立，主要原因之一就是生产力的空间布局问题。城市通过聚集效应和虹吸效应等，将主要的生产资料从农村吸收过来，形成了越来越强大的生产力，而农村却陷入了"生产力困境"。这样的结果必然是城乡的两极分化。要实现城乡融合发展，需要"共同地和有计划地利用生产力"④。这包括"把农业和工业结合起来，促使城乡对立逐步消失"⑤；包括在城市和农村合理布局与利用生产力，实现城市工业化和农村工业化的同步与互动等。

---

① 马克思恩格斯文集（第 1 卷）［M］. 北京：人民出版社，2009：557.
② 邬巧飞. 马克思的城乡融合思想及其当代启示［J］. 科学社会主义，2014（4）：142-145.
③ 马克思恩格斯文集（第 5 卷）［M］. 北京：人民出版社，2009：557.
④ 陈燕妮. 马克思恩格斯城乡融合思想与我国城乡一体化发展研究［M］. 北京：中国社会科学出版社，2017：125.
⑤ 马克思恩格斯选集（第 1 卷）［M］. 北京：人民出版社，2012：442.

（4）两个"结合"是实现城乡融合的重要途径。关于如何实现城乡融合，马克思和恩格斯提出了两个结合：一是"把农业和工业结合起来"①；二是"把城市和农村生活方式的优点结合起来"②。

实现城乡融合的基本途径之一是"把农业和工业结合起来"。从现实的角度讲，实行城乡融合需要把城市和农村生产方式的优点结合起来。这需要在乡村大力发展现代农业，不断提高农村生产力。通过城市发展带动农村发展，重点是实现城市先进生产方式和生活方式对农村的带动与示范作用，逐步完成恩格斯所提出的城市对农村的"解脱"功能，即"城市的繁荣也把农业从中世纪的简陋状态下解脱出来"③的功能。这需要将代表先进生产力的大工业在"在全国的尽可能均衡的分布"④，实现农村的工业化和现代化。在城乡融合中发挥和利用现代科技的重要作用，完成和实现"自然科学却通过工业日益在实践上进入人的生活，改造人的生活，并为人的解放做准备"的价值追求。

实现城乡融合的基本途径之二是"把城市和农村生活方式的优点结合起来"。随着城市化的推进，现代城市越来越具有了规模效益和聚集效应。伴随着城市基础设施和公共服务水平的提升，越来越多的人从农村流向城市，享受着城市在生活方式上具有的优越性。尽管在工业化和城市化过程中，乡村生产和生活是相对孤立的，但是乡村为城市的工业提供了大量的原料，为城市居民生产了大量的食物，乡村还拥有广阔的空间、朴实的人、美丽的自然和沉甸甸的乡土文化。这需要重视教育，通过教育让人们了解整个社会系统、生产体系和生活系统，同时"教育将使得他们摆脱现在这种分工给每个人造成的片面性"⑤。在城乡互动和互补发展中实现人与自然的和谐相处，通过构建和完善自然、农村和城市三者之间的和谐生态链条，保持自然界新陈代谢的可持续。只有将城市的人工环境和乡村的自然环境相结合，将城市的工业文明与乡村的乡土文化相结合等，才能真正发挥农村和城市各自独特的作用和优势，形成一定的优势互补互促效应，

---

① 马克思恩格斯选集（第1卷）[M]. 北京：人民出版社，2012：442.
②④ 马克思恩格斯选集（第3卷）[M]. 北京：人民出版社，2012：684.
③ 马克思恩格斯全集（第7卷）[M]. 北京：人民出版社，1959：387.
⑤ 马克思恩格斯选集（第1卷）[M]. 北京：人民出版社，2012：308.

最终更好地实现城市和农村的融合发展。

综上所述，马克思和恩格斯的城乡融合思想是新时代指导中国城乡融合发展的理论基础，具有重要的理论和现实指导意义。新时代，中国的城乡融合发展要遵循城乡关系演变的客观规律，逐渐实现从分离到融合的转化，不急于求成，也不因循守旧。实现"人的自由全面发展"是马克思和恩格斯所倡导的城乡融合发展的终极价值追求。就中国的具体国情而言，我们需要坚持"以人民为中心"的发展思想。"以人民为中心"的发展思想是"实现人的自由全面发展"的具体化，具有很强的现实指导意义。城乡融合发展需要打破旧的分工体系，尤其是打破中国传统计划经济体制下形成的城乡二元的分工体系。同时，要大力发展社会生产力，尤其是农村生产力。只有生产力发展了，才可能具备实现城乡融合发展的物质基础。马克思和恩格斯认为"两个结合"是实现城乡融合的基本途径。对于中国特色社会主义的城乡关系，需要进一步加强工农互促和城乡互补，最终实现城乡的全面融合与共同繁荣。

2. 马克思的所有制和财产权理论

马克思在《资本论》等著作中都研究了所有制这个重要范畴。所有制反映的是一定社会生产中人们占有生产资料的社会生产关系，其中生产资料或财产占有关系是其核心范畴。在社会生产中，财产的占有总是以一定的社会形式进行的，马克思主义政治经济学研究的就是这种占有关系，进而进一步延伸到更深层次的社会生产关系。马克思在《资本论》中多次提到了所有制关系，并以此为前提之一建立了政治经济学理论体系。马克思的所有制思想主要可以概括为三点：一是强调所有制反映的是一个经济社会生活中的主要生产资料或财产的占有关系。二是认为所有权是所有制的具体化和法律化。只有拥有了法律上的所有权，实际意义上的占有才能演变成为社会认可的合法的所有权。三是实际意义上的占有和法律上的所有权可能是不一致的。法律规定的所有权，可能受到一定的限制不能有效行使。在生产资料所有制规定的范围内，具体所有权的实现其实还要受到政治、文化和社会意识形态等上层建筑的约束。

马克思的财产权思想非常注重所有制关系问题。在一个社会中，生产力决定生产关系，经济基础决定上层建筑。财产权是一种法律表达，属于上层建筑范畴。财产权的结构和实现受到基本经济关系的约束，尤其是生产资料所有制的制约。某种意义上讲，所有制可以决定财产权，尤其是所有权。例如，社会主义国家和资本主义国家，由于占社会主体地位的所有制不一样，其反映财产权的所有权内涵就有本质差别。经济关系是产权关系的基础，有什么样的经济关系占主导地位，就有什么样的财产权体系。财产权本质上是体现所有制关系的法权。当然，在具体运行层面，财产权可以进一步细分，包括以所有权为主的物权、债权和知识产权等。

3. 制度经济学的产权理论

产权指一组权利束，包括所有权、使用权、收益权、处分权等。产权的分类有两分法、三分法和四分法等（韩文龙、刘灿，2013），一般分为私有产权、政府产权、非实在产权和共同产权等（Alchian，1965）。从古典经济学开始，经济学家一直重视产权，但是对产权的界定和保护的成本收益等分析并不太重视。科斯的两篇论文《企业的性质》和《社会成本问题》阐释了产权的经济作用，并成功地将产权问题纳入现实经济问题分析的范围（Coase，1937，1960）。科斯对产权理论的贡献被概括为科斯第一定理和科斯第二定理。这两个定理为人们解决外部性问题和认识企业与市场的边界提供了新的理论工具。后来的新制度经济学家，如德姆塞茨（1967）、阿尔钦（1965）和巴泽尔（1997）等用新古典的分析范式来研究产权问题，并且将产权拓展到企业和市场等领域，用来解释企业为什么会存在，以及微观产权的配置问题等。

产权的作用是什么？配杰维奇（1972）认为产权是一种工具，是人们对稀缺资源做出反应的结果。当界定和实施一种产权能够实现外部性内部化，或者预期收益高于预期成本时，人们就会改变产权结构的安排（Demsetz，1967）。新制度经济学的产权理论主要解决了四个关键问题：一是外部性内部化，以及激励和约束问题；二是用交易费用来解释企业的边界和规模等问题；三是解释制度变迁问题；四是产权的配置问题，如剩余控制权和剩余索取权配置问题等。

4. 现代物权理论和用益物权理论

财产权是相对于人身权而言的。广义的财产权是以所有权为核心的物权、准物权、债权和知识产权等权利的总和。狭义的财产权主要指物权。大陆法系注重财产权的"物的属性",英美法系注重财产权的"人的权利属性"①。中国的财产权体系更加偏向于大陆法系。大陆法系中,财产权分为广义财产权和狭义财产权。广义财产权主要指物权、准物权、债权和知识产权等;狭义的财产权主要是指物权。物权是大陆法系的法律用语,主要指权利人依法依规对特定的物享有的支配权和排他权,包括所有权,以及以用益物权和担保物权为核心内容的"他物权"②。

用益物权,是指特定的"用益物权人"通过合法途径取得对他人所有的动产或不动产合法使用的一组权利,包括占有、使用和收益等权能内涵。用益物权具有以下四个特征:一是用益物权的设置以物的用益性为基本属性,强调客体物的使用和收益。二是用益物权强调权利的相对独立性,要求在一定范围内排除所有权的干扰。用益物权一旦依法设立,用益物权人就可以独立地享有特定物的使用权和收益权。三是用益物权对特定标的物是缺乏最终处分权的。在财产权体系中,最终处分权是属于所有权人的。用益物权本身是在坚持所有权前提下,为提高资源的配置和使用效率而设置的,目的是最大限度地发挥使用权的作用。用益物权设定后,用益物权人可以享受使用、抵押、收益等细分权能,但是不能对特定标的物进行最终处分。四是用益物权具有一定的排他性和对抗性。这两种性质可以在一定程度上防止所有权人对用益物权人的干涉和权利侵害,也可以更加引导全社会更加注重他人之物的利用。

1.2.2 相关文献评析

城镇化的实质是"农民的市民化"(易宪容,2013)。合理界定、规范

①② 刘灿,韩文龙. 农民的土地财产权利:性质、内涵和实现问题——基于经济学和法学的分析视角 [J]. 当代经济研究,2012(6):62-69.

保护和顺畅实现农民的土地财产权是解决农村居民进城转变为市民后顾之忧的重要途径，也是加速城镇化进程的重要保障。农民市民化的途径，一是主动的市民化，如农民工的市民化（简新华，2011）；二是被动的市民化，如失地农民的市民化（闫东升等，2018）。实践探索中，进城农民的土地财产权也经历了从"双放弃"到"不放弃"的转变。当前农民市民化的核心是保障其土地权益（华生，2013）。要实现农民的土地财产权，应该允许农民带着"土地财产权"进城（郭晓鸣、张克俊，2013）；应该将城镇户籍准入和农民的土地财产权分离，给予农民更多的土地财产流转和处置权利（韩立达等，2019）；应该建立健全现代产权制度，改革征地制度、放弃土地财政和改革整个国民的财产分配体系（刘振伟，2018）。除此之外，农民市民化的过程中还要从基本公共服务提供等方面给予支持（蔡昉，2013）。

以农民市民化为背景，实现农民土地财产权的关键是农地产权制度改革和机制创新（郭熙保，2014）。鉴于中国土地制度的特殊性，国外学者对中国农地制度的研究相对较少。不过仍有少数学者关注了中国农村土地产权改革问题（Brandt et al.，2002；Kung，2000；Lin，1992；Putterman，1997；RDI，2006；Shenggen et al.，1997）。

近些年，国内学者对农地产权制度改革方向出现了国有化、私有化和坚持农村集体所有制等分歧，但是大多数学者还是赞同在坚持农村土地集体所有制基础上进一步做增量改革（黄少安，2018）。其中涉及了土地财产权的主体、权能内涵以及实现机制等。

（1）农地产权主体和代理资格。在农村集体所有制下，中国农民集体所有的土地产权是不清晰的，主要表现为所有权主体的"虚置"（韩文龙、刘灿，2013）、所有权主体的多元化和弱化（韩松，2014）。谁应该拥有农地的所有权行使资格呢？实践中把农地的所有权交给乡（镇）政府或村民委员会或村民小组行使，弊端很多，为此有学者认为在坚持农村土地集体所有的前提下，法律应该明确界定所有权的行使主体（李宾、孔祥智，2015）。

（2）农地财产权权能内涵。在坚持农村土地集体所有制和农户承包经营的前提下，有学者指出中国农地财产权的权利是不完善的，主要表现为退出权、转让权、处分权和收益权等的缺失（刘守英，2014）。实现农民的土地财产权利需要对土地财产权进行科学分类，建立以现代用益物权为核心的土地财产权利体系（刘灿，2014）。

（3）农地财产权实现机制。农地财产权的保护和实现需要遵循权利赋予和回归、权利行使和运作、权利救济和保障的逻辑主线。尤其是农村承包地产权需要在经济上找到合适的实现形式（杨继瑞等，2014），如农地产权抵押贷款机制（张珩等，2018）、农地流转市场机制（朱文珏、罗必良，2019）、土地用途管制和征收制度等（盖凯程、于平，2017）。

具体来说，学者们还关注了承包地、宅基地和林地等的财产权内涵和实现中的问题。

关于承包地"三权分置"，大多数学者认为承包地"三权分置"是中国当期农地改革的重大创新，是集体土地所有权、土地承包权、土地经营权三种权利的分置（韩文龙、朱杰，2018）。农村土地归集体所有，所有权是承包权、经营权的根源，承包权与经营权是所有权让出部分权能的产物（张占斌、郑洪广，2017）。同时，土地经营权只是从土地承包权中分离出来的一项权利，政策制定者并无意新创造一个异于土地承包经营权的农户承包权，这次分离并不是对以往"两权"分置的否定，而是继承（管洪彦、孔祥智，2017）。也有学者认为"三权分置"不单单是土地所有权、土地承包权、土地经营权的分离，而是别具深意（孙聪聪，2019）。土地经营权是一种新型的权利，它既可以设定在承包经营权之上，也可设定在集体土地所有权之上（张旭昕，2017）。同时，"三权"是指土地所有权、土地使用权和土地经营权，而不仅是指土地所有权、承包权和经营权（翟帅，2017）。新时代，农地"三权分置"的重点是落实所有权，稳定承包权和用活使用权等（韩文龙等，2018）。

关于宅基地"三权分置"，近年来学者们已经给予了较多关注（刘守英，2017）。在中国，宅基地对于农村居民来拥具其有特殊性，因为其承载着农民的生活居住、风险保障、归属承继、支持生产、情感寄托及资本化等多重功能（龚宏龄，2017）。但是，随着工业化、城镇化的推进，农村宅基地的基本居住保障性功能正在弱化（张克俊、付宗平，2017）。在农民市民化过程中，如何正确处置农民的宅基地，关系到农民的切身利益、基本权利和获得感（朱启臻，2018）。当前，宅基地问题的研究主要涉及四个方面。一是宅基地退出和补偿标准问题，即农民在市民化过程中退出宅基地时如何实现其土地和房屋财产权利（付文凤等，2018）。宅基地退出关系到农民土地财产权的实现问题，这会受到政府意愿、退出制度安排、农民收入、退出意愿和市民化成本等多种因素影响（周文等，2017）。二是宅基地"三权分置"的实现问题（董祚继，2017）。宅基地"三权分置"需要通过相关制度设计落实农民集体所有权、保障农民资格权和放活使用权（张占仓，2017），同时需要打破城乡资源流动的障碍（郑风田，2017）。宅基地"三权分置"改革的关键是要放活使用权和流转使用权。研究发现，宅基地使用权流转会受到收入结构、是否在城市购买商品房和对相关法律熟悉度等的影响（钱龙等，2016）。目前，宅基地使用权流转模式主要有产权转让模式、收益转化模式、土地入市模式和转换入市模式等（顾龙友，2018）。宅基地的置换模式主要有置换宅基地模式、置换小产权房模式和置换商品房模式等（上官彩霞等，2017）。这些模式都丰富了宅基地"三权分置"的实践内涵。三是探索宅基地的用途管制和有偿使用制度（孔祥智，2016）。放活宅基地使用权，并不是要改变宅基地的用途，而是允许其在合法范围内实现权利价值。四是构建共享型的收益分配机制（杨璐璐，2017）。宅基地"三权分置"涉及所有权人、资格权人和使用权人，因此在发生宅基地增值收益后如何在不同权利人之间合理分配也是非常值得关注的（易小燕等，2017）。

关于林地"三权分置"，学者们研究相对较少。当前，中国集体林地细碎化程度已达到0.41，阻碍了林地的规模化经营；加之随着中国大量过剩的农村劳动力往城市转移，造成林地的大量荒置（孔凡斌等，2013）。从本质上来讲，就是林地的产权制度供给不足，急需出台适合的制度以走出这一窘境。林地的"三权分置"正是在这种情况下所倒逼出来的。在落实林地所有权、稳定承包权的前提下，放活林地的经营权，以加快林地流转的进程，促进林业的适度规模经营是林地产权改革的主要方向（彭鹏等，2018）。随着近年来林地产权制度改革的不断推进，中国林地产权改革的成效初步凸显。首先，林农的财产性收入得到了极大提高，林地每单位流转费用较之以前有很大的提升（张蕾、黄雪丽，2016）。其次，农村林地的保护和合理开发，使中国的生态环境水平得到改善，截至 2016 年 1 月，全国森林面积比 2004 年增长了 18.74%，森林覆盖率提高了 3.4%，活立木总储积量比 2004 年提高了 20.67%。① 不过中国林地产权改革中也还存在一些问题，诸如林权证登记不规范、林权抵押贷款难、配套政策不完善、制度"真空"等（雷绍业，2018）。这些问题成为放活林地经营权、加快林地流转道路上的"绊脚石"。

综上所述，在新时代城乡融合和农地"三权分置"背景下，农村土地财产权的内涵和实现需要对以上问题进行更深入地研究。（1）解决农地所有权虚置和弱化的问题。通过法律"赋权"和治理结构创新实现"农民集体"的经济主体地位。（2）对于农民土地财产权中的使用权、处分权和收益权的不完备问题，需要一系列制度创新来调整和界定，如需要创新土地流转制度、农民退出集体的补偿制度和征地制度等。（3）创新农民的土地财产权实现机制。在实践中已经出现了多样化的趋势，如传统的行政替代模式、新乡村共同治理模式和独立的法人治理模式等。

1.3　研究目的和主要方法

1.3.1　主要目的

（1）探索城乡关系演变过程中的农民市民化规律，尤其是新时代城乡融合发展背景下，农民市民化过程中农地财产权实现存在的问题，以及总结各地实践经验。

（2）探索农民市民化过程中土地财产权的实现问题，尤其是农地"三权分置"背景下，农民的承包地、宅基地、集体建设用地和林地等的承包权、使用权、收益权等权能的实现问题。

---

① 杨冬梅，朱述斌，赵馨. 集体林权制度改革实施绩效研究进展及展望 [J]. 广东农业科学，2017，44（10）：166 - 172.

1.3.2 主要方法

（1）田野调查法。深入到农村改革的实践中去，了解农地制度改革的现状，并将其总结归纳为理论。对甘肃省张掖市，四川省成都市、泸州市、德阳市，贵州省贵阳市、黔东南州，以及重庆市等地区进行了典型案例调研，完成了一系列调研报告。

（2）实证分析法。应用问卷调查和抽样数据分析等方法研究农村土地改革中农民土地财产权变化及实现的影响因素，同时利用计量分析来检验提出的相关理论假说。在四川省所属地级市和重庆市所属区县完成了问卷调研，共发放问卷1000多份，收回有效问卷896多份。

（3）典型案例分析。通过对典型案例的分析完成特殊到一般的统一、实践到理论的飞跃。拟对实践中多种形式的农地财产权实现案例进行对比分析。

（4）专家咨询法。在本书课题研究初期、中期、后期都邀请对农地制度比较熟悉的专家、学者进行咨询，使研究质量得到进一步提高。

1.4 核心概念和主要观点

1.4.1 核心概念

1. 农民市民化

农民市民化，一般是指受到城市化和工业化的吸力和农业农村现代化的推力，农业农村人口逐渐进入现代城市就业和居住，同时享受市民权利和基本公共服务等的过程。受到传统计划经济体制的影响，中国形成了城乡二元的户籍制度、土地制度、教育、医疗和社会保障制度等。因此，农民市民化的过程就是逐渐破除城乡二元体制，尤其是户籍制度，逐渐实现城乡融合发展，实现农民的身份和职业双转变的过程。本书研究的重点就是在破除城乡二元体制过程中，建立城乡一体化的土地市场，逐渐实现农民的土地财产权。

2. 农地财产权

产权，它是指一个社会中占主体地位的生产资料所有制关系的法律表达或表现形式，其权能内涵包括所有、占有、使用、支配、处分和收益等权利行为所依附的各项权能。产权，在经济学意义上主要是指一束权利的组合，它具有激励约束、资源配置和协调等功能。在法律意义上，产权主要指财产所有权和与所有权相关的财产权，具体包括占有、使用、收益和处分等权利。虽然产权在经济学意义和法律意义上的侧重点不同，但是总体来看，经济学意义上的产权和法律意义上的财产权主要权能是重合的。因此，本书所研究的农地财产权是指以农地主要权能为基础，可以给农民带来财产性收益的产权。

农地财产权是属于农民的特殊的财产权。从中华人民共和国成立以来农地制度的变迁历程可以看出，农地财产权的内涵是不断发展和丰富的，国家的"赋权"具有重要作用。现阶段，中国坚持农地"三权分置"的改革方向，以用益物权为主要权属内涵，完善农地产权体系，重点要实现承包经营权、宅基地使用权和集体收益分配权等权能。

1.4.2 主要观点

（1）新时代城乡融合发展的核心要义是统筹处理好工农关系、城乡关系、农民和市民的关系、农村市场和城市市场的关系；本质要求是实现工农城乡的共享发展和高质量发展。新时代，中国已经具备了实现城乡融合发展的物质条件、制度条件和社会条件等。要实现城乡融合发展，需要准确把握两条基本遵循，创新和探索实现城乡融合的思想路径、方法论路径、生产力路径、制度路径和权利路径。

（2）土地财产权，一方面是农村居民凭借土地产权获得各类收益的依据；另一方面也是实现农村居民的其他权利，如农村房屋所有权的重要基础。要构建起日趋完备的农民土地财产权制度体系，既需要从法律层面建立以"用益物权"为基础的农地财产权体系，又需要从经济层面实现农地的经营性收益、流转收益、土地增值收益和抵押收益等。

（3）中国农地产权制度变革是在坚持社会主义公有制的有效实现形式，即农村集体所有制，以及土地利益的分配要服从于经济现代化目标的双重约束下完成的。从1949年新中国成立至今，中国农地产权制度变革经历了"一权"确立、"两权"分离和"三权分置"的三次重大变革。农地产权制度变革的核心问题是在双重约束下，正确处理农民和土地的关系、农民和集体的关系、农民和市民的关系、农民和国家的关系。新时代，中国农地产权制度改革的总体趋势是在坚持农村集体所有制基础上，进一步还权赋能，落实"三权分置"，实现土地权利均等化和土地收益分配合理化。

（4）农地"三权分置"具有丰富的理论内涵，它是中国农村土地产权变迁从"一权"确立、"两权"分离到"三权分置"的历史性探索产生的集体智慧结晶。随着实践发展，"三权分置"也需要不断完善和创新，尤其需要明确"三权"的权利边界和权利关系，硬化所有权主体，对"三权"进行平等保护，探索承包地退出的有效途径，强化经营权流转后的土地用途管制等。

（5）承包地"三权分置"在盘活中国农村土地、促进土地适度流转、实现农村土地规模性经营等方面起到了积极作用，但是承包地"三权分置"改革中还存在一些问题，如部分承包地产权的模糊性、"三权"的理论内涵有待厘清，土地经营权流转的风险问题、土地经营权流转中的政府行为规范问题等。针对这些问题，需要积极引导形成"集体土地所有权继续保留，农户承包权退出、经营权的放活"的格局，需要建立承包地经营权流转后的风险预防机制，需要合理发挥政府的监管作用。

（6）宅基地"三权分置"既要从理论上厘清所有权、资格权和使用权权能边界、内涵及相互关系，也要从实践中探索各项权能的实现机制。宅基地"三权分置"面临着所有权主体虚置和处分权缺失、资格权界定和退出机制不健全、使用权流转范围受限等权能困境。落实所有权需要实现所有权主体一元化和所有权主体法律化，还权赋能，给予所有权主体一定的处分权；稳定资格权需要严格界定资格权的取得范围，探索宅基地资格权有偿退出机制；放活使用权应该允许宅基地使用权在单个农民集体和多个农民集体内部流转、租赁和入股，允许农民在宅基地上建房自住或营商，探索闲置宅基地直接入市的实现机制和风险防范机制。

（7）集体经营性建设用地入市之前，以"多规合一"为原则，统一城市和农村的各类发展规划，尤其要科学合理制定农村的整体规划和分类规划，实现城乡规划和产业发展布局统筹协调。探索集体经营性建设用地融资的多种支持方式，通过政府风险分担机制、完善农村金融改革、信用制度建设等解决抵押融资困难。

（8）林地"三权分置"对于促进中国农村集体林业发展，增加农民收入和实施乡村振兴战略具有重大战略意义。中国林地产权改革经历了五个阶段，目前的林地"三权分置"改革中还存在"三权"关系不明确、立法不到位、抵押贷款难和配套措施缺乏等困境。在实践中，围绕林地"三权分置"的核心问题，即放活经营权出现了一些新模式，如家庭林场、股份合作制和林地共营制，它们具有不同的特点。解决当前林地"三权分置"改革中的问题，需要以放活经营权为重点，探索其实现形式的多样化，同时还需要修改相关法律法规明确林地"三权"权能边界及关系，积极探索多种经营模式，建立林地抵押贷款评估机制，进一步完善林地"三权分置"改革的其他配套措施。

（9）新时代农民市民化过程中保障和实现其农地财产权益是落实以人民为中心的发展思想和共享发展理念的重要体现。农地"三权分置"改革背景下，要实现农民的土地财产权，"确权颁证"是提前，"还权赋能"是本质要求。实现农民的土地财产权，需要构建以用益物权为主要权属内涵的农地财产权体系，创新机制实现以土地承包权和经营权、宅基地资格权和使用权、集体收益分配权为主的农地财产权的经济价值。实现农地财产权还需要遵循权利赋予和回归、权利行使和运作、权利救济和保障的逻辑主线，重点把握法律路径、权利路径和市场机制路径。

1.5　本书的主要内容与分析框架

1.5.1　主要内容

1. 研究对象

（1）权能赋予。农民市民化过程中农民拥有的土地（包括承包经营的土地、宅基地和集体经营性建设用地）的使用权、流转权、处分权、退出权、抵押权和收益权等权能的界定与内涵。

（2）机制创新。"三权分置"改革方向下，农地财产权权能在经济上的实现机制，如退出、流转和抵押机制，以及土地增值收益分配机制、农地产权纠纷中的侵权救济机制等。

（3）配套改革。为实现权能需要的其他配套改革，如农地用途管制和征地制度改革、城乡二元的户籍制度改革等。

（4）保障措施。为了推进农地产权制度改革，需要培育和发展农村基本要素市场，完善国家、集体和农民利益协调机制等。

2. 研究难点

（1）农民市民化需要从进城农民"双放弃"（放弃土地承包权和宅基地）转变为"双实现"（从法律意义上和经济意义上实现农民的土地承包权及宅基地使用权等），这一转变实现的动力机制、路径和风险是难点之一。

（2）构建农民的土地财产权权能体系需要还权赋能，但是应该赋予农民哪些权能？这是国家、农民集体和农民等利益主体多方博弈的结果。寻找多方博弈的均衡解也是难点之一。

3. 主要章节安排

第1章是导论，主要介绍研究背景与意义、理论基础与相关文献评析、研究目的和方法、核心概念和主要观点、主要内容和分析框架、创新点和可能存在的不足等。

第 2 章主要概括新中国成立以来城乡关系和农民市民化的演变历程，重点概括了新中国成立以来我国城乡关系演变与农民市民化过程，以及改革开放以后农民工、劳动力市场和中国的经济发展过程等。

第 3 章概括了新中国成立以来我国农地产权制度变革的基本历程、逻辑主线与核心问题。中国农地产权制度变革经历了农地产权混合所有制以及向集体所有制的转变时期（1949~1978 年）、农村土地集体所有制下的家庭联产承包责任制时期（1978~2012 年）、坚持土地集体所有制和家庭承包经营为主的"三权分置"时期（2012 年至今）三个时期。中国农地产权制度变革的逻辑主线是指与经济社会发展阶段相适应的农地产权权能的创设和具体化。中国农地产权制度变革的核心问题是正确处理好农民和土地、农民和集体、农民和国家的关系。

第 4 章研究了承包地"三权分置"与农地财产权的实现问题。重点关注了承包地"三权分置"的理论实质和实践探索，包括落实所有权、稳定承包权和放活经营权三个方面，并以案例比较的方式对其进行了深入剖析。

第 5 章研究了宅基地"三权分置"与农地财产权的实现问题。重点研究了宅基地"三权分置"的权能困境与权能实现机制创新，完成了宅基地使用权抵押贷款的案例和实证分析，以及进一步实证分析了权属意识、资源禀赋与宅基地退出意愿的逻辑关系和作用机制等。

第 6 章研究了集体建设用地入市与农地财产权的实现问题。采用案例研究的方式，研究了四川省泸县经营性建设用地和宅基地"入市"改革试点模式，并对多样化的实践模式进行了对比分析。

第 7 章研究了林地"三权分置"与农地财产权的实现问题。总结了中国林地产权改革历程、内涵和实现模式，重点对比分析了林地"三权分置"改革的实践模式。

第 8 章研究了新时代以城乡融合发展促进农民市民化和农民土地财产权的实现问题。以城乡融合发展为背景研究农民市民化，强调构建以用益物权为主要内涵的农地财产权制度和创新实现机制。

第 9 章是主要结论及政策建议。主要对全书研究的重点内容进行了总结，并依据研究内容提出了相关政策建议。

1.5.2　基本分析框架

本书的基本分析框架如图 1 - 1 所示。

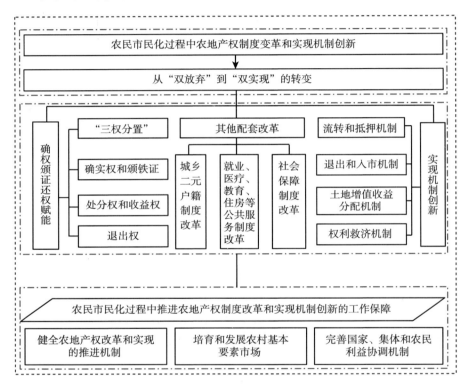

图 1 - 1　基本分析框架

1.6　本书的创新点与存在的不足

1.6.1　创新点

（1）提出了农地财产权实现的理论路径，即实现农民的土地财产权，需要构建以用益物权为主要权属内涵的农地财产权体系，创新机制，实现以土地承包权和经营权、宅基地资格权和使用权、集体收益分配权为主的农地财产权的经济价值。实现农地财产权还需要遵循权利赋予和回归、权利行使和运作、权利救济和保障的逻辑主线，重点把握法律路径、权利路径和市场机制路径三条路径。

（2）初步构建具有中国特色农地产权的国家、农民集体和农民的关系理论框架。与道格拉斯·诺斯提出的西方产权的国家理论不同，我国对农地产权制度的界定和保护都是动态的，国家意志的变迁对农地产权制度的调整具有重要影响。中国的土地产权制度变革一直面临着两大约束：一是土地制度是社会主义公有制的有效实现形式；二是土地利益的分配是服从于经济现代化的目标，即从传统的农业国变为现代工业国。在这样的制度约束下，中国农地产权制度变革一方面在动态地调整国家、集体与农民的关系；另一方面在创立和细化农地产权的具体权能，如创立承包地经营权、宅基地资格权等。

（3）从各地的农地产权改革和实践模式出发，总结了农地财产权实现的多种模式和治理机制。例如，总结了承包地产权制度改革实现机制的三种模式，即政府主导型模式、市场导向型模式以及股份合作性模式；总结了闲置宅基地使用权实现的六种模式，即集体建设用地入市模式、共建共享模式、置产经营模式、抵押融资模式、房地置换强脱贫模式和超占宅基地有偿使用模式；总结了林地"三权分置"中放活经营权的三种模式，即家庭林场、股份合作制和林地共营。

（4）运用多学科交叉的研究视角。农地财产权实现机制创新的研究涉及经济学、法学和社会学等学科。以农地产权改革的实践为基础，采用跨学科的综合知识和多元分析视角是本书的方法论特色。

1.6.2 不足之处

（1）新时代，中国城乡融合进入了关键阶段。全国各地出现了一些推进农民市民化过程中土地财产权实现的新模式。对于这些新模式的追踪研究和理论分析还不够。

（2）限于经费和时间等因素约束，本书的案例调研涉及贵州省安顺市、黔东南州和贵阳市，云南省昆明市，甘肃省张掖市和酒泉市，四川省成都市、德阳市、宜宾市、自贡市、泸州市，江苏省南通市，安徽省马鞍山市，内蒙古锡林郭勒盟，重庆市等。但是问卷调研仅在重庆市和四川全省各市州进行，有效样本896分，仅获得了地区性的小样本，缺乏全国性的大样本，这是后续研究要改进的。

第 2 章

新中国成立以来城乡关系演变与农民市民化

2.1 新中国城乡关系与农民市民化的演变历程

新中国成立以来，中国的城乡关系一直在"分离与融合"中徘徊，只是不同时期分离与融合的程度不同。在中国革命、建设和改革实践的不同时期，城乡关系的理论和实践探索都是与时俱进的，是与特定阶段生产力和生产关系矛盾运动的结果相互适应的。农民市民化的过程也是与城乡关系的演变密切联系的。

目前，学界对中国城乡关系的阶段性划分主要有六阶段论、四阶段论和三阶段论等（邢祖礼等，2019；张海鹏，2019；赵康杰、景普秋，2019）。本章按照新中国成立和建设、改革开放和新时代三个时期，同时结合每个阶段的生产力和生产关系的特征等把中国城乡关系的发展历程划分为三个大的阶段，每个大的阶段里又存在分离和融合关系的具体演变。

2.1.1 新中国成立以来城乡关系的"短暂向好"向"城乡二元分割"的演变阶段（1949~1977 年）

1949~1952 年，中国经历了短暂的城乡关系向好阶段。新中国成立之初，在政治上，中国共产党领导无产阶级等推翻了压在中国人民头上的

"三座大山"，建立了新民主主义国家。农民是中国共产党依靠的主要力量之一。解放战争中，通过武装斗争和土地革命等，农民获得了解放，分得了土地。新中国成立初期，保障和维护农民的利益是党的基本政策之一。在经济上，新中国还是一个落后的农业国。1952 年，第一、第二、第三产业占 GDP 的比重分别为 51.0%、20.9% 和 28.1%。[①] 可见，当时的经济重心实际上还在农村。在人口分布上，人口也主要集中在广大农村。1949 年，全国共有 5.4167 亿人，其中农村人口 4.8402 亿，占比 89.3%。[②]

新中国成立初期，党和政府实施了相对宽松的政策来处理城乡关系。一是实施了短暂的、相对宽松的、有政府干预的农产品供需市场制度。城市居民生活所需要的粮、棉、油、肉类等生活资料基本通过国家以市场价从农民手中征购，然后再卖给城市居民。城市居民所需要的蔬菜、家禽等其他生活资料，则可以通过自由市场在农民手中买到。二是允许农民自由迁徙，进城落户和就业，并实施"同工同酬同待遇"的工资福利政策。1949~1952 年，城镇人口由 5765 万人增加到了 7163 万人，增加了 1398 万人。[③] 这时的农民市民化主要是主动的市民化，即通过进城就业、从军、上学等方式将农村户籍转变为城市户籍。

1953 年以后，随着国际国内形势的变化，为了完成重工业优先发展所需要的资金积累，中国逐渐建立起了城乡二元的分割体制。城乡二元体制在各种制度约束下不断被强化，一直持续到 1978 年改革开放。

1953 年，为了实现从新民主主义社会向社会主义社会的过渡，中央提出了"一化三改造"的过渡时期总路线。1956 年"三大改造"基本完成，标志着社会主义制度正式建立。一方面，要实现社会主义的工业化，需要农民进城务工，但是大量农民进城后却发现找不到工作，就业压力很大。同时，大量农民进城还使城市生活资料等的供应出现紧张。另一方面，通过对农业的社会主义改造以后，需要大量的农村劳动力来从事农业生产工作。通过农业互助组、初级社、高级社和人民公社，农民被限制在了农村

---

① 国家统计局国民经济统计司. 新中国六十年统计资料汇编 [M]. 北京：中国统计出版社，2010：10.

②③ 国家统计局国民经济统计司. 新中国六十年统计资料汇编 [M]. 北京：中国统计出版社，2010：6.

集体内部。1958 年，全国人民代表大会常务委员会颁布了《中华人民共和国户口登记条例》，明确规定"只有持有劳动部门的录用证明、学生录取证明及城市户口登记机关的准予迁入证明，并向常住地户口登记机关申请办理迁出手续，公民才能由农村迁往城市"①。至此，农民向城市自由迁徙的权利被限制了，农民市民化的进程放缓了。

要在落后的农业国实现工业化，需要积累大量的资金。新中国成立初期，外部受到了以美国为首的帝国主义国家的经济封锁，国内的工业基础相对薄弱，金融业又不发达，要想筹集积累资金支持生产资本部门中重工业的优先积累和发展，只能通过统购统销和工农业剪刀差等获得农业剩余来支持社会主义初级阶段的工业化。通过统购统销制度，国家完成了对农村粮食和农副产品的绝对管控，降低了城市居民的生活成本。通过工农业剪刀差，实现了城乡之间工农产品的不平等交换，完成了重工业优先发展的资本积累。其中，在计划经济时代，通过工农业剪刀差，农业向工业贡献了 6000 亿至 8000 亿元人民币的农业剩余，有力地支持了社会主义工业化建设。② 1953 ~ 1978 年，工业总产值由 163.5 亿元增加到了 1607.0 亿元，增加了近 10 倍，农业总产值由 346.0 亿元增加到 1027.5 亿元，增加了不到 3 倍。③

除了以上两项关键性的制度安排以外，国家还通过控制城乡金融等要素流向，以及城市为重心的投资机制和城乡有别的福利制度、票证制度等进一步扭曲了城乡关系，农村居民也被束缚在了农村，主动市民化的通道逐渐收窄。

在传统计划经济时代，从理论上讲，国家实际上是非常重视城乡兼顾的。1956 年，毛泽东同志在《论十大关系》中就提到了要正确处理城市和农村的关系。④ 后来，毛泽东认为决定农业剩余劳动力问题，不仅要通过

---

① 参见 1958 年 1 月 9 日全国人民代表大会常务委员会第九十一次会议通过的《中华人民共和国户口登记条例》。
② 张海鹏. 中国城乡关系演变 70 年：从分割到融合 [J]. 中国农村经济，2019（3）：2 - 18.
③ 国家统计局国民经济统计司. 新中国六十年统计资料汇编 [M]. 北京：中国统计出版社，2010：9.
④ 毛泽东文集（第七卷）[M]. 北京：人民出版社，1999：24.

国家工业化，还需要农村人民公社工业化，如在《关于人民公社若干问题的决议》中就提到要"广泛实现国家工业化、公社工业化"①。毛泽东还非常重视农村居民的教育、医疗和生活水平等问题，要求要实现与城市一样的标准。② 但是，在计划经济体制下，由于受到落后生产力的束缚，以及重工业优先发展战略和城乡二元户籍制度等的限制，农村与城市、农民与市民之间的隔离实际上是加深了。

2.1.2　改革开放以后城乡关系"趋于缓和" — "再度分离" — "一体化"的演变阶段 (1978~2011 年)

1978 年改革开放以后，传统计划经济体制下的农产品统购统销和工农产品剪刀差制度等逐渐取消，农村人口向城市流动和就业的限制也逐渐放松了。城乡关系总体出现了缓和，农民市民化的进程逐渐加快。但是在相对缓和基础上，还是存在城乡分离的。

1978 年的改革开放是从农村改革率先突破的。通过地方试验、国家肯定和宪法保障等，家庭联产承包责任制成为农村集体经济组织的基本制度。与此同时，国家逐渐废除了人民公社制度，提高了农产品的收购价格，放开了粮食市场。通过放权和让利的农村改革后，粮食产量由 1978 年的 30476.5 万吨增加到 1984 年的 40730.5 万吨。③ 农民的人均纯收入由 1978 年的 133.6 元增加到 1984 年的 355.3 元。④ 随着以家庭联产承包责任制为基础的充分结合的双层经营体制的形成，农民不仅解决了吃饭问题，还可以从事农林牧渔业的经营，从事工商业的经营和跨省长途贩运等。农村还出现了大量的乡镇企业，大量的剩余劳动力进厂务工获得工资性收

---

① 参见 1958 年 11 月 28 日至 12 月 10 日，中共八届六中全会期间通过的《关于人民公社若干问题的决议》。

② 张慧鹏. 毛泽东构建新型工农城乡关系的探索与启示 [J]. 马克思主义与现实，2017 (6)：185 – 192.

③ 国家统计局国民经济统计司. 新中国六十年统计资料汇编 [M]. 北京：中国统计出版社，2010：37.

④ 国家统计局国民经济统计司. 新中国六十年统计资料汇编 [M]. 北京：中国统计出版社，2010：25.

入。以乡镇企业为代表的乡村工业化，大力发展了农村生产力。国家对农村财政投入的增加也相对缩小了城乡之间的差距。其中，1978～1984年，国家对农产品的政策性补贴由11.14亿元增加到了218.34亿元。[①] 总体来看，1978～1984年中国城乡关系趋于缓和。

1984年，《中共中央关于经济体制改革的决定》的颁布标志着改革的重心由农村改革转向了城市改革。此后，改革重点是价格改革、国企改革和市场经济体制的建立完善等。同时，中国的工业化和城市化也在大规模地推进。随着改革重心的转移，城市发展节奏加快，农村的发展相对滞后。针对城乡关系的这种变化，邓小平指出城乡发展要"互相影响、互相促进"[②]。不过，当时的城乡关系中，城市逐渐处于主导地位，农村处于支持地位，资源主要由农村流向城市。这些资源中，最重要的资源之一就是土地要素。由于城市和农村土地的所有制性质不同，造成了城乡土地要素的"同地不同价"问题，这为地方政府通过土地财政积累了发展资金，降低了成本，有力地推动了城市化和工业化的发展，但是也使得农村土地的经济价值没有转化为农民的现实经济收益，农民的土地财产权没有得到保障。另外，在信贷资金和财政资金支持农村发展方面也存在很大的扭曲。1999～2002年，投放到农业和乡镇企业的信贷资金余额占各项贷款总额的比重仅分别为10.7%、10.0%和10.4。[③] 而与此同时，农村居民的储蓄主要流向了城市和工业领域。中央政府和地方政府在收取农业税和"三提五统"的同时，却对农村和农业的投入逐年下降，农村基础设施和公共服务所需要的资金主要依赖农民的集资、提留、摊派等。这就造成了农民苦、农村穷和农业危险的"三农"问题困境。当然，此阶段，农民可以进城或跨省打工，一些中小城市的落户政策也逐渐向农民开放，农民市民化的渠道逐渐放宽。但是，城市偏向的发展战略使城乡差距不断扩大。以人均收入为例，1984年城镇居民的人均可支配收入达到了652.1元，农村居民的人均可支配收入（统计数据上一般以人均纯收入计算）才355.3元；

① 李周. 中国农业改革与发展 [M]. 北京：社会科学文献出版社，2017：38.
② 邓小平文选（第三卷）[M]. 北京：人民出版社，1993：376.
③ 邢祖礼，陈杨林，邓朝春. 新中国70年城乡关系演变及其启示 [J]. 改革，2019 (6)：20-31.

2003 年城镇居民的人均可支配收入达到了 8472.2 元，农村居民的人均可支配收入才 2622.4 元。① 两者的差距由 1984 年的不到 2 倍，扩大到了 2003 年的 4 倍左右。1984～2003 年城乡关系处于再度分离阶段。

2003～2012 年，统筹城乡发展和城乡一体化阶段。2003 年中国的人均 GDP 已经超过了 1000 美元，农业占 GDP 的比重降到 15% 以下，工农业总产值比例约为 3：1，按照国际经验，中国具备了工业反哺农业的基本条件。② 党和国家逐渐重视"三农问题"，开始调整和理顺城市与农村的关系。2002 年党的十六大报告提出"统筹城乡经济社会发展"③。2003 年党的十六届三中全会进一步将"统筹城乡发展"作为"五个统筹"的重中之重④。2005 年党的十六届五中全会提出"建设社会主义新农村"。2006 年中央全面取消了"农业税"和"三提五统"。2007 年党的十七大报告进一步提出"必须建立以工促农、以城带乡的长效机制，形成城乡一体化的新格局"⑤。2010 年在国民经济和社会发展"十二五"规划中进一步提出推进农业现代化。从 2004 年至今，中央的一号文件均是聚焦"三农"问题的。由于国家实施了城乡统筹和新农村建设等政策，城乡关系开始缓和，出现了城乡一体化的趋势。具体表现为，在政府惠农政策下，农民的负担减少，收入开始增加，教育、医疗、卫生和社会保障等公共服务水平有所提高，户籍制度开始松动，小城镇落户限制逐渐取消，进城务工农民可以享受更多的市民待遇。与此同时，随着城市化和工业化的发展，部分农村土地逐渐被征收和占用等，出现了被动的市民化，即失地农民的被动市民化。

2.1.3 新时代城乡关系趋于融合阶段（2012 年至今）

党的十八大以来，中国特色社会主义进入了新时代。新时代，党和国

---

① 国家统计局国民经济统计司. 新中国六十年统计资料汇编［M］. 北京：中国统计出版社，2010。
② 马晓河，蓝海涛，黄汉权. 工业反哺农业的国际经验及我的政策调整思路［J］. 管理世界，2005（7）：55-63。
③ 江泽民. 全面建设小康社会，开创中国特色社会主义事业新局面——在中国共产党第十六次全国代表大会上的报告［J］. 学习导报，2002（11）：1-16，24。
④ 中共十六届三中全会在京举行［J］. 首都经济，2003（10）：1。
⑤ 胡锦涛在党的十七大上的报告［N］. 人民日报，2007-10-24。

家高度重视工农城乡关系。2012 年党的十八大报告明确提出"城乡发展一体化是解决'三农'问题的根本途径"①。2013 年党的十八届三中全会又提出,"形成以工促农、以城带乡、工农互惠、城乡一体的新型工农城乡关系"②。2017 年党的十九大又明确提出,"建立健全城乡融合发展的体制机制和政策体系"③,要在全国实施乡村振兴战略。2019 年 4 月,党中央、国务院又印发了城乡融合发展的指导意见,提出必须"加快形成工农互促、城乡互补、全面融合、共同繁荣的新型工农城乡关系"④。

以习近平同志为核心的党中央,带领全党和全国各族人民,统筹协调推进"五位一体"的战略布局,全面落实"四个全面"战略,以新发展理念为指导,以供给侧结构性改革为主线,全面统筹推进城乡融合发展。首先,加快了户籍制度改革,取消了农业户口和非农业农户的区分,实行居民户口登记制度和居住证制度,允许具备资格的农村居民在大中小城市落户。其次,加快了城乡公共服务均等化速度,重点整合了农村居民和城市居民的养老保险和医疗保险,建立了城乡统一的义务教育体系。再其次,加快了城乡要素市场一体化改革,重点对土地、资本、人才和技术等领域进行了配套改革,促进了城乡之间要素的双向流动。最后,实施了"精准扶贫"政策,解决贫困人口的"两不愁三保障"问题,降低贫困人口的数量;同时实施乡村振兴战略,坚持农业农村优先发展,统筹推进城乡融合发展。新时代的工农城乡关系出现了融合趋势。以人均可支配收入为例,2012 年城镇居民人均可支配收入 24564.7 元,农村居民人均纯收入 7916.6 元,两者相差 3.1 倍。⑤ 2018 年城镇居民人均可支配收入 39251.00 元,农村居民人均纯收入 14617 元,两者相差 2.7 倍,⑥ 出现逐渐缩小的趋势。新时代的农民市民化,主要是城乡融合发展基础上的农民市民化,既有农

---

① 胡锦涛在中国共产党第十八次全国代表大会上的报告 [N]. 人民日报,2012 – 11 – 18.

② 中共中央关于全面深化改革若干重大问题的决定 [N]. 人民日报,2013 – 11 – 15.

③ 习近平. 决胜全面建成小康社会 夺取新时代中国特色社会主义伟大胜利——在中国共产党第十九次全国代表大会上的报告 [M]. 北京:人民出版社,2017:32.

④ 中共中央 国务院关于建立健全城乡融合发展体制机制和政策体系的意见 [N]. 人民日报,2019 – 05 – 06.

⑤ 国家统计局. 国家统计年鉴 2013 [M]. 北京:中国统计出版社,2013.

⑥ 国家统计局. 2018 年居民收入和消费支出情况 [EB/OL]. http://www.stats. gov.cn/,2019 – 01 – 21.

民进城就业和安居成为新市民，也有城乡发展后农民直接转化为市民，享受均等的基本公共服务和市民权利而形成的新市民。

2.2　主要启示

我国的农民市民化实际上是与城乡关系发展相适应的。城乡关系趋于分离的时候，农民市民化的难度就加大；城乡关系缓和或趋于融合的时候，农民市民化的难度就会减少。新时代的城乡融合发展是破解农民市民化的关键一招。在乡村振兴战略和新型城镇化战略实施的大背景下，通过"工农互补"和"城乡互促"等促进城乡各类要素的顺畅和合理的双向流动，破除阻碍农民市民化的各类体制机制障碍，创新农民市民化过程中农地财产权和基本公共服务等的实现机制，不断提高我国的城市化水平，逐渐实现农业农村高质量发展，最终实现城乡居民的共享发展。

第 **3** 章

新中国成立以来农地产权制度的演变

　　我国农村发展历史上，从新中国成立初期实施的以农民私有制为主的混合所有制，到完成社会主义"一化三改造"和人民公社时期逐步建立起来的土地和其他生产资料等归人民公社所有的"农村集体所有制"，到1978年改革开放以后农村改革中实行的"家庭联产承包责任制"，实现了农地的集体所有权和承包经营权的"两权"分离，再到目前将对农村承包地、宅基地和林地等实施的"三权分置"改革等，中国的农地产权制度经历了一系列重大变革。梳理和总结我国农地产权制度变革的基本历程、逻辑主线与核心问题，具有重要的理论意义和实践意义，有利于进一步创新农地产权理论，有利于更好地指导新时代的农地"三权分置"改革实践。狭义的农地是指农业用地，主要是指承包地；广义的农地包括承包地、宅基地、集体建设用地等。为了聚焦研究范围，本章仅研究狭义的农地，不展开讨论宅基地和集体建设用地等问题。

3.1　我国农地产权制度变革的基本历程

3.1.1　农地产权混合所有制以及向集体所有制的转变时期 (1949~1977年)

1. 国民经济恢复时期的农地产权混合所有制（1949~1952年）

1949年新中国成立之前，中国共产党领导的土地革命已经在广大农村进行了。1947 年 10 月 10 日，中央人民政府在解放区正式公布实施了《中国土地法大纲》，规定要完全废除具有剥削性质的"封建性"和"半封建性"的落后的土地制度，把土地平均分配给农民，实现农民"耕者有其田"的愿望。[①] 1950 年 6 月，中央人民政府又颁布了新的土地改革法，以法律形式废止了以前"封建性"和"半封建性"的土地制度，逐渐建立起"农民土地所有制"，农民开始拥有相对完整的土地权利。[②] 此时，土地所有权、使用权及经营权可以归农民私人所有。除此之外，地方政府等还拥有一部分农村土地和国营农场。这种农村土地私有和国有的混合所有制使农民摆脱了以往封建剥削制度的束缚，极大地解放了农民的生产力，但同时也暴露出一系列问题，如小农经济与工业化发展之间的矛盾、小农经济比较分散、农地产权发展不平衡等[③]。

2. "一化三改造"时期农地产权集体所有制的形成（1953～1956 年）

经过三年多的建设，新中国的国民经济得到了恢复，新民主主义政权得到建立和巩固，如何从新民主主义社会过渡到社会主义社会，中共中央开始考虑过渡时期的总路线。1952 年底，中共中央公布了党在"过渡时期"的总路线。总路线规定要进行"一化三改造"[④]。1953 年，中国开始启动了社会主义工业化战略，并实施了第一个五年计划（1953～1957 年）。

在"自愿互利、典型示范、国家帮助"政策引导下，农村开始推行农业互助组、农业合作初级社和高级社。1953 年 2 月，中共中央正式颁布了《关于农业生产互助合作社的决议》。同年 12 月 16 日，中共中央又发布了《关于发展农业生产合作社的决议》，提出要大力发展农业生产合作社，标志着农业合作社从试办进入发展时期，初级社土地制度逐步建立起来。初级社的产权制度安排中，农民将大型农具、土地、耕畜等主要生产资料统一经营和使用，但是土地等其他主要的生产资料的所有权是属于农民的。

---

① 河北省档案局等.《中国土地法大纲》诞生记 [J]. 档案天地, 2019 (6): 10-11.
② 郑有贵. 土地改革是一场伟大的历史性变革——纪念《中华人民共和国土地改革法》颁布 50 周年 [J]. 当代中国史研究, 2000 (5): 6-16.
③ 陈金涛, 刘文君. 农村土地"三权分置"的制度设计与实现路径探析 [J]. 求实, 2016 (1): 81-89.
④ 毛泽东选集（第五卷），北京：人民出版社, 1977: 89.

若从收益分配的角度来看，每年农民都可以按照土地的数量以及质量从集体的收入中获取相应的报酬。除此之外，还包括一些生产资料所给付的报酬。所以从其本质上来看，农民是通过获得土地入股的财产性收入来实现其对于土地的所有权。初级社这种不改变土地所有权的性质，只是改变土地使用权以及经营权行使主体的产权制度安排，对于新中国成立初期我国生产力水平还比较低下的情况是非常有效的产权安排，故被称为"半社会主义性质"的农地产权制度改革，是向完全的社会主义过渡的中间阶段。

1955 年 10 月，党的七届六中全会对农业合作化问题形成了新的共识，颁布了《关于农业合作化问题的决议》，加速了全国农业合作化的步伐。[①]1956 年底，高级社基本建立完成，实现了农民私人所有制到集体所有制的转变。高级社与初级社存在着本质上的不同，高级社不再像初级社那样允许土地与生产资料属于私人所有。此时，农民的土地和生产资料，如耕畜、大型农具等全部进行折价入股，从以前的农民私人所有转变为合作社集体经营。农民没有退社的自由，同时也不再是一个独立的经济单元，也不能像初级社时期个人通过生产资料的所有权获得收益，而是实行按劳分配。农民在农业生产中的主体地位也被合作社所取代，合作社对于土地和其他的生产资料拥有绝对的控制权。高级社的出现在一定程度上克服了以往小农经济生产的缺陷，但同时弱化了社员关心集体的内在动力，出现了"搭便车"等机会主义倾向。到 1956 年底，农业初级合作社 21 万个，高级合作社 54 万个，共达到 75 万个，其中加入高级社的农户占总农户的88%。[②] 1956 年末，各项经济社会发展指标显示，我国已经超预期完成了社会主义"三大改造"任务。尤其是对农业的社会主义改造的完成标志着我国建立起了社会主义公有制性质的农村集体所有制土地制度。

3. 传统计划经济体制时期农地产权的单一公有制及其发展（1957 ~ 1977 年）

1957 年以后，我国的生产关系领域在不断发生变革，单一的所有权结

---

① 中国共产党第七届中央委员会第六次全体会议（扩大）关于农业合作化问题的决议 [J].新黄河, 1955 (11)：4 - 13.

② 刘守英. 直面中国土地问题 [M]. 北京：中国发展出版社, 2014：17.

构得到进一步强化。在"大跃进"和"文化大革命"期间,我国农村建立起了人民公社"政社合一"的管理体制。1957年冬和1958年春出现了联队、联社,出现了人民公社的雏形。1958年8月,北戴河会议期间,通过了《中共中央关于在农村建立人民公社问题的决议》,这标志着"人民公社"在党的文件中正式得到了承认。[①] 到1958年10月底,有1.2亿农户参加了人民公社,人民公社化运动在全国全面铺开。[②] 以"一大二公"为内容的人民公社化运动中,农民已经失去了对土地和其他主要生产资料的私有产权,同时生产小队和生产大队也同样失去了对社内主要资产的所有权,此时人民公社拥有对各级经济组织的所有生产资料唯一的支配权,可以实行随意的征用和调拨。

在人民公社快速发展时期也存在一些问题。由于农业生产的集体行动单元过大,造成了农户的生产积极性受挫,与此同时,也增加了对农民劳动计量和监督的困难,从而导致农户劳动投入激励不足、农业生产效率低下。1962年9月,党的八届十中全会通过修正草案形式纠正了人民公社发展中存在的问题,形成了新的农村土地所有制制度,即"三级所有"和"队为基础"。在新的农村土地所有制下,土地等主要生产资料还是归生产小队、生产大队等所有,并进行统一经营,独立核算。其中,生产队所有和经营是最为基本和主要的部分。[③] 这种土地产权制度安排以生产队为基础,使得失去土地私有产权的农民可以直接与土地等其他主要的生产资料相结合。这样的制度安排,一方面以"三级所有,队为基础"的产权结构从一定程度上解决了人民公社初期经营效率低下的困境;另一方面它强化了农村土地集体所有制,为"政社合一"的人民公社形成和发展奠定了制度基础。

---

① 中共中央关于在农村建立人民公社问题的决议——一九五八年八月二十九日 [J]. 法学研究, 1958 (5): 11-12.

② 董景山. 我国农村土地制度60年: 回顾、启示与展望——以政策与法律制度变迁为视角 [J]. 江西社会科学, 2009 (8): 15-20.

③ 王亚华. 农村土地"三权分置"改革: 要点与展望 [J]. 人民论坛·学术前沿, 2017 (6): 56-60.

3.1.2 农村土地集体所有制下的家庭联产承包责任制时期 (1978~2011 年)

1978 年安徽凤阳小岗村的十几位农民打破以前大集体下的"大锅饭"局面,进行大包干,分田到户,掀起了农村土地改革的新序幕。[1] 1978 年,党的十一届三中全会彻底结束了粉碎"四人帮"之后工作中的徘徊局面,开启了改革开放的新征程。[2] 考虑到国际国内的各类因素,以及改革的难易程度,党的十一届三中全会决定率先启动农村改革,重点是农村土地改革。

随后,农村开始了以"两权"分离为基础,家庭联产承包责任制为核心内容的农地产权改革。"两权分置"是在坚持农地集体所有的基础上,将土地的所有权与承包经营权进行分离,农村集体拥有农地的所有权,农户获得土地承包经营权,进行分户经营。1982 年的《全国农村工作会议纪要》以正式文件的形式承认了"家庭联产承包责任制"的合法性,开始了以"所有权"和"承包经营权"分离为核心的农地产权改革。[3] 家庭联产承包责任制极大地调动了农村劳动人民的生产积极性,提高了农地的经营效率。到 1983 年底,全国已有 95% 的农户实行了包产到户。[4] 将土地所有权与承包经营权进行分置,这是我国农村土地产权制度的重大创新。在土地所有权归集体所有的前提下,将承包经营权赋予家庭农户,确立了其作为农业生产经营主体的地位,有效解决了在人民公社化时期对劳动监督成本过大、劳动激励约束缺乏、"搭便车"行为突出等问题,极大地调动了农民的生产积极性。

在 1978~2011 年长达 30 多年的农村土地产权改革历程中,以农地所有权与经营权"两权"分离的产权结构变革是核心。农地产权改革实质上

---

① 任荣. 六十年土地改革的演变历程 [N]. 烟台日报,2009-02-16.
② 中国共产党第十一届中央委员会第三次全体会议公报 [J]. 实事求是,1978(4):3-9.
③ 王启荣. 完善管理是健全农业生产责任制的关键——《全国农村工作会议纪要》学习笔记 [J]. 华中师院学报(哲学社会科学版),1982(4):1-8.
④ 刘雅静. 新中国成立以来农村土地政策的演进及基本经验 [J]. 国家治理,2019(18):38-48.

是农地产权结构的调整过程。

第一，所有权。从"一化三改造"时期确立农地产权的集体所有权，到人民公社时期进一步强化农村土地的集体所有制，再到 1978 年改革开放以后"两权"分离下的家庭联产承包责任制，受到整体生产关系和基本制度的制约，集体所有制作为农地产权制度的基础性权能，一直保持了稳定性。

第二，承包经营权。承包经营权实际上是一个创设的权利，它的权能内涵比所有权小，但是却比使用权大。所以，承包经营权也被称为"准所有权"。从最初 1982 年的《全国农村工作会议纪要》确立所有权与承包经营权的"两权"分离开始，国家对承包经营权权能做了一系列的完善。1984 年将承包经营权的期限定为 15 年。1993 年将其延长为 30年。2003 年的《农村土地承包法》第一次将土地承包经营权写入法律，在法律层面确定了土地所有权与承包经营权"两权"分离的产权结构。[①]2007 年的《中华人民共和国物权法》（以下简称《物权法》）中将土地承包经营权定义为用益物权，将土地承包经营权从法律的角度与土地所有权给予同等保护。之后，一直到 2012 年，在土地所有权的角度来看都没有进行大的改动。

第三，收益权。在家庭联产承包责任制建立初期提出的收益分配政策是"交够国家的，留足集体的，剩下都是自己的"。后来，国家逐渐取消了"统购统销"和"三提五统"。2006 年农业税的废除，标志着农民已经可以凭借自己的承包经营权获得一定的收益。实际上，在 1978～2007 年，国家逐渐放开了农民的收益权范围，到 2007 年农民已经拥有了承包经营权基础上延伸出的收益权权益[②]。此后，农业补贴、征地补偿等方面也涉及农民收益权利的改革和完善。

第四，处分权。在 1995 年之前的一段时间内，农民没有处分农地的权利，其中 1986 年的《中华人民共和国民法通则》就规定了农村土地不能参与买卖，不得向农村集体组织以外的人出租，不得以其他形式非

---

① 中华人民共和国农村土地承包法 [J]. 中国改革（农村版），2002（4）：27 - 29.

② 李宁，张然，仇童伟，王舒娟. 农地产权变迁中的结构细分与"三权分置"改革 [J].经济学家，2017（1）：62 - 69.

法转让等。[1] 在 1995 年实施的《中华人民共和国土地管理法》（以下简称
《土地管理法》）中正式承认了集体层面土地使用权流转的合法权益。在之后
1995 年才制定相关政策，正式确立了农民流转土地经营权的合法性和范围，
并提出在坚持集体所有制和不改变用途的前提下，农民可以通过转包、转
让、互换和入股的形式流转承包地。[2] 到 2003 年《中华人民共和国农村土地
承包法》（以下简称《农村土地承包法》）进一步明确了承包方作为流转主
体的地位，强调流转过程中的自愿和自主性。但是在《农村土地承包法》和
《物权法》中禁止农地进行抵押贷款。2008 年 10 月 12 日，党的十七届三中
全会通过的《中共中央关于推进农村改革发展若干重大问题的决定》标志着
我国农地产权改革进入了快速发展的阶段。[3] 该文件指出，允许和鼓励农民，
尤其是进城务工农民流转土地承包经营权，主要通过转让、转包、互换和股
份合作等形式实现，同时鼓励新型农业经营者通过土地集中来实现农业的适
度规模经营。至此，农民对农地的部分处分权正在逐步实现。

我国农地"两权"分离时期，实质上起到了承上启下的作用。农地
"两权"分离，一方面破解了人民公社时期土地权利高度集中所造成土地
经营效率低下的难题；另一方面为农地"三权分置"改革奠定了制度基
础。"两权"分离改革从本质上来讲就是在坚持农村集体所有制基础上，
国家逐渐调整农地的各项产权权能和权能关系，赋予农民一定的产权权
能，激励农户的生产积极性。

3.1.3 坚持土地集体所有制和家庭承包经营为主的"三权分置"时期（2012 年至今）

随着近年来我国工业化、城镇化的快速发展，大量的农村人口向城市
进行转移，导致农村大量的农地撂荒，以前的土地所有权与承包经营权
"两权"分离的政策已经不符合当前我国的实际情况，对于土地产权改革

---

[1] 中华人民共和国民法通则 [J]. 人民司法，1986 (5)：2 - 10.
[2] 关于稳定和完善土地承包关系的意见 [J]. 农村工作通讯，1995 (6)：18 - 19.
[3] 中共中央关于推进农村改革发展若干重大问题的决定 [J]. 国土资源通讯，2008 (19)：
1，4 - 11.

势在必行。2013 年 7 月，习近平总书记在湖北武汉视察时提出了农地"三权分置"的基本思路。这是中央关于将农地权利划分为所有权、承包权和经营权"三权分置"的思想萌芽。2014 年 1 月 19 日《关于全面深化农村改革加快推进农业现代化的若干意见》发布，提出在全国农村实施农地"三权分置"改革。这拉开了我国"三权分置"的序幕。这是中央文件首次提出"三权分置"的政策思想，是我国农村土地产权又一次重大改革，这次改革旨在落实集体所有权、稳定承包权的基础上，放活经营权，发展多种形式的土地经营权流转，彻底挖掘农地潜在价值。在 2015 年 2 月 1 日印发了《中共中央 国务院关于加大改革创新力度加快农业现代化建设的若干意见》，首次提出了要修改法律法规，确保"三权分置"的合法性。在之后的中央文件中对"三权分置"政策进行了完善。2015 年 12 月 31 日发布的《中共中央 国务院关于落实发展新理念加快农业现代化实现全面小康目标的若干意见》中就提出了完善"三权分置"的办法①。2017 年 2 月 5 日印发了《中共中央 国务院关于深入推进农业供给侧结构性改革 加快培育农业农村发展新动能的若干意见》，提出在坚持农村集体所有制基础上，落实农地"三权分置"改革。2018 年 1 月 2 日印发了《中共中央 国务院关于实施乡村振兴战略的意见》，指出要继续落实和推进以"三权分置"为核心的农地产权制度改革。

"三权分置"改革的政策体系在近年来发布的中央文件中已趋于完善，这是我国农地产权改革的重大创新，是农地产权的第二次细分，在保留农地集体所有的基础上，将承包经营权细分为承包权与经营权是解决我国当前农地经营困境的必经之路。一方面确保农民承包权，保护了其获得财产性收入的合法权益；另一方面通过将农地进行流转，提高了农地的利用效率，创造出了更大的价值。"三权分置"的核心在于农地经营权的流转，通过经营权的流转，发展适度规模经营。随着近年来农村土地产权改革的不断深入，已经形成了大量的新型经营主体，同时涌现出大量的农业合作社和股份合作社。

---

① 中共中央 国务院关于落实发展新理念加快农业现代化实现全面小康目标的若干意见[N].人民日报，2015-12-31.

3.1.4　经验总结

纵观我国土地改革历程，从最初的土地改革时期到人民公社时期，再到家庭联产承包经营"两权"分离时期，最后到目前的农地"三权分置"改革，可以说是在不断探索集体经营的"统"与农户经营的"分"的结合方式。最初土地产权属于私人所有，这个时期基本上是农户经营的"分"占据了主要地位；再到合作社、人民公社过度强调了"统"，导致缺乏监督、效率低下、激励不足等问题；再后来的农地"两权"分离是根据当时的实际情况所产生的，是"统"与"分"的恰当组合的制度形式；目前的农地"三权分置"也是针对目前农地荒置的问题将农地产权进行"统""分"组合。究其本质来看还是生产力与生产关系不断适应的过程。在新中国成立初期生产力比较低下，土地私人所有的小农经济比较适合当时农民的利益诉求，随后的合作社、人民公社在当时的情况下更加适应生产力的发展，到 1978 年的改革开放，生产力得到了进一步发展，此时的生产关系已与生产力不相适应，阻碍了我国经济的发展。调整生产关系，以家庭承包经营为主的农地"两权"分离就是在此情况下诞生的。随着近年来我国生产力水平更上一个台阶，以前的农地"两权"分离已不再契合目前生产力水平，迫切需要一种新型的生产关系来解决当前农地的实际问题，故农地"三权分置"改革应运而生。

3.2　我国农地产权制度变革的逻辑主线

我国的土地产权制度变革一直面临着两大约束：一是土地制度是社会主义公有制的有效实现形式；二是土地利益的分配是服从于经济现代化的目标，即从传统的农业国变为现代工业国。[①] 在这样的制度和目标约束下，中国农地产权制度的改革，是在坚持农地集体所有制属性不动摇的基础

①　刘守英.土地制度变革与中国发展 [M].北京：中国人民大学出版社，2018：73.

上，探索所有权和其他权利之间的关系，如所有权与使用权之间的关系等，这就是中国农地产权制度变革的基本逻辑。从 1949 年新中国成立前后至今，农村土地产权制度经历了"一权"确立到"两权"分离，再到"三权分置"的三次重大变革。

3.2.1 单一公有制时期农地产权的"一权"确立

1947 年中共中央颁布实施了《中国土地法大纲》，1950 年又颁布实施了《中华人民共和国土地改革法》，这两项法令在中国基本确立了农地国有和私有并存的混合所有制结构，实现了解放初提出的"耕者有其田"的政治目标。[①] 但是，新中国是在"一穷二白"的基础上建立的，面对已经凋敝的农村，相对落后的生产方式，农民手中较少的农业生产资料，一些地区农民自发组织了农业生产互助组。这种诱制性制度变迁取得了较好成果后，逐渐被地方政府和中央政府观察后就形成了"自愿互利、典型示范、国家帮助"等指导性政策，逐渐建立起了初级合作社、高级合作社和人民公社。[②]初级合作社中，农民愿意以土地入股，高级合作社中土地等生产资料已经收归集体所有，实行"按劳分配"。1958 年开始实施的"政社合一"的人民公社实行"三级所有，队为基础"的农村集体所有制，农地的所有权归农村集体所有，统一安排生产。这实际上形成了中国农地制度的"一权"确立，即农地的农村集体所有制确立。人民公社时期，农村和农业有力地支持了国家的工业和国防建设，但是整体的效率相对较低。按照林毅夫的估算，1952～1978 年我国农业的年均增长率仅为 2.9%，增长水平较低。[③]

3.2.2 从单一公有制向多种所有制转变时期农地产权的"两权"分离

1978 年以后，为了解决人民公社存在的平均主义和"搭便车"问题，

①② 刘灿，韩文龙. 农民的土地财产权利：性质、内涵和实现问题——基于经济学和法学的分析视角 [J]. 当代经济研究，2012（6）：62-69.
③ 林毅夫. 制度、技术与中国农业发展 [M]. 上海：上海三联书店，2005：63-92。

以及解放农村生产力，甘肃临夏、广西龙胜、四川广汉以及安徽凤阳小岗村出现了"借地"和"包干到户"的新尝试。① 尤其是安徽凤阳小岗村的事迹最具影响力，也成为中国农村土地产权改革的标志性事件。小岗村的包产到户模式，是诱制性制度变迁的结果。这一事迹被中央和地方政府观察到后，承认了其合理性，并以家庭联产承包责任制等正式制度在全国范围内推广和实施。至此，原来的"一权"确立演变成了"两权"分离，即在统分结合的双层经营体制下，农地的所有权归农民集体所有，承包经营权被分配给了以家庭为单位的农户。这一新制度释放了较大的活力，在 20 世纪 80 年代和 90 年代，我国的粮食生产连续增产，基本解决了全国人民的吃饭问题。

3.2.3　新时代农地产权的"三权分置"

随着我国工业化和城市化的推进，农民进城务工收入在不断增加，从事农业的比较收益越来越低，"三农"问题逐渐显现出来。一方面，农村人多地少，种地只能解决吃饭问题，不能解决脱贫致富，进城务工不仅收入高，而且在城市能享受到较好的生存和发展环境，以及现代化的各项设施和服务。一部分农民开始进城落户和就业，这就导致土地撂荒等问题严重。谁来种地、科学种地的问题是伴随工业化和市民化的时代拷问。另一方面，现代农业的发展需要规模经济的支撑，中国农地的细碎化是制约农业规模化经营和农业现代化发展的主要"瓶颈"之一。如何在坚持农村土地集体所有制基础上，既要稳定农民的承包权，保障进城务工农民最后的生存依赖，又要放活经营权，通过经营权流转解决农业规模化经营的问题，这就涉及农地产权制度的创新。农地"三权分置"正好解决了以上的矛盾，释放了制度红利，促进了农村生产力进一步发展。

从农地"一权"确立、"两权"分离和"三权分置"的制度变革轨

---

① 杜润生．杜润生自述：中国农村体制改革重大决策纪实［M］．北京：人民出版社，2005：85－93．

迹可以看出，中国农村土地产权制度的变迁，是诱制性制度变迁和强制性制度变迁相互结合的产物；也是在坚持农村土地集体所有制基础上，通过权利的分离和分置，创新了产权制度，破除了束缚农村生产力发展的生产关系，进一步解放了农村生产力，进一步促进了农村经济社会的大发展。

3.3 我国农地产权制度变革的核心问题

从我国农地产权制度变革的历程看，其核心问题就是在坚持农村集体所有制基础和土地利益的分配服从于经济现代化目标时，正确处理农民和土地的关系、农民和集体的关系、农民和市民的关系、农民和国家的关系。

3.3.1 正确处理农民和土地的关系

重视农民对土地的高度依赖性是正确处理农民和土地关系的关键。1949 年新中国成立前，旧中国主要是小农经济，土地是农民的核心生产资料。但是土地主要被地主阶级控制，农民要么是自耕农，要么是佃农。通过解放战争和土地改革，改变了旧中国以地主私有制和小农为基础的农业经营制度，形成了新中国成立初的土地公有和私有的混合经济，农民暂时获得了土地的所有权和使用权。通过土地改革分到土地的农民，产生了较大的生产热情。1953 年开始的"一化三改造"和农村合作化运动将农民的土地等主要生产资料通过"互助组—初级合作社—高级合作社—人民公社"等组织形式逐渐实现了农民集体所有制，即"三级所有，队为基础"。此时，农民丧失了土地的所有权和使用权。受到各种因素的影响，"政社合一"的人民公社制度带来了农业生产效率的低下。1978 年改革开放以后，农村形成了以家庭承包经营为基础，统分结合的双层经营体制，农民集体拥有土地的所有权，具有成员权资格的农户获得了承包经营权。通过"两权"分离，农户获得了土地的承包经营权，产生了巨大的生产激励，带来了粮食产量的不断提高。2012 年开始，逐渐实行的农地"三权分置"进一步扩展了农地的产权结构，农民获得了土地的承包权，经营权可以流转。通过确权颁证、还权赋能和实现承包期限长久不变等政策措施，进一步稳定了农民与土地的关系。新中国成立以来，农村产权改革历程中农民和土地的关系问题一直处于核心地位。只有根据不同发展阶段制定合适的制度，动态调整农民和土地的关系，才能保护农民切身利益，才能解放和发展农村生产力。

3.3.2　正确处理农民和集体的关系

由于中国土地制度的特殊性，农民和集体的关系也是比较特殊的。1949 年新中国成立后，通过土地改革等实现了农民拥有土地的革命理想。1951 年，毛泽东同志提出了"逐步发展农业生产互助合作组织"。[①] 从 1953 年开始，国家启动了"一化三改造"战略，在实施工业化战略的同时，对农业、手工业、资本主义工商业进行社会主义改造。对农业的社会主义改造过程中，农村土地制度和农村经营制度经历了从最初具有社会主义萌芽的互助组（至 1953 年底）到土地入股统一经营的初级社（1954 ~ 1955 年），再到农具、土地、耕畜等折价归集体所有的高级社（1955 ~ 1956 年），[②] 最后到人民公社化（1956 ~ 1958 年）这四个阶段。在人民公社化的"一大二公"时期，农民已经失去了对土地和其他主要生产资料的私有产权，同时生产小队和生产大队同样也失去了对社内主要资产的所有权，此时人民公社拥有对各级经济组织的所有生产资料唯一的支配权，农民已经丧失了土地的所有权和使用权。农民与集体的关系，已经由互助组和初级社会社时期的自愿入社与合作关系，转变为高级社和人民公社时期"政社合一"的政治与经济组织对农民的管控关系。1978 年前后，人民公社逐渐解体，形成了新的农村基层管理体制和经济组织形式，各地农村开始探索农村集体化的新模式。从"包干到户"和"包干到组"等，再到最

① 毛泽东文集（第六卷）[M]. 北京：人民出版社，2009：180.
② 卢新海，张旭鹏. 农地"三权分置"改革的政治社会学分析 [J]. 新疆师范大学学报（哲学社会科学版），2017，38（6）：112 – 120.

后确立以家庭承包经营为基础、统分结合的双层经营体制，农民与集体的关系开始由控制型关系转变成以土地承包为主要纽带的承包关系和合作关系。改革开放初期，为了正确处理集体、国家和农民关系，改变了人民公社时期"统购统销"的生产分配关系，形成了"交够国家的，留足集体的，剩下都是自己的"新型生产分配关系。2005 年，以农业税免征为核心的农民税赋体系的改革，进一步调整了农民、集体和国家的关系。随着工业化和城市化的发展，农业的比较收益下降，农民进城务工成为其获得收入的主要来源，农民对土地的依赖性降低，进而对农村集体的依赖性也在不断降低，农民与农民集体的关系已经由紧密的合作关系逐渐变成松散的合作关系。有些地方，农民与农民集体的关系也仅存于土地承包关系层面了。如何进一步理顺农民和集体的关系，是当前面临的新问题。

3.3.3　正确处理农民和市民的关系

农民和市民的关系以土地为核心，涉及城乡关系和农民的发展问题。1949 年新中国成立后，农村人口是可以流入城市的。但是，随着大量的农村人口进城后面临的失业问题和粮食供给问题，以及为了完成资本积累，实施重工业优先发展战略，国家开始在农村推行农村合作化运动，走农村集体化道路。农村集体化道路的一个客观后果就是了形成了城乡分割的二元体制。除了提干、升学、当兵和进城当工人等，农民是不能"进城"的，也不能享受和城市居民一样的权利和福利保障。1978年改革以后，随着以乡镇企业蓬勃发展为主的乡村工业化，以及后来的城市产业园区工业化和制造业现代化发展，大量的农民开始进城务工。农民工就是农民与市民关系中最具代表性的典型。农民工就是由于城乡二元的户籍制度和公共权利制度不同，农民进城务工但是仍然保留农村户口而产生的特殊群体。农民工是我国城乡二元结构发展的必然结果。城乡二元的户籍制度、公共权利和服务制度等限制了农民变为市民，阻碍了农民的发展。新时代，国家已经要求分城市规模逐渐放开农民进城落户的条件，让农民工在进城务工的同时，保持农村土地的承包关系，逐渐获得市民身份，享受市民的权利。另外，随着乡村振兴战略的实施，农民也将成为一种职业，将会享受与市民一样的公共权利和公共服务等。

3.3.4　正确处理农民和国家的关系

如果说农民与土地的关系是一种天生的依赖关系，那么农民与国家的关系则是诸多关系中最具决定性作用的关系。农民与国家的关系主要是以土地为纽带，涉及权利的控制和赋予、承包期限，以及土地收益分配等核心问题。首先，农民和国家的关系涉及土地权利的控制和赋予。1949 年新中国成立前后，通过土地改革，打破地主阶级土地所有制，国家把土地分给了农民，农民拥有了土地的私人所有权，土地收益归农民自己。1953 年前后，实施的农业合作化运动和农村集体化道路，逐渐把农民手中的土地等主要生产资料收归集体所有，实行"三级所有，队为基础"的所有制形式，农民以生产队为基础统一劳动，按劳分配。在人民公社时期，国家通过"统购统销"和"农产品剪刀差"，为国家工业化提供资本积累，使农民与国家的关系处于"相对紧张"的矛盾状态。1978 年改革开放以后，随着农村改革的开启，以"家庭联产承包责任制"为核心的农地制度和生产经营制度的变革，使农民获得了土地的承包经营权，提高了农业生产的积极性。国家通过法律第二次赋予了农民一种特殊的权利，即承包经营权，并规定承包期 15 年不变。不过，农民仍然需要为国家和集体承担义务，如农村的"三提五统"和农业税等。2005 年，免征农业税标志着农民与国家关系的进一步调整。2012 年后，各地逐渐实行的农地"三权分置"和农户对农民集体土地承包关系产权不变的政策，以及宅基地"三权分置"，征地制度改革和集体建设用地入市试点等实践，进一步调整了农民与国家的关系。

至此，国家与农民的关系，由传统计划经济体制的多取少补，到改革开放初期的多取少补，到现阶段的不取多补，逐渐形成了工业补贴农业、城市反哺农村、国家支持农民、农民和农村优先发展的新局面。

3.4 新时代农地"三权分置"改革的重大意义和总体趋势

3.4.1 农地"三权分置"改革的时代背景

1. 进一步解放和发展农村生产力的需要

新时代,我国社会的主要矛盾已经转变为人民日益增长的美好生活需要和不平衡不充分的发展之间的矛盾。[①] 社会主要矛盾在"三农"领域主要体现在以下三个方面。一是城乡发展不平衡。表现在城乡之间的经济发展差距、收入分配差距、社会治理差距、基础设施和公共服务差距等。二是农业发展不充分。具体表现为农业仍然是"弱质产业",现代农业体系没有健全和完善,生产和经营方式相对落后,农产品质量尚待提升,农产品的国际竞争力相对较弱等。三是农民的全面小康生活还没充分实现。具体表现在农民的收入有待提高,生活质量有待进一步提升,享受的教育、医疗和社会保障等公共服务权利需要进一步改善。另外,农民的职业身份需要得到社会广泛认同,职业能力需要得到进一步提升。

新时代,农地产权制度改革是解决农村不平衡不充分发展和事关"三农"问题的关键性制度安排,通过制度变迁来调整农村的生产关系,解放农村生产力、发展农村生产力是解决主要矛盾的必然选择。

2. 更好解决"三农"问题的需要

"三农"问题是中国的重大问题。要解决"三农"问题,最根本的目的就是需要让农民富裕起来、农村发展起来、农业竞争力强起来。要实现这样的目标,必然涉及与"三农"密切联系的农地产权制度改革。

首先,农民富起来,需要解决土地财产权问题。农民增收,需要依靠

---

① 习近平. 决胜全面建成小康社会 夺取新时代中国特色社会主义伟大胜利 [N]. 人民日报, 2017 – 10 – 28.

农业的经营性收入和外出务工收入，也需要依靠土地财产权和房屋财产权收益等。① 农民可以将自家不种的土地流转出去，获得租金收益，既保障了粮食生产，防止土地被撂荒，也增加了农民收入。

其次，农村富起来需要发挥农村土地集体所有制的制度优势。农村土地集体所有制是中国特色社会主义公有制在农村的集中体现。新时代，要使农村富起来，需要大力发展相关产业。农村产业的发展，必然离不开土地要素的供给。如何构建城乡统一的土地要素市场，进一步激活参与农村发展建设的各类市场主体的积极性，必然涉及进一步改革现有的农村土地制度，尤其是需要推进承包地"三权分置"、宅基地"三权分置"、集体经营性建设用地以及非经营性建设用地入市改革等。

最后，农业强起来需要解决土地规模经营问题。自 20 世纪 80 年代初我国农村逐渐实施家庭联产承包责任制以来，农业生产取得了较好的成绩。② 根据统计局公布的数据，我国粮食总产量翻了一番，从 1978 年的30477 万吨增加到了 2017 年的 61791 万吨，基本满足了人民的生活需要。但是仍然存在粮食供给的结构性矛盾，如优质粮食有待提高，大豆等进口依赖度大。随着人民生活水平的提高，人民的饮食结构发生了深刻变化，对优质的粮食、果蔬、肉食和奶制品的需求日益增加，但是传统的小农经济和细碎化耕种既不能满足现代农产品的生产需要，也不能解决农民增收问题。从世界主要发达国家和农业强国的经验来看，发展现代农业是解决农产品供给侧结构性矛盾的主要途径。在小农经济和细碎耕地为主的中国，要发展现代农业，首先要解决的问题是土地规模经营问题。现阶段，在坚持"农民土地集体所有制"基础上，要实现土地集中和规模经营，需要放活经营权。通过农地经营权流转，解决制约现代农业发展的土地规模"瓶颈"问题。当然，基于中国的基本国情，在"三权分置"基础上还需要实现小农生产和现代农业生产的有机衔接，解决好农民生存和现代农业发展的新矛盾。

---

① 刘元胜，胡岳岷. 农民权益：农村土地增值收益分配的根本问题 [J]. 财经科学，2017（7）：40 – 49.

② 林毅夫等. 制度、技术与中国农业发展 [M]. 上海：上海三联书店，2005.

3. 更好适应工业化、城市化和农业现代化发展的需要

改革开放 40 多年来，我国已经初步实现了工业化，并且在相关领域取得了很大成就。目前，我国已经是世界第二大经济体，工业化发展也由快速工业化阶段向高质量工业化阶段转变。伴随着工业化的推进，我国城市化率已经超过了 50%。工业化和城市化带来了农村生产要素向城市集中，尤其是农村劳动力的就业向工业和服务业领域转变，农民人口向城市迁移。在这一过程中，就需要解决农民进城工作、安家和落户后，农民手中的土地承包权处置问题。另外，工业化和城市化过程，也是农业现代化的过程。面对农村人口向城市转移的过程中出现的大规模土地撂荒问题，以及现代农业发展的规模经济需要，农村土地流转成为必然要求。要实现农地的流转，就需要进一步分割传统的农地产权，在所有权和承包权、经营权两权基础上分离出"三权"，既要保证农村集体所有制的性质不变、农民的土地承包权不变，也要通过土地经营权流转实现农业的规模化经营。

3.4.2　农地"三权分置"改革的重大意义

解决当前我国"三农"问题的关键是农民问题，而农民问题的核心之一是土地问题。[①] 从某种意义来讲，"三权分置"改革是解决"三农"问题的重要抓手。

首先，通过"三权分置"改革，为乡村振兴战略的实施提供充足的土地要素供给保障。新时代，要防止农村出现凋敝，需要大力实施乡村振兴战略。实施好乡村振兴战略的关键一环是产业兴旺。为此，在坚持农村土地集体所有制基础上，通过"三权分置"改革，集中和流转经营权，有效解决农村产业融合发展所需的土地供给，以及农业经营的规模问题。

其次，通过"三权分置"改革，为现代农业发展提供用地支持，解决农

---

① 陈锡文. 深化农村土地制度改革与"三权分置"［J］. 公民与法（综合版），2017（7）：3 – 7.

业规模化发展的"瓶颈"。中国要实现农业现代化,除了实现小农户和现代农业的有效衔接外,重点是要发展现代农业。从国际经验来看,农业现代化需要土地、技术、劳动和管理等要素的综合支持。在中国,受制于人多地少的矛盾,小农经济占主体地位。随着工业化和市民化推进,逐渐具备了发展大规模农业的可能性。大规模农业需要土地集中和流转。"三权分置"改革可以有效释放农地流转活力,将经常务工和落户农民不愿意耕种的土地集中和流转到一起,通过转租和承包等方式流转给新型农业经营主体进行耕种,有利于提高农业生产和经营效率,有利于探索农业现代化之路。

最后,通过"三权分置"既可以释放农村劳动力,又可以增加农民收入。我国有约 7 亿多的农村人口常住农村或以传统农业生产为生,随着工业化和城市化发展,有一部分人会继续转移出去,在城市落户和就业。这部分人会逐渐脱离土地,成为兼业农民,甚至一部分会成为市民,放弃农民身份。农地"三权分置"为这部分进城务工农户解决了后顾之忧,他们可以自愿决定是否保留农地的承包权,也可以决定是否流转手中的土地。进城务工农户流转土地后,可以进城务工,既可以获得工资性收入,又可以获得土地流转租金收入,有利于拓宽农民的增收渠道。

3.4.3 农地"三权分置"改革的演进趋势

农村土地制度属于我国基本经济制度的延伸范畴,关系着国家与农民等重要主体的切身利益。新时代,农村土地产权制度改革的总体趋势应该是在坚持农村集体所有制基础上,进一步还权赋能,落实"三权分置",实现土地权利均等化和土地收益分配合理化。

1. 在坚持农村土地集体所有制基础上进一步完善产权权能

土地是用于农业生产的核心生产资料,农村土地的"农民集体所有制"是社会主义制度在我国农村的重要实现形式。考虑到制度实施的约束,我们在现阶段必然坚持农村土地集体所有制。为了进一步发挥农地产权制度的激励和约束作用,需要在坚持集体所有制的基础上,完善产权权能,重点是完善使用权、收益权和转让权等权能。使现行土地产权制度能够更好地适应土地流转和农业规模化经营的需要，以及农民市民化过程中的农地承包权和宅基地使用权退出等新变化。除此之外，落实承包地承包期的长久不变，实现产权具体权能的法律化和制度化，也是完善农地产权权能的重要内容。

2. 落实"三权分置"基础上进一步放活使用权

农地"三权分置"是中国农村改革的又一次重大理论和实践创新。[①]农地"三权分置"是新时代解决"三农"问题的重要抓手，也是推动农业现代化和实施乡村振兴战略的关键性制度安排。[②]当前，农地"三权分置"主要涉及承包地的"三权分置"和宅基地的"三权分置"等。"三权分置"需要明确界定"三权"的权利内涵、权利边界和权利之间的相互关系。对于承包地的"三权分置"，主要是落实所有权、稳定承包权、放活使用权；对于宅基地的"三权分置"，主要是落实所有权、落实资格权、放活使用权。从农业规模化经营和农民市民化角度看，创新放活使用权的机制，进一步发挥产权的激励作用是农地产权改革的重点。

3. 在探索"同地同权同价"基础上逐步实现农民的土地财产权

在现行土地管理制度下，城市土地属于国有，农村土地属于农民集体所有；国有土地可以直接在土地一级市场上买卖，而农村土地必须通过征收或征用等方式，变为国有土地才能够入市交易。城乡二元的土地制度，限制了土地要素的有效配置，也限制了农民土地财产权的实现。改革开放以来，城乡二元的土地制度，降低了城市化和工业化的用地成本，对促进中国经济增长起到了重要作用。如果说之前是因为资本供给不足，通过城乡二元的土地制度可以获得城市化和工业化发展的积累资金，那么现阶段我国城市化率已经达到了50%以上，工业化也已经取得了巨大成就，城乡二元的土地制度安排就需要由效率优先转变为效率和公平并重。当前，要

① 韩长赋. 再谈"三权分置"[J]. 农村经营管理，2017（12）：6–8.
② 习近平. 决胜全面建成小康社会 夺取新时代中国特色社会主义伟大胜利 [N]. 人民日报，2017–10–28.

构建城乡一体化的土地要素市场，需要探索集体建设用地直接入市、宅基地直接入市、承包地征用和有偿退出等制度，逐渐实现农村土地和城市国有土地"同地同权""同地同价"。只有形成城乡一体的土地要素市场，才能逐步实现城乡土地要素的合理流动和高效配置，打破城市化和工业化发展的用地"瓶颈"，更好地实现农村居民的土地财产权，才能为更好地解决农业农村现代化面临的土地供需矛盾奠定制度基础。

第 *4* 章

承包地"三权分置"
与农地财产权的实现

马克思指出,"土地是一切生产和一切存在的源泉"①。我国自古以来就是农业大国,土地是维持人们赖以生存的物质基础,农村土地对于一个国家的发展尤为重要,农地制度的变迁更是影响深远。为进一步解决人地矛盾,中央在以往土地所有权与承包权"两权"分置基础上,提出了集体土地所有权、农户承包权和经营者土地经营权的"三权分置"。在2013年7月,习近平总书记在河北省考察农村产权交易所时指出,"深化农村改革,完善农村基本经营制度,要好好研究农村土地所有权、承包权、经营权三者之间的关系"。在此之后,2014年的中央一号文件中正式提出"在落实农村土地集体所有权的基础上,稳定农户承包权,放活土地经营权"②,拉开了"三权分置"改革的序幕。2015年的中央一号文件中着重提出进行农村集体土地确权登记发证,稳步推进农村土地制度改革试点。③2016年的中央一号文件中明确规定农村土地承包关系长久不变,在此基础上稳定农村土地承包关系,落实集体所有权、稳定农户承包权、放活土地经营权,完善"三权分置"办法。④2017年的中央一号文件中进一步落实

---

① 马克思恩格斯选集(第2卷)[M]. 北京:人民出版社,1972:109.
② 关于全面深化农村改革加快推进农业现代化的若干意见 [N]. 人民日报,2014-01-19.
③ 关于加大改革创新力度加快农业现代化建设的若干意见 [N]. 人民日报,2015-02-01.
④ 关于落实发展新理念加快农业现代化实现全面小康目标的若干意见 [N]. 人民日报,2016-01-27.

农村土地集体所有权、农户承包权、土地经营权"三权分置"办法。① 加快推进农村承包地确权登记颁证,扩大整省试点范围。统筹协调推进农村土地征收、集体经营性建设用地入市、宅基地制度改革试点。2018 年的中央一号文件中在以往一号文件的基础上深入推进农村集体产权制度改革,深化农村土地制度改革,巩固与完善农村基本经营制度。② "三权分置"是重大的理论和实践创新,研究其具体内涵和实现,具有重要的理论价值。

4.1 承包地"三权分置"的理论实质

在承包地"三权分置"的改革过程中要明确三权的权能边界和相互关系,坚持以处置权为核心的土地所有权,以财产权为核心的土地承包权,以收益权为核心的经营权。"三权分置"是满足农村实际需求的新生产力发展的产物,是创造和发展"后现代农业"的历史必然选择。在"三权分置"改革过程中我们要紧紧抓住落实所有权、稳定承包权、放活经营权这三大主线,彻底激活农村土地这一庞大资源。

4.1.1 落实所有权

土地所有权的稳定一直是我们探讨的重要问题。在我国,土地所有权具有交易的禁止性、权利的可使用性、权属的稳定性、权能的可分离性等特征。在我国土地使用权的主体是指"农民集体",但是这一概念却是非常模糊的,在法律上土地使用权是属于集体经济组织的,乡镇、村委会、村民小组都可以对其进行干预,但是在法律上却没有明确的边界界定。这对"三权分置"的实现是极为不利的。不过,一些改革的指导意见已经对此作出了规范,如在中共中央办公厅、国务院办公厅印发的《深化农村改革综合性实施方案》中规定,"落实农民集体所有的不动产和动产,属于

---

① 中共中央 国务院关于深入推进农业供给侧结构性改革 加快培育农业农村发展新动能的若干意见 [N]. 人民日报, 2017 – 02 – 05.

② 中共中央 国务院关于实施乡村振兴战略的意见 [N]. 人民日报, 2018 – 02 – 05.

本集体成员集体所有"，进一步廓清了农民的集体成员权，明晰了土地产权归属，明晰了集体产权主体。

从现实的角度看，落实集体土地所有权，关键是要通过相关的集体成员制度明晰农村土地产权主体。明确界定农民的集体成员权需要对农村经济组织成员资格进行清晰的界定，农村集体经济组织成员权资格的确定就可以切实地保障在组织中成员的权利，进一步的落实集体所有权。因而落实我国集体所有权的重要举措就是明晰集体经济组织的成员权。《中共中央 国务院关于稳步推进农村集体产权制度改革的意见》进一步提出"科学确认农村集体经济组织成员身份"。在明确集体经济组织成员权的基础上，集体成员在农民集体内部通过行使各项自益权和共益权，使集体所有权真正地落实到每一个成员身上，实现集体所有权主体的明晰化和具体化。然而，我们集体经济组织成员制度比较缺乏，经济组织成员的权利得不到保障，权利主体模糊、虚化。这还需要出台相关的法律法规，进一步明确集体经济主体权能属性。在"三权分置"改革的过程中，要牢牢把握农地集体所有的底线，坚持农地集体所有制是农地制度改革的前提，进一步落实集体成员制度，做实做牢集体土地所有权。[①]

4.1.2 稳定承包权

在 1978 年以后实施的家庭联产承包责任制"两权分置"的情况下，承包经营权是指集体组织里的农户对集体土地有权享有占有、使用和收益的权利。在当时农户是集体的一部分，土地所有权归集体所有，集体里的农户有土地承包经营权，自主经营。

关于土地承包权的内涵，不同学者持有不同看法。一般观点认为土地承包权不是一种独立的权利，它仅是集体经济组织成员权在分配土地时所产生的一种特定化的权利类型。[②] 其他学者认为土地承包权已经是一种在

---

① 杜奋根. 农地集体所有：农地"三权分置"改革的制度前提 [J]. 学术研究，2017（8）：81 - 86.

② 朱广新. 土地承包权与经营权分离的政策意蕴与法制完善 [J]. 法学，2015（11）：88 - 100.

承包经营权让渡一部分权利给经营权过后的权利类型，变为了有负担的土地承包经营权。①② 对于土地承包权的权利性质，学术界有两种主流看法。一方面，土地承包权应该是农户以集体经济组织成员为基础的，以承包集体土地为内容的综合性权利。③ 它主要包括承包土地、分离对价请求、征地补偿、监督、放弃等权能。④⑤ 另一方面，从《物权法》来看，土地承包权是一种特殊的用益物权。由于所有权是物权性质的，那么从所有权中分离出来的承包权也应当具有物权性质。⑥ 张占耕（2017）对物权性质的土地承包权进一步区分，他认为经营性建设用地如果是集体组织自身经营使用那应该是自用物权，如果是非所有权主体使用那就应该是用益物权。⑦

实行"三权分置"必须要严格保护农户的土地承包权。一方面，要保障农户占有、使用土地的权利，当土地被征收时可依法获得补偿；另一方面，要继续延长农民的承包权长久不变，按照党的十九大报告的要求，家庭农户的承包权到期后继续延长 30 年，给农民吃上"定心丸"，给农业现代化的投资者带来稳定预期。

4.1.3 放活经营权

土地经营权的提出顺应了时代发展的需要。在"两权分置"时期，是集体所有权与土地承包经营权分置，农户享有承包土地经营土地的权利，"包产到户"极大地促进了农户生产的积极性，带动了农业经济的快速发展。近年来，现代化、信息化、城镇化的发展，使大量劳动力涌入城市，造成大量承包地荒置，因此中央提出了"三权分置"改革，一个重要的举措就是把土

---

① 王小映．"三权分置"产权结构下的土地登记 [J]．农村经济，2016（6）：3 – 7.

② 潘俊．农村土地承包权和经营权分离的实现路径 [J]．南京农业大学学报（社会科学版），2015，15（4）：98 – 105.

③ 肖鹏．土地承包权初探 [J]．中国农业大学学报，2017（1）：1 – 8.

④ 丁文．论"三权分置"中的土地承包权 [J]．法商研究，2017（3）：15 – 26.

⑤ 方婷婷，吴次芳，周翼虎．农村土地"三权分置"的法律制度构造 [J]．农村经济，2017（10）：30 – 36.

⑥ 张守夫，张少停．"三权分置"下农村土地承包权制度改革的战略思考 [J]．农业经济问题，2017，38（2）：9 – 15，1.

⑦ 张占耕．农村土地制度改革的方向研究 [J]．区域经济评论，2017（4）：99 – 106.

地经营权从土地承包经营权中分离。实施"三权分置"政策的主要目的就是要用活土地经营权，优化土地资源的配置，提高土地的利用效率。

对于土地经营权，学术界主要是对经营权的物权性质和债权性质展开论述。一方面，土地经营权是独立于土地承包权的一项权利，它的性质属于债权而不是物权。经营权物权化难以驱除土地承包权的身份蔽障，违背了"一权一物"的物权法则，故经营权应当是债权。[①] 另一方面，土地承包权中分离出来的土地经营权是用益物权。[②] 如果将土地经营权定位于债权，那么不仅阻碍了土地经营权流转，而且对于同是物权性质的收益权和承包权来说是相互冲突的，故应该将土地经营权从土地承包权中独立出来，使其成为物权。[③] 当然也有学者认为"三权分置"下的土地经营权的性质要根据土地经营权流转的方式判断其到底是物权还是债权性质的，经营权只有在土地流转并且当承包权和经营权独立的情况下，才能独立发挥作用。[④]

土地经营权是伴随着"三权分置"提出而产生的，不管土地经营权是债权还是物权，它旨在盘活农村土地这一庞大资源。放活经营权就是在稳定承包权基础上，创新承包地经营模式，通过经营权流转、租赁和抵押等方式进一步提高承包地的利用效率。但我们在放活经营权的同时，还应当注意农村集体所有权必须毫不动摇，不得损害土地承包权，耕地红线不能逾越等。

4.2　农地"三权分置"的实践探索

目前，农地"三权分置"的关键是落实所有权、稳定承包权和流转经

———————

① 刘云生，吴昭军. 政策文本中的农地三权分置：路径审视与法权建构 [J]. 农业经济问题，2017，38（6）：12 – 22.

② 孔祥智. "三权分置"的重点是强化经营权 [J]. 中国特色社会主义研究，2017（3）：22 – 28.

③ 赖丽华. 农村土地"三权分置"下经营权物权化制度构建 [J]. 社会科学家，2016（10）：104 – 107.

④ 张克俊. 推动农村土地制度逐步形成"三权分置"格局研究 [J]. 开发研究，2017（1）：18 – 25.

营权，各地进行了不同的实践探索。

4.2.1 落实所有权的实践探索

当前，落实农地所有权的实践中，主要是通过一定的实现机制来保障所有权权能。例如，成都市的"确权颁证"和"还权赋能"改革，通过现代土地遥感测量技术和传统的"鱼鳞图"等明晰了各类农地的产权边界。①成都市还颁发了土地所有权证给农民集体，承包权证给具有农民集体成员资格权的承包农户，经营权证给新型农业经营主体，并赋予了农民集体一定的处置权和收益权，通过承包地有偿退出等改革试点实现农户以承包权为基础的土地财产权，通过经营权抵押贷款等扩大了经营权的权能用途。

尽管我国宪法和相关的土地管理法等已经确立了农民集体和农村集体经济组织的法律地位，但是具体的规范性法律却不完善，如对农民集体权利主体的管理法律、对农民集体成员的管理法律，农民集体和农村集体经济组织的法人资格和法律地位等都是缺失的。党的十八大以来，在落实所有权的实践探索中，国家通过修订法律，正在逐步解决农地所有权主体的法律资格问题。2015 年 11 月，中共中央办公厅和国务院办公厅印发了《深化农村改革综合性实施方案》，提出"明晰集体土地产权归属，实现集体产权主体清晰"②。2017 年的《中华人民共和国民法总则》（以下简称《民法总则》）对社会呼声作出了反应，将农村集体经济组织列为"特殊法人"，赋予一定的民事权利和行为能力，但是农民集体的法人资格和法律地位还需要进一步研究和探索。

4.2.2 稳定承包权的实践探索

各地稳定承包权的实践探索中，首先，通过确权颁证稳定了农户的承包权，明晰了承包地的产权边界，强化了承包权的法律效力。农地的确权

---

① 周其仁等. 还权赋能——成都土地制度改革探索的调查研究 [J]. 国际经济评论, 2010（2）: 54 – 92.
② 深化农村改革综合性实施方案 [EB/OL]. 新华社, 2015 – 11 – 02.

颁证，目前在全国范围内已经广泛推广和实施。其次，进一步落实中央相关规定，对农民自愿放弃承包权的，尝试探索承包权有偿退出模式。① 例如，重庆市梁平区川西村的承包地有偿退出尝试等。当然，承包地对农户具有最后的生存保障功能，在城市化和工业化过程中，不应该也不能强迫农户退出承包地，以免积累巨大的社会风险。从国家层面，对农户承包权的保护体现在两个方面：一是通过现行法律和法规进一步保障农户的承包权，防止侵犯农户承包权的事件发生；二是通过进一步延长农地承包权期限，给承包农户生产经营预期。党的十九大报告和2018年的中央一号文件都指出，农户的承包地到期后再延长30年，进一步稳定了政策预期。

4.2.3　放活经营权的实践探索

放活经营权，主要是通过经营权流转和抵押等探索经营权的多种实现途径。"三权分置"将原来赋予家庭农户的承包经营权分为承包权和经营权两类细分产权，目的就是要放活经营权，解决农业规模化经营和农业发展资金等问题。经营权的流转，实践中出现了多种模式，如将经营权入股形成土地股份合作社，进一步壮大农村集体经济，如四川崇州市的"农业共营制"②；将经营权流转给种粮大户、家庭农场、合作社和农业企业等新型经营主体，形成了农业规模化经营和现代化发展的新格局，如上海松江的家庭农场模式、河南商水和山东济宁的合作社模式等。通过农地经营权的集中流转，一方面释放了农村劳动力，一部分农民可以放心的进城务工或定居，同时可以增加其工资性收入；另一方面也提高了农业的规模化、集约化和专业化，解决了农村"谁来种地"和"科学种地"的问题。

经营权的抵押贷款也是放活经营权实践探索的重要内容。经营权集中流转以后，现代农业发展的规模化问题得到了解决，但是现代农业发展的资金问题如何解决？除了传统的财政补贴和一般性贷款外，试点经营权抵

---

① 张守夫，张少停. "三权分置"下农村土地承包权制度改革的战略思考［J］. 农业经济问题，2017，38（2）：9－15.

② 罗必良. 农业共营制：新型农业经营体系的探索与启示［J］. 社会科学家，2015（5）：7－12.

押贷款是一种新的尝试。① 目前，重庆市、上海市、成都市等都出台了经营权抵押贷款的试点意见，且各地出现了权利质押、权利和地上附着物复合式抵押及担保性抵押等多种方式。中国人民银行和原中国银行业监督管理委员会（以下简称"银监会"）也出台相关政策鼓励商业银行积极参与经营权抵押贷款的试点。不过，农地经营权抵押贷款也存在如何防范和分散抵押贷款生产的显性和隐性风险问题。由于农地本质上属于国家赋予农民的保障性生产资料，承包权也是国家赋予农户的特殊权利，经营权仅仅是从承包经营权中分化出来的，如果经营权抵押贷款失败，必定会侵犯所有者和承包者的权利，这种权利之间的冲突是经营权抵押贷款的难点。各地正在通过担保基金等方式解决此类风险问题。

4.3 承包地"三权分置"的实现机制选择：案例分析

承包地"三权分置"不仅要清晰界定权利边界和厘清权利之间的关系，而且需要创新实现机制。从全国范围来看，一些地方正在探索"三权分置"的实现形式，这值得从理论上进行比较分析和经验总结，以便更好地推进承包地"三权分置"改革。

4.3.1 实现机制选择维度

近年来，家庭联产承包责任制的双层经营模式在释放大量红利的同时，也带来了一些问题，归根到底就是承包地产权不明晰的问题。从制度经济学的角度来看，明晰的产权分配可以起到激励作用，同时提高资源的利用效率。在"三权分置"政策提出以来，全国各地进行着各种不同模式的承包地产权试点改革，其目的都是通过改革使产权更加清晰，提高承包地利用水平。一般的研究，对承包地"三权分置"的实现机制主要聚焦于

① 林乐芬，沈一妮. 异质性农户对农地抵押贷款的响应意愿及影响因素——基于东海试验区 2640 户农户的调查［J］. 财经科学，2015（4）：34 –48.

落实所有权、稳定使用权和流转经营权三个方面。本书总结了承包地"三权分置"的三种模式，即政府主导型模式、股份合作型模式以及市场导向型模式，并就这三种产权改革模式从产权基础、治理结构、经济绩效三个维度展开分析，并贯穿于"三权"之中。

1. 产权基础

从产权理论来看，明晰的承包地产权制度对于提高承包地利用率，增加农民的财产性收入尤为重要。产权的核心是所有权，纵观新中国成立初期到现今的土地所有权的转变，从私有制逐渐转变为公有制，符合我国社会主义国家的基本特征，同时也满足了广大人民群众的利益诉求。因此必须毫不动摇的坚持农村土地集体所有，特别是在现今存在所有权主体虚置的情况下尤为重要。在政府主导型模式、股份合作型模式以及市场导向型模式这三种土地产权改革的模式中，不管是政府主导土地流转，还是股份合作形式的土地产权改革机制，抑或是市场为主导的土地流转机制，它们都是在坚持土地所有权为集体所有的基础上进行农地产权改革。马克思曾说过，农村土地产权制度是一种特殊的生产关系，在改革开放时期的家庭联产承包责任制的双层经营模式下很好契合了当时生产力的发展，因此推动着我国农村经济高速发展。然而随着生产力水平迅速发展，生产关系已与生产力水平不相适应，阻碍了生产力的发展，所以改革生产关系即对农村产权制度进行创新是非常有必要的。产权是有效激励的制度基础，也是释放我国当前农村土地大量红利的依据。可以这样说，产权制度的创新为改变我国当前农村土地的"窘境"提供了捷径。

2. 治理结构

治理结构最早是为了解决委托—代理问题而产生的。威廉姆森认为治理结构是对事后产生的准租金的分配的种种约束方式的总和，主要包括所有权的配置、企业的资本结构、对管理者的激励机制等。[①] 治理结构可以理解为组织内如何进行权利的分配与运营等的制度安排，一个组织要想实现有效运

---

① 威廉姆森.资本主义经济制度 [M]. 段毅才，王伟，译. 北京：商务印书馆，2002：183－225.

行,就应该解决内部的权利分配与监督的问题。如果组织内部权利分配不清晰、监管力度不够,对于该组织来说将是巨大的灾难。在承包地"三权分置"改革过程中,处理好权利的分配,同时对于权利分配的主体进行监督是非常重要的。一方面,承包地"三权分置"改革中权利的分配起到了相应的激励作用;另一方面,配套的监督措施也应该同步实施。对于当前承包地改革的治理结构来说,就是要在集体所有权、农户承包权以及经营权主体三者之间找到平衡,在对相关利益者进行激励的同时,又对其相关行为进行约束。在解决"三权分置"实施过程中组织内部所遇到的实际性问题中,通过完善组织内部的治理结构,明晰各个主体的权利与利益分配是必不可少的。

3. 经济绩效

经济绩效按照古典经济学的思想,就是在市场经济的条件下,把有限的稀缺资源进行分配以获取最大的产出。用最小的投入获得最大的产出一般被认为是经济绩效高;如果高的投入带来低的产出,则被认为是经济绩效较低。对承包地产权制度改革的三种治理模式进行经济绩效考察,就需要分析其投入的成本以及最后产生的经济效益情况。对于承包地治理的模式来说,就是考察其内部人员权利分配是否得当,利益分配是否得到了大多数人的认同以及是否带来了高效的收益率。经济绩效的考察不仅可以看到治理结构上的不足,而且也有利于整合资源找到一个更好的治理模式。我国对于以前家庭联产承包责任制的承包地经营模式进行经济绩效的考察,逐渐摸索出新型的承包地经营模式,三种承包地经营模式实则是在以往土地制度上进行的创新。一项制度的创新抑或是机制的创新效果如何,应该看其实施绩效。我国当前面临的承包地问题,不仅需要产权制度的创新,而且需要一定的实施机制来保证其顺利解决。各种实施机制的效果怎么样,需要我们对其进行绩效考察。

4.3.2 实现机制选择的案例比较

1. 政府主导型模式

在传统农业下,农民的土地分布太过碎片化,导致农民对于土地的经营有过多的不便。当地政府根据实际情况，通过行政干预将土地集中起来进行统一流转。本节将这种由政府主导的土地经营权流转模式称为政府主导型模式。

案例 1：河南省邓州市孟楼镇政府统一流转的案例[*]

2016 年 8 月，针对孟楼全镇 6.29 万亩耕地多是坡地且土地细碎，导致机械化耕作难、配套基础设施难、科技的投入也比较难等问题，邓州市政府和河南省国土厅依托邓州市国有资产管理办公室和省国土资源开发投资管理中心共同注资 1 亿元成立邓州市农村土地开发有限公司，通过该公司作为流转平台，以每年每亩 600 元的标准集中流转农户的土地经营权，再反包给新型农业经营主体。

在这场生产关系调整、土地经营权集中流转的改革中，它的产权基础是没有发生变化的，仍然是土地所有权为集体所有，始终坚持着土地所有权归集体所有，承包权归农户所有，保证农民的基本利益不变，始终坚持着农田的性质不变。在"三不变"的基础上进行土地经营权的流转。这种承包地产权改革模式是由政府统一进行土地的流转，它在节约土地流转成本的同时也具有积极的经济绩效。一方面提升了耕地的利用效率，为规模化经营开辟了道路；另一方面壮大了集体经济，提升了村级组织的影响力、凝聚力和战斗力，同时也提高了农户的财产性收入。但是这种由政府通过其行政手段进行的土地经营权流转模式的弊端也是显而易见的，如果在该种土地改革模式中缺乏对于政府部门的监督，而农民又处于弱势地位，政府官员以权谋私，就有可能造成农户土地承包权丧失的情况，从而损害这种承包地产权改革模式的经济绩效，故对于治理机构内部的监督是必不可少的。

2. 股份合作型模式

土地股份合作型的模式，顾名思义就是农户以土地入股的形式，把分

* 农业供给侧改革 | 土地"三权分置"孟楼闯出新天地，https://www.henandaily.cn/content/fzhan/snjjiao/2017/0612/50014.htm。

散的土地集中在一起,进行集中化、规模化的土地经营,该模式没有独立的法人结构,由合作社统一开发、经营管理。农户以土地经营权入股,使农户自身从"地主"变成了"股东"。

案例 2: 湖南省临武县邹家村土地流转的案例[*]

湖南省临武县邹家村有 148 户、668 口人,长期以来靠种植水稻、烤烟等传统农业勉强维持一日三餐,人均年纯收入不过 2000 元;同时,村里的青壮年大多外出务工,使土地大量荒置。针对上述经济发展滞后问题,在 2012 年 10 月 14 日,邹家村召开民主决策大会,经过民主讨论、答疑解惑,村民一致同意以土地入股形式流转土地,交由村集体经营管理。将全村的 300 公顷山地和 22 公顷土地的承包经营权流转到村集体。成立了邹家油茶林种植专业合作社和临武舜意土地专业合作社,由合作社统一地对土地进行经营管理。

土地合作社这种治理结构内部的产权分配是比较明晰的,除了流转出去的土地经营权以外,土地所有权归集体所有,土地承包权属于农户。同时,机构内部也存在一定的监督机制,农民以经营权入股成为合作社的一员,对于合作社内部的行为决策起到了监督的作用。该种治理结构取得的经济绩效也十分明显的,邹家村的集体经济也从 2015 年的 2 万元左右提高到 2016 年的 8 万元。这种合作社形式的土地经营权流转模式打破了以前土地荒置的局面,统一经营管理土地,既提高了土地的利用效率也实现了家庭经济的零突破,提高了村民的收入水平。但是也有一些问题存在,如合作社内部成员由农户组成,他们具有一定的决策局限性,抑或是经过土地统一流转,规模化种植的农作物缺乏销售市场等。

3. 市场导向型模式

通过承包地产权制度改革及确权颁证,实现承包经营权和农村集体资产的抵押融资,打破农村产权对市场的桎梏。在市场导向型的模式下,农村产权制度改革是以"市场导向"为重点的。

---

[*] 农村土地流转三权分置成功案例,http://www.tuliu.com/read - 54125.html。

案例 3：四川省成都市温江区万春镇天乡路社区股改案例①

早在 2007 年，作为统筹城乡产权制度改革试点，天路乡社区启动"两股一改"，将集体的资产量化颁证到个人。并且在同年的 10 月 30 日，通过将集体资产股份化、集体土地股权化，成立了天乡路股份经济合作社。合作社成立以后，由其统一经营、管理集体经济，并注册下设成都市卫鑫置业有限公司与市场进行对接，实施土地经营权流转、商业用房委托经营管理等。2017 年 6 月，当地政府为村民配套了人均 8 平方米的商业股权用房，经营权交由社区招聘的专业公司统一经营管理。

温江天乡路社区的土地产权改革方案，在成立股份合作社的基础上，更多是引进了市场化的统一经营管理。在成立股经济合作社以后，它的产权基础实质上是从以前的"共同所有"向"按份所有"转变，但所有权归集体所有这一本质特征是毫不动摇的。这种土地产权改革模式，是一种现代公司制治理模式，有股东大会、董事会以及监事会等，具有独立的法人结构，具有明确的股权分配和监督机制。将集体土地进行市场化的经营管理，实质上是一种"市场导向型"的经营管理模式。这种模式极大地提高了土地的利用率，同时也带来了巨大的经济效益；但是也存在问题，一旦将农民土地置于市场化的视阈之下，就要经受市场上存在的一些风险，如竞争的优胜劣汰，要保证持续性、可观性的经济绩效是非常困难的。

4.3.3 案例启示

我们通过上面三个案例分析了承包地产权制度改革实现机制的三种模式，三种模式各有利弊，在此做一个对比分析。

1. 产权实现形式的多元化与巩固农地的集体所有制

在上述三种土地产权改革模式中，政府主导型模式仍然坚持土地集体

---

① 成都温江天乡路社区集体资产股改 借"壳"曲线入市，http：//sichuan. scol. com. cn /gxw/201506/10208956. html。

所有，即土地所有权的共同所有。股份合作型模式是农户以经营权入股成立股份合作社，农户按所占股份获得收益，此时的产权基础实际上已经发生了从共同所有向按份所有的转变。而市场导向型模式在股份合作从共同所有转变为按份所有的基础上更进一步，它具有独立的法人结构，通过以股份经济合作社为依托成立公司，进行现代公司化的经营管理。这三种模式实质上都是在保证土地所有权为集体所有的大前提下，多元化产权经营，在本质上也是放活土地经营权。

2. 治理结构的多元化与承包权的稳定和实现

政府主导型模式，是在政府主导下进行承包地的产权改革，由于它是绝对的政府行政主导，虽然农户具有一定的监督作用，但是其政策决定与监督管理是不均等的，农民往往处于弱势方，容易造成侵蚀农民利益的行为。股份合作型模式是村民把自己的土地承包进行入股，成为股东。这种模式具有股东大会、董事会、监事会等，农户对于该股份合作社的经营管理行为具有较强的监督作用，它与政府主导型模式中"一家独大"不同，它是具有权利约束或者说是权力制衡的。市场主导型模式采取的是现代公司制的经营管理模式，进行现代化企业管理，相比于上述两种模式其各方权力制衡更加合理，可以更加科学合理地进行决策，从而促进稳定农户的承包权，促进承包地产权制度的发展。

3. 土地经营权流转的多样化与经济绩效提升

上述三种模式其实从当地实施的情况来看，都取得了不错的成绩。仅从监督机制的完善角度来看，越是有一个良好的监督机制，它的权力制衡体系更加完善、合理，就越能给农户以及集体带来更好的经济效益。如果从经营权流转方式多样化的角度入手，越是多样化流转土地经营权，越能带来更高的经济效益。市场导向型模式下，土地经营权的流转更加多样化，所带来的经济绩效也更加可观，一旦经营权的流转方式出现多样化，那么它的潜在价值将会得到更大的发掘。总之，随着当前承包地产权制度改革理论的深入，生产力不断发展，越能适应当期生产力的产权制度改革模式，越能得到更好的发展。

上述三种模式是根据当前的不同发展情况所产生的，它们都对我国现期的承包权地产权改革起到一定的借鉴作用。若从"成本—收益"角度分析，对于经济发展较好的地区，实行市场导向型的土地经营权流转模式，它的土地产权改革成本较低，更能促进当地经济的发展，激发承包地潜在价值；如果是经济发展比较落后，实行政府主导型模式抑或是股份合作型的模式是可行的，在这种模式下执行成本较低，往往会取得较好的收益。总之，各地在实施"三权分置"的改革过程中，应该因地制宜，找到适合自身的发展之路才是最为必要的。

4.4　进一步完善农地"三权分置"的思路和建议

农地"三权分置"是中国农地产权制度的重大创新，已经建立了基本的制度框架，在实践中也探索出很多实现模式。但是"三权分置"需要不断完善和发展，尤其需要进一步明确"三权"的权利边界和权利关系，硬化所有权主体，对"三权"进行平等保护，探索承包地退出的有效途径，强化经营权流转后的土地用途管制等。

4.4.1　进一步明确界定权利边界和理顺权利之间的相互关系

创新和实现农地的"三权分置"，不仅要厘清所有权、承包权和使用权的权能内涵，还要厘清楚这种权能之间的法律关系。只有清楚梳理好了三种权能之间的关系，才能够更好地落实农民集体所有权、稳定承包户的承包权和放活经营权，才能最大限度地明晰产权，并发挥产权的激励和约束作用。从产权角度来看，所有权是三种权能中最基本的权利，承包权和经营权都是在此基础上的派生权利。所有权对承包权和经营权具有统辖的作用，一旦承包权和经营权落实后，两者对所有权又会产生"制衡"和"对抗"的作用。在"三权分置"中，承包经营权被分解为承包权和经营权，这两种权利尽管在形式上是平行的，但是承包权是国家赋予农户的特殊权利，更具有稳定性和强法律保护性。现实中，经营权抵押贷款等实践中，一旦发生贷款违约问题，就会出现经营权对承包权的排斥和侵犯问题。如果金融机构依据合同收回经营权，但这可能是违背承包权主体意愿的，或者是间接损害承包权主体和所有权主体权益的。如何从法理上厘清三种权利之间的关系，并通过立法等界定权利边界，并设置保障三种权利实现的制度装置，是需要解决的关键问题之一。

4.4.2 实现所有权主体的法律化

由于所有权主体的虚置和代理人制度，使农民集体的所有权并没有充分实现。要进一步落实所有权，实现所有权主体的法律化是改革的重要内容。[①] 为了防止农地所有权主体的多元化带来权能的弱化，需要通过立法等明确 "农民集体" 的所有权主体，且实现所有权主体代表的唯一性和法律化。通过修改相关的法律，明确农地所有权主体的特殊法人资格，赋予所有权主体特殊的权利和义务，登记法人代表，确权颁证，进一步明确所有权主体的法律行为和经济行为。2017 年通过的《民法总则》已经赋予农村集体经济组织特殊法人资格，可以履行相关的权利和义务。但是，"农民集体" 这一所有权主体还没有进一步明确法律资格和地位。在市场经济中，权利具有了经济价值，如果不能规范和完善相关权利的法人地位或市场经济地位，权利主体的权益就不容易得到有效保护。从保护和完善市场中各类主体产权的角度来看，进一步完善相关法律，赋予所有权主体 "农民集体" 特殊法人地位是解决农地产权权能冲突的重要措施。

4.4.3 实现对所有权、承包权和经营权的平等保护

在实践中，由于农地的所有权主体存在 "虚置" 问题，经常会发生承包权主体和经营权主体侵害所有权主体权利的情况，如承包权主体擅自随意调换土地，或者破坏土地肥力，经营权人擅自改变土地用途等。另外，

---

① 刘灿，韩文龙. 农民的土地财产权利：性质、内涵和实现问题——基于经济学和法学的分析视角 [J]. 当代经济研究，2012（6）：62 – 69.

农地的所有权权利一般是由村委会或乡镇行政组织代为行使，往往会侵犯承包权主体和经营权主体的权利，如村委会或乡镇强迫农户种植指定农作物，或者强迫农户流转土地等，以及对已经集中流转给新型经营主体的土地随意变更合同期限，甚至违约等。

要进一步理顺所有权、承包权和经营权之间的权能关系，不仅要从法律上界定三种权能的边界和内涵，还要创新实现三种权能的有效机制，强化所有权主体对承包权主体的土地发包、调整、监督和用途管制等职能；强化对承包权主体的权利保护，防止所有主体对承包权主体的非法干预，也要防止经营权主体对承包权主体权利的侵害；强化对经营权主体的保护，防止所有权主体和承包权主体的非法干预。

4.4.4 探索农地承包权退出的有效办法和途径

农地"三权分置"以后，承包权进一步独立，通过确权颁证和延长承包期限，家庭农户的承包权得到强化。随着农民市民化进程的推进，一部分农民在城市解决了就业、住房和社会保障等，对农地的依赖性减小，增加了退出农地承包权的可能性。一些地区已经在试点承包权有偿退出。承包权的有偿退出，是新时代利用市场化原则维护农民土地财产权的重要手段。但是，农户退出承包地，必须坚持两个原则。一是自愿退出原则，即要尊重农民的意愿，不搞诱导和强迫。二是落实基本社会保障原则，即自愿退出承包权的农户必须取得城市就业、有一定的住所和获得了城市最低社会保险。否则，可能由于农民的非理性退出，最后积累巨大的社会风险。在满足以上两项原则的基础上，需要进一步探索农地承包权有偿退出的途径。农地有偿退出的补偿标准、资金来源，以及退出承包权土地的再承包等问题都需要相关制度给予支持。

4.4.5 强化经营权流转后的土地用途管制

农地"三权分置"中，放活经营权后会不会大量出现让人们担忧的改变农地用途的情况？这是需要重点关注的。农地"三权分置"的目的之一是通过放活经营权来实现农地的集中流转和规模经营，提高农业经营效率。但是，实践中出现了农地"非粮化"和"非农化"的趋势问题。考虑粮食安全和耕地红线等关系国计民生的问题，借鉴国外经验，对农地实现严格的用途管制是必须的。为此，首先，要编制城乡一体的土地使用管理规划，划定农业生产区，建立相关制度进行严格保护。其次，强化农地用途管制的管理和责任体系，建立中央和省级督查、市县监察、县乡监管和村级行政组织直接管理的多级管理体制，畅通监察和举报渠道，防止擅自改变农地用途。最后，强化对粮食主产区农地用途的专项管制制度。为了保证粮食安全，需要对黑龙江、辽宁、吉林、河南和河北等全国 13 个粮食主产区的粮食种植进行合理的财政补贴，强化粮食主产区的特殊功能区管制，禁止农地经营权流转后出现非粮化。

第 5 章

宅基地"三权分置"
与农地财产权的实现

长期以来，中国农村居民的宅基地具有保障农民基本居住需求和维护农村社会稳定的功能。随着工业化和城市化的发展，一方面，大量农村居民进城务工，甚至部分农村居民落户城市后农村出现了大量闲置宅基地和农房，造成了资源浪费；同时，农民市民化过程中也缺乏相应的制度安排保障其宅基地和农房财产权的实现。另一方面，城市化过程中对土地要素的需求越来越大，城市国有土地供给已经出现了"瓶颈"。要解决这些矛盾，就需要改革现行宅基地产权制度。宅基地产权制度改革是提高土地要素配置效率，解放和发展农村生产力，解决"三农"问题的重要制度变迁。

5.1 宅基地"三权分置"的权能困境与权能实现解析

当前，宅基地改革的方向是"三权分置"。2018 年 1 月 15 日，国土资源部部长姜大明在全国国土资源工作会议上表示，中国将探索宅基地所有权、资格权、使用权"三权分置"。① 紧接着，2018 年中央一号文件又提出"适度放活宅基地和农民房屋使用权"②。这朝着宅基地"三权分置"

---

① 中国将探索宅基地"三权分置"［N］. 人民日报（海外版），2018 – 01 – 16（1）.
② 全面部署实施乡村振兴战略［EB/OL］. 新华网，2018 – 02 – 04.

改革迈出了关键性步伐。宅基地"三权分置"是一项重大理论和实践创新。从理论上来讲，宅基地"三权分置"丰富和发展了新时代农地"三权分置"改革的理论内涵。从实践意义来讲，宅基地"三权分置"，有利于赋予农民更多的土地财产权利，进一步拓宽其财产性收入渠道；有利于农民工进城工作和落户，加快农民工市民化的进程；有利于盘活农村闲置的土地资源，增加实现乡村振兴战略和工业化、城市化所需要的建设用地资源；有利于增加城市土地供给数量，进一步遏制城市房价过快上涨。

从现有研究来看，受政策和制度约束，学者们对宅基地"三权分置"的研究并不充分。当前，宅基地"三权分置"改革已经拉开序幕，但是理论上和实践上宅基地"三权分置"仍然存在一些权能困境。因此以下问题需要进一步深入研究。（1）当前宅基地"三权分置"的权能困境是什么，即需要厘清宅基地"三权分置"中所有权、资格权和使用权的权利内涵存在的问题，需要处理好不同权利的边界、内容，以及不同权利之间的相互关系。（2）针对这些权能困境，应该采取怎样的实现机制落实所有权、稳定资格权和放活使用权。

5.1.1 所有权的权能困境及权能实现

1. 所有权主体的虚化与处分权缺失

中国农村土地制度坚持的是农民集体所有制，它对促进农村生产力发展和提高合作化水平发挥了重要作用。但是，改革开放以后，随着市场经济体制的建设和完善，以及城市化和工业化的推进，以土地为核心内涵的农村集体所有制所赖以存在的经济社会基础逐渐弱化。在此背景下，农村土地的农民集体所有权也出现了"虚化"，所有权主体出现了"弱化"。

农村土地主要包括承包地、宅基地、集体经营性建设用地和集体非经营性建设用地，以及"四荒地"等。宅基地作为农村土地的一种类型，和其他类型的农村土地一样，也存在所有权"虚置"问题。具体表现为所有权主体的虚化和处分权的缺失。

（1）宅基地所有权主体的"虚化"。首先，宅基地所有权主体的"虚化"表现为所有权主体的法律地位缺失。按照现行的《中华人民共和国土地管理法》《中华人民共和国物权法》《农村宅基地管理办法》等法律法规规定，宅基地的所有权归农民集体所有。农民集体仅仅是由特定身份和资格的农民组成的农民集合体，并不是《民法》等法律规定的自然人、法人和非法人组织等权利主体。正因为农民集体没有正式的法律主体地位，在实践中，农村基层行政组织或乡镇政府组织成为农村集体土地所有权的代理人。这种所有权的代理制，必然会产生所有权和控制权冲突。实践中，宅基地的实际控制权往往落在了村干部或乡镇行政组织手中，就是最好的例证。

其次，宅基地所有权主体的"虚化"表现为所有权主体的多元化。相关法律法规规定"乡镇农民集体""村农民集体""村民小组农民集体"都是农村土地所有权的权利主体形式。多种所有权主体并列带来了所有权主体的权利冲突，即不同的所有权主体拥有的权利范围不一样，往往会产生"掐架"和"侵蚀"问题。对于宅基地来说，所有权主体的多元化，也给实际的管理和操作带来了困难。尤其是发生宅基地被征收或其他增值收益机会时，这种所有权主体多元化问题的权能冲突就显现出来。

最后，宅基地所有权主体的"虚化"表现为所有权主体的弱化。在宅基地所有权主体法律地位缺失和所有权主体多元化的背景下，必然会带来所有权主体的弱化。实践中，乡镇政府、村民委员会和村民小组等代为行使宅基地所有权权能，这必然会导致所有权主体弱化。乡镇政府、村民委员会和村民小组仅是传统意义上的行政组织，用行政组织代替具有经济价值功能的所有权，容易产生腐败和权利侵蚀等问题。在实践中也发现，一些地方村民委员会和乡镇政府组织领导干部为了自身利益，不顾农民集体的集体利益，大搞征地和拆迁，违背了农民集体和农户的意愿，侵害了他们的利益。宅地基所有权的代理制也会限制农户正常行使其宅基地使用权。农户在行使宅基地使用权时也会遭到宅基地所有权代理人的强势干预。实际上，现行农村土地管理制度将农地所有权分割给了国家、农民集体和农民三类主体，而农村土地的实际控制权却被赋予了具有行政和政治职能的乡镇及村社行政组织。这种权利分配的不匹配，进一步弱化了农民集体的宅基地所有权。

（2）宅基地所有权权利束中缺乏完整处分权。广义的产权是一组权利束,包括所有权、使用权、收益权和处分权等。其中,所有权是产权的核心,而最能体现所有权价值的是收益权和处分权。在市场经济中,拥有所有权的主体一般是拥有对权利客体的收益权和处分权的。但是,中国农村土地产权制度安排中,所有权主体是没有完整的处分权的。主要原因是,相关制度安排中限制了农村土地所有权主体——农民集体的处分权,这既与农民集体所有权主体的虚化有关,也与国家在农地产权制度安排上对所有权主体权能的弱化有关。例如,国家通过《农村土地承包法》第十七条和《物权法》第十四条等相关规定限制了农民集体对土地的处分权。

宅基地作为农村非经营性建设用地,具有成员资格的家庭农户可以向农民集体的代理人村行政组织或乡镇行政组织申请,可以免费或少量付费获得。家庭农户仅可以获得宅基地的使用权,而所有权原则上归农民集体所有,实际上部分控制权在农民集体的代理人——村行政组织或乡镇行政组织手中。但是,村行政组织或乡镇行政组织也仅仅获得了部分控制权,其范围仅限制在农民集体内部,如宅基地的调换、分配等。宅基地的最终控制权是掌握在国家手中的,如《农村宅基地管理办法》就对宅基地的申请、审批和监督等做出了严格规定。同时,宅基地所有权人是不能在农民集体以外处理宅基地的,如宅基地要转变为城市建设用地必须被国家"征用"或"征收"后,土地性质由"农民集体"所有改变为"国有"后才能进入一级土地市场进行买卖。总之,农民集体的代理人——村行政组织或乡镇行政组织对内有一定的处分权,但是超越农民集体以外,则完全散失了处分权。既然所有权人散失了对宅基地产权中的处分权,那么与处分权相联系的收益权也很难充分实现。

2. 做实宅基地所有权的可能方向

宅基地所有权权能如何实现?学界有两种不同的观点。一种观点认为应该淡化和弱化农地(包括宅基地)农民集体的所有权,突出农地(包括宅基地)的使用权,通过制度安排实现农地使用权或承包权的永佃权化。[1]

---

① 韩立达,王艳西,韩冬. 农地"三权分置"的运行及实现形式研究 [J]. 农业经济问题,2017,38(6):4-11.

另一种观点认为应该坚持现行的宅基地所有权制度框架，通过"集体所有权＋农民自治"来实现对宅基地产权的有效治理。① 笔者认为这两种观点都为中国农村宅基地所有权产权的实现提供了思路，但是考虑社会主义公有制的制度背景，应该在坚持农村集体所有权基础上，进一步做实宅基地所有权。

具体来说，一是实现宅基地所有权主体的一元化。为了防止实践中所有权主体多元化带来权能分散和弱化，需要进一步明确不同农民集体的所有权主体，且实现代表唯一性。二是将宅基地所有权主体进一步法律化。在明确所有权主体的基础上，通过立法或修改法律等方式，明确宅基地所有主体法人资格，给予所有权主体人格化的权利和义务，登记法定代表人，确权颁证，进一步规范和约束所有权主体的行为。目前，新的《民法总则》已经规定将农村集体经济组织列为特殊法人，给予其民事主体资格，但是代表农地所有权的农民集体还没有被列为特殊法人，需要进一步研究和完善相关法律。三是还权赋能，给予所有权主体一定的处分权。除了继续规范所有权主体对内的处分权以外，在条件成熟的地区逐渐放开宅基地对外的部分处分权，在符合规划和土地用途管制基础上，逐步放开城郊或城中村的宅基地直接入市交易机制。

5.1.2 资格权的范围界定及权能实现

1. 宅基地资格权的范围界定：取得和退出困境

按照《农村宅基地管理办法》，具有农民集体资格权的农户可以以户为单位向村行政组织和乡镇行政组织申请获得一定面积的宅基地用于自建房，且坚持"一户一宅"的原则，禁止多占和面积超标。在农民集体内部，宅基地资格权的获取是免费的或者仅仅付少量管理费用。以农民集体成员权获得宅基地的资格权，是国家通过法律规定赋予农民的一种特殊权利，目的是为了保障农户基本的居住性需求，解决农村土地资源配置的公平性问题。

---

① 桂华，贺雪峰. 宅基地管理与物权法的适用限度［J］. 法学研究，2014，36（4）：26－46.

计划经济时期和改革开放初期，农民向外的流动性比较小，主要的流转渠道是升学、公务员和婚丧嫁娶等，宅基地资格权的重要性不是很突出。因为，一般情况下，在农村结婚或分家后，可以自立门户，具有农民集体成员权的新农户家庭可以申请新的宅基地；独门独户的老人去世后，其宅基地可以置换给同村的其他农户，或者直接由村集体收回；全家进城工作，由农村户口转为城市户口后，其宅基地也可以由村集体收回。宅基地使用权在农民集体内部流动，这时农民的宅基地资格权不具有真正意义上的经济价值，故并不受到重视。不过，这种宅基地模式在计划经济时代和改革开放初期发挥了较好的居住保障性功能和农村社会稳定功能。

伴随着城市化和工业化的推进，农村剩余劳动力大规模向城市和工业部门流动。在城乡二元经济社会结构和城乡二元土地制度下，农村土地的征用、征收使农民认识到宅基地资格权和使用权的巨大经济价值，所以农民也越来越重视宅基地的资格权。另外，农民市民化过程中，已经在城市就业和购买住房的农村居民宅基地的处置成为新的问题。目前，成都市和重庆市等试点宅基地退出和补偿模式，即进城农民工放弃宅基地资格权和使用权时可以获得一定的经济补偿。按照宅基地"三权分置"改革的试点思路，资格权是其重要的权利之一。在新时代，面对新变化，农民的宅基地资格权到底是什么权利？笔者认为资格权属于农民集体成员权基础上派生出的一种社会保障权和发展权。从公平角度考虑，这种权利是国家通过相关的法律法规赋予农民的。但是在市场经济中，资格权具有了较强的经济价值后，开始受到公平和效率问题的挑战。按照"一户一宅"原则让农民平等地获得宅基地，是法律赋予他的权利，也是其成员资格的体现；同时，随着土地征收和征用，或者农民市民化过程中宅基地退出后，宅基地的资格权和使用权的经济价值开始凸显，人们对经济效率的追求需要找到合适的实现途径。

在市场经济背景下，农民宅基地的资格权取得和退出内涵发生了新的变化。但是，现行《物权法》《农村宅基地管理办法》规定，农户取得宅基地资格权主要是通过申请获得，不能通过买卖、承租和赠予等方式获得。现在需要解决的政策问题是，农民是否可以将宅基地使用权通过继承、承租等方式流转给其他人，最终发生资格权的变更。这就涉及宅基地资格权在农民集体内部的变更和农民集体外部的变更。按照现行的法律法规，是绝对不允许城市居民在农村买地建房的。但是，一些小产权房的存在实际上就是变相出让或稀释了部分农民的宅基地资格权。在宅基地"三权分置"的实践探索中，对资格权的范围和开放程度就成为一个重大且敏感的问题，需要理性对待。因为这涉及农村土地资源新的公平和效率价值取向、短期利益和长期利益的取舍、经济利益和社会风险的平衡问题。笔者认为，在城市化过程中，依据农民进城就业和社保保障程度，可以采取渐进方式逐步放开资格权范围。

农民的宅基地资格权退出也是农民市民化过程中面临的新问题。依照现行的《物权法》《农村宅基地管理办法》等规定，已获得批准未建房满二年、新迁入其他宅地基、非法骗取和转让等情况发生时需要收回宅基地使用权。现实中，以下情况，如独门独户死亡、全家农村户口转变为城市户口等都将散失获取宅基地的资格权。随着农民市民化进程的推进，进城落户的农民是否应该有偿退出宅基地，也成为学术界争论的焦点。支持的观点认为，应该给予退出宅基地的农民一定的经济补偿，既可以体现其资格权和使用权的经济价值，也可以为农民进城安家落户提供一定的物质保障。[①] 反对的观点认为，农民的宅基地是免费取得的，相当于国家给予的福利，不应该急于让农民进城时退出宅基地。[②] 一些地方已经在实践宅基地的有偿退出了，如成都市郊区的宅基地有偿退出模式、重庆市宅基地退出的地票模式等。笔者认为这种退出模式仅仅在大城市郊区才具有较好的实践意义，因为大城市雄厚的财政可以支持这样做，也可以通过城市的分工体系解决进城务工农民的就业问题。当前，应该按照中央的相关政策文件扎实推进农村宅基地试点改革，重点应该完善宅基地的取得方式和增强宅基地相关的财权权利，放活宅基地使用权和住房使用权等，但是应该禁止城镇居民到农村买地建房。

2. 落实和保障农民资格权

如何进一步落实和保障农民的资格权，是实现宅基地"三权分置"的

---

①　周其仁. 土地制度改革有四方面值得关注 ［J］. 理论学习，2014（10）：36－37.
②　贺雪峰. 不必着急让农民退出宅基地 ［N］. 第一财经日报，2016－06－23（A11）.

关键环节。一是要健全和完善宅基地的申请、审批和监管制度，严格执行"一户一宅"，禁止"一户多宅"等多占和面积超标等违法行为。按照《农村宅地基管理办法》，将县、乡镇和行政村作为落实宅基地监管的责任单位，落实监管责任制。严禁农民集体以外人员，尤其是城市居民在农村置办宅基地。二是要确权颁证，对于新申请宅基地和已经取得宅基地的农户颁发资格权证和农村集体建设用地使用权证，通过确权颁证进一步做实农民资格权和土地使用权。三是要严格禁止农民的宅基地资格权向农民集体外部的流转、承租和买卖等。宅基地，实际上是国家赋予农民的一项保障基本居住需求的权利，这项权利的实现仅仅限制在农民集体内部。由于我国城市化率还在 50% 左右的水平，且农民在城市里没有获得稳定就业、住房保障和社会保障的情况下，不应该过早取消宅基地资格权的限制。四是要探索建立市民化后农民宅基地资格权的退出机制。在城市化过程中，农村居民进城工作获得了稳定收入，解决了住房、医疗、教育和养老等社会保障问题后，在尊重农民意愿的基础上，探索农民有偿退出宅基地资格权和使用权的退出机制。宅基地有偿退出机制，实际上是国家第二次以土地为标的赋予农民土地财产权，主要是收益权，解决农民市民化过程中的资金问题。但是，宅基地有偿退出机制，应该充分尊重农民意愿，有序进行，不能搞"一刀切"的宅基地退出和农民进城运动，不能诱导农民拿土地财产权换市民身份。

从城市化率比较高的拉美国家的教训可知，农民散失住房和土地进城后，如果就业和社会保障不能跟上，往往会出现城市贫民窟，后患无穷。相反，从城市化率虽然很高但 60% 左右的人口居住在小城镇的德国模式来看，通过产业发展、基础设施提升和公共服务均等化，能够较好地解决农民市民化过程中的土地、住房和就业问题。[①] 总之，市民化过程中的农民是否退出宅基地，放弃其资格权和宅基地使用权，既需要充分尊重农民的意愿，有偿退出也需要因地制宜、循序渐进，也需要综合考虑农民进城后的就业、住房和社会保障状况，防止城市贫民窟的出现和其他社会风险的积累。

---

① 陈锡文 . 农村宅基地改革的焦点和核心是什么［J］. 中国乡村发现，2016（5）：1 - 9.

5.1.3 放活宅基地使用权的困境及权能实现

1. 使用权流转与宅基地直接入市困境

相关法律法规对宅基地使用权流转作出了严格限制，如《中华人民共和国土地管理法》第六十三条第四款规定，"农村农民出售、出租房屋后，再申请宅基地的，不予批准"；现行《中华人民共和国担保法》（以下简称《担保法》）规定宅基地使用权不允许抵押；2004 年国土资源部发布的《关于加强农村宅基地管理的意见》，严格禁止城镇居民在农村购买宅基地建房，严禁为城镇居民颁发农村宅基地使用权等。因此，传统的宅基地流转主要在集体内部通过置换和继承等形式进行。

随着工业化和城市化的发展，农民市民化过程中，进城务工农民的宅基地闲置成为普遍现象，如何放活宅基地使用权，提高土地资源的利用效率，增加农民的土地财产性收益，成为尚待解决的难题。为此，2007 年颁布的《物权法》作出了一些调整，其第十三章第一百五十二条规定，宅基地使用权人依法对集体所有的土地享有占有和使用的权利，有权依法利用该土地建造住宅及其附属设施；第一百五十三条规定"宅基地使用权的取得、行使和转让，适用《土地管理法》等法律和国家有关规定"。《物权法》是一部私法，其规定农民对宅基地是具有占有和使用的权利，但是其又规定宅基地使用权的取得、行使和转让受到国家土地管理法规的限制。这实际上既在法律上承认了宅基地使用权的合法性，但是又通过部门法和条例限制了农民对宅基地行使使用权。这可能为放活宅基地使用权提供了法律基础，但是也需要调整相关部门的规制和条例。

按照相关的法律法规，宅基地使用权对外流转的唯一途径是被国家征收或征用，这实际上是宅基地使用权的消灭。为了适应新形势，宅基地使用权的对外流转已经开始试点，即宅基地直接入市。全国人大常委会已经授权国务院印发相关指导意见，在北京市大兴区等 33 个县（市、区）开始农地征收、农村集体经营性建设用地和宅基地直接入市试点。《全国人民代表大会常务委员会关于授权国务院在北京市大兴区等三十三个试点县（市、区）行政区域暂时调整实施有关法律规定的决定》（以下简称

《决定》）规定，试点县（市、区）的农民在符合规划、合法取得和符合用途管制基础上，可以将农民集体所有的土地使用权租赁、转让和入股，可以直接入市交易，享受"同地同权"和"同权同价"的待遇，同时还调整了宅基地审批权限，简化了审批流程。《决定》在试点地区放开了宅基地等农民集体所有土地使用权的转让、租赁和入股，但是仅仅限制在试点地区进行"封闭式"流转，对宅基地入市也持谨慎态度，规定闲置的宅基地可以入市，或者进城农民的宅基地在其自愿原则上有偿退出，不搞强迫。

中央和相关部门已经在逐渐试点和探索落实宅基地所有、保障农户的宅基地资格权和放活宅基地使用权。但是，对宅基地使用权到底放活到什么程度还是非常谨慎的。相关的试点意见和领导讲话多次重申禁止城市居民在农村购买宅基地建庭院和别墅。可见，从现行制度背景看，放活宅基地使用权仅仅限定在集体内部，允许在集体内部租赁、流转和入股，允许农民在自己的宅基地基础上建设房屋和其他设施，进行住房出租、家庭旅馆等商业性经营；对于宅基地入市，也明确要求要尊重农民的意愿、保障农民的财产权利和保持社会稳定。

2. 放活宅基地使用权的实现机制与风险防范

宅基地"三权分置"中要放活使用权应该是有限制和适度的放活。具体来说是指四个层面的放活：一是逐渐允许宅基地使用权在农民集体内部流转、租赁和入股；二是允许农民在合法取得的宅基地基础上，在符合规划的前提下，建设住房和其他设施，用于出租或搞家庭旅游等发展其他产业；三是在尊重进城农民意愿的基础上，探索宅基地有偿退出机制；四是有条件的县（市、区）可以将闲置的宅基地等直接入市交易，实现"同地同权"和"同权同价"。

要实现宅基地使用权在四个层面的放活，需要创新实现机制。

第一，修改现行法律法规。例如，按照《决定》，允许宅基地使用权在农民集体内部流转、租赁和入股，以及允许农民在合法取得的宅基地上建设住房和其他符合用途规制的设施，进行经营获利，就需要修改《中华人民共和国城市房地产管理法》第九条：城市规划区内的集体所有的土地，经依法征收转为国有土地后，该国有土地的使用权方可有偿出让；《中华人民共和国土地管理法》第六十三条：农民集体所有的土地的使用权不得出让、转让或者出租用于非农业建设。需要修改的法律法规还涉及农地的征收补偿和宅基地的审批权限等规定。

第二，探索宅基地使用权有偿退出机制。在尊重农民意愿的前提下，在城市获得稳定就业、社会保障和满足居住需求后，允许农民退出其宅基地。传统的做法是进城落户农民直接将宅基地无偿退还给村集体。随着《物权法》赋予农民的宅基地"用益物权"权能，农民进城落户后，可以以宅基地获得一定的物质补偿。但是，这种物质补偿由谁来支付？中国的农村集体经济大多不发达，村集体是没有能力支付的。实践中，主要是由有经济实力的城市给予所辖区农村居民退出宅基地给予一定的补偿，如成都市对郊区宅基地退出的农户给予每亩 20 万 ~ 30 万元不等的补偿，并给予就业和社会保障等相关政策优惠；重庆市通过"地票"制度给予退出宅基地的农户一定的住房补贴等。长远来看，农民宅地基退出需要解决两个关键问题，即宅基地退出的补偿标准和资金来源。笔者认为补偿标准可以参考相同区位集体经营性建设用地和国有土地入市的价格进行评估，资金来源可以通过在集体经营性建设用地和国有土地入市时的土地总价中提成获得，建立宅基地退出补偿基金。

第三，探索宅基地直接入市机制。宅基地入市主要有成都市温江区的"双放弃"模式、重庆"地票模式"和浙江嘉兴的"两分两换"模式等。严格来说，这些模式仅是一些宅基地间接入市的尝试。真正意义上的宅基地入市，已经在全国人大常委会和国务院授权的 33 个试点县（市、区）开展，如四川的泸县等。试点地区宅基地直接入市的案例较少，主要原因是宅基地不同于农村集体经营性建设用地，宅基地是农民的保障性用地，入市难度大，风险也大。目前，试点地区仅仅是将闲置宅基地平整后入市交易。所以，宅基地入市需要特别谨慎，既要考虑土地资源利用效率的提高，也要认识和防范宅基地直接入市的风险。

第四，建立相关风险防范机制。放活宅基地使用权，也面临一定的风险，如宅基地使用权向农民集体以外的城市居民或商业企业流转。首先，现实中，一些城市的郊区或具有独特自然资源的农村宅基地已经变相的成为一些富有城镇居民的别墅和花园，改变了宅基地的用途和功能定位。其次，一些地方政府强制或者诱导不能真正落实城市就业和社会保障的农村居民以宅基地换取城市户口，可能潜藏了较大的社会风险。最后，一些村集体和乡镇组织通过宅基地等集体建设用地直接入市，建立了村级和乡镇级土地财政，既不利于实现农民的土地财产权，也不利于农村社会的稳定。因此，需要建立宅基地流转、退出和入市等的风险防范机制。具体来说，要严格宅基地流转的范围；充分尊重农民意愿，禁止诱导性和强迫性的宅基地退出政策；禁止搞宅基入市运动，侵害农民利益；建立宅基地入市后的增值收益分配机制，保障地方政府、村集体和农民的合法收益，强制失去农村土地和房屋的进城农民购买完善的医疗和养老等社会保险，防止社会风险发生。

5.1.4 权能的相互关系及权能冲突的解决

1. 权能的相互关系

创新和实现宅基地"三权分置"，不仅要弄清楚所有权、资格权和使用权的权能内涵，还要厘定三种权能之间的关系。一般认为，所有权是基础权利，其他权利都是派生权利。在宅基地"三权分置"中，农民集体所有权是基础权利，资格权和使用权是派生权利。所有权对其他权利具有统辖作用，资格权和使用权可能对所有权具有制衡或对抗作用，资格权和使用权之间也具有这种制衡或对抗作用。

理论上，宅基地所有权归农民集体所有，但现实中往往是村民委员会等代理其行使相关权利。宅基地所有权的代理人通过审核、监督和部分处置等方式行使所有权。但是，由于所有权主体是虚置的，所有权人缺乏最终处分权，所以所有权对资格权和使用权的统辖作用被弱化了。宅基地的资格权按照"一户一宅"原则被赋予了集体内部成员，这种资格权的获取并不是所有权主体主动赋予的，而是国家相关法律规定属于农民集体的成员有权获得宅基地资格权，宅基地所有权主体被动赋予了农民集体内部成员一定的资格权。在这样的权利制度制衡下，所有权主体对资格权主体的统辖作用被大大弱化了。现实中，宅基地使用者往往不遵循所有权代理人的规划要求和用途管制要求乱搭乱建，所有权代理人的监督和管理动力及激励机制缺乏的情况下，就会出现类似大量小产权房等问题。宅基地所有权主体对具有资格权的使用权主体也往往缺乏约束，原因也是所有权对使用权统辖的弱化。当然，在试点宅基地流转和直接入市背景下，强化宅基地所有权对使用权的统辖需求日益凸显。如果农户在宅基地上修建家庭旅馆等，正常行使使用权，所有权主体是否应该干预和怎么干预等都值得进一步研究。从全国宅基地流转和入市试点的实践看，可能需要进一步开放使用权的使用范围，但是也需要依法进一步严格所有权主体对使用权主体的监管。

在宅基地"三权分置"中要放活使用权，也会进一步影响资格权。如果宅基地是农户自用，资格权和使用权是统一的；如果宅基地资格权归农民集体内部成员，但是该成员将使用权流转给了其他人用于家庭旅馆或农家乐等，这时资格权和使用权之间就有了冲突。如果宅基地使用权的承租人违规使用了宅基地，资格权人应该怎么干涉？甚至是，为了共同利益，资格权人和使用权人同谋改变宅地基用途或造成负外部性，那么谁又来负责监督和管理？此时，需要所有权主体或其代理人发挥监督和管理作用。但是，如果所有权代理人、资格权人和使用权人"共谋"改变宅地基用途或造成负外部性，那么谁又来负责监督和管理？此时，需要进一步强化土地管理部门的监督和管理职责。

2. 权能冲突的解决

正因为宅基地"三权分置"中基础权利与派生权利之间具有统辖和制衡的关系，而派生权利之间也具有制衡和对抗等相互关系，所以要实现宅基地"三权分置"就需要明确界定各项权利的边界，理顺各项权能之间的关系。具体来说，一是要硬化和落实所有权，解决所有权主体虚置和所有权弱化的问题，使所有权能够真正统辖其他派生权利。二是要清楚厘定资格权的边界和资格范围，以及载明资格权人的权利和义务，形成对资格权人的权利监管。三是要明确界定使用权的范围，尤其是使用权被分割、流转或转租以后，对使用权的范围和用途要进行制度限定，并加强监管。放活宅基地使用权是提高资源使用效率，增加农民财产性收入的创新性制度安排，但是如果不能对使用权范围进行界定，对使用权用途进行管制和监管的话,可能会出现使用权人侵害其他权利主体利益的情况。

宅基地"三权分置"中,还要防止使用权主体对所有权主体和资格权主体的侵害。例如,拥有农民集体资格权的甲进城就业和居住后,将依法依规获得的宅基地使用权和房屋转租给了乙,乙在此宅基地上建造了一些房屋,用作乡村旅游客房。乙在经营过程中以此房屋为抵押向银行贷款。如果乙经营失败,不能按期还贷,银行可能会执行抵押协议,要求收回乙在甲宅基地上修建的房屋。按照现行法律,银行是不能收回宅基地使用权的,因为宅基地使用权是基于甲农民集体成员身份的资格而获取的。这时,此案就可能会陷入僵局。在此案例中,宅基地使用权流转,发生经营问题后,新使用权人的行为侵害了资格权主体,甚至是所有权主体的利益。如何解决类似的使用权主体对其他权利主体利益的侵害呢?现行的法律法规,如《担保法》是限制宅基地使用权抵押等行为的,但是要逐渐放活宅基地使用权,既要在市场经济中体现使用权的经济价值,又要防范由此带来的风险。笔者认为可以借鉴农地经营权抵押和担保的风险基金模式,探索建立宅基地使用权流转的登记备案制和抵押贷款风险基金等。

5.2 宅基地使用权抵押贷款的困境与实践模式对比分析

宅基地"三权分置"是我国农村土地制度中的又一次重大变革。宅基地"三权分置"有利于解决部分农村宅基地闲置的问题,也有利于实现农民市民化过程中的土地财产权利。宅基地"三权分置",重点是探索"放活使用权"的各种实现形式。各地实践中,利用宅基地使用权抵押贷款是探索放活宅基地使用权的新途径。

截至 2018 年末,我国农村常住人口为 5.64 亿,相比于 2005 年减少了 1.81 亿[①],但农村住宅面积从 2005 年至 2017 年增加了 0.46 亿平方米。[②]

---

① 国家统计局,http://www.stats.gov.cn/tjsj/zxfb/201901/t20190121_1645752.html。

② 根据《中国住户调查年鉴 2018》中 2017 年农村住宅面积为 6.69 亿平方米和 2005 年农村住宅面积为 6.23 亿平方米计算而得。

一方面，伴随着城乡一体化的进程加深，农村人口大量涌入城市，导致农村宅基地闲置①；另一方面，由于新的居住需求的增加，农村居民对宅基地的需求增加，而宅基地的供给却相对紧张，尤其是经济发展较好省份的郊区农村这种供需矛盾比较突出，这就导致宅基地的利用效率比较低下。②③ 为打破宅基地不能抵押的法律困境，破除传统贷款模式缺少抵押物的窘境，提高宅基地利用效率，释放其潜在价值，为农业生产提供资金支持，2015 年 12 月 27 日，十二届全国人民代表大会常务委员会第十八次会议决定授权天津市蓟县等 59 个试点县（市、区）行政区域在试点期间暂停执行集体所有的宅基地使用权不得抵押贷款的规定，④ 拉开了宅基地使用权抵押贷款的序幕，在之后 2016 年 3 月国土资源部、住房和城乡建设部及财政部联合印发的《农民住房财产权抵押贷款试点暂行办法》为宅基地使用权抵押贷款提供了制度基础，⑤ 再到 2018 年的中央一号文件中提到了要完善农民闲置宅基地和闲置农房政策，⑥ 要求适度放活宅基地"使用权"和赋予农民房屋所有权。由此可知，国家想通过"确权颁证"和"还权赋能"给予农民更多的土地财产权，并注重各项权能在制度与实践上的创新。⑦ 与此同时，近几年来，学术界对于宅基地抵押贷款的探讨层出不穷。首先，宅基地抵押贷款在试点区域的"解禁"，扩充了农民生产性资金的来源，宅基地的利用效率更加高效，农业现代化、规模化的生产经营模式步伐逐渐加快。⑧ 其次，宅基地使用权的抵押贷款是中央针对当前农村金

---

① 翟全军，卞辉. 城镇化深入发展背景下农村宅基地流转问题研究［J］. 农村经济，2016（10）：10 – 17.

② 付坚强，郭彩玲. 农村宅基地使用权退出的必要性与可行性分析［J］. 求实，2014（10）：92 – 96.

③ 何承斌. 我国农村宅基地使用权抵押贷款的困境与出路［J］. 现代经济探讨，2014（12）：70 – 72.

④ 高海. 论农民住房有限抵押［J］. 中国农村观察，2017（2）：27 – 40.

⑤ 邹伟，徐博，王子坤. 农户分化对宅基地使用权抵押融资意愿的影响——基于江苏省1532 个样本数据［J］. 农村经济，2017（8）：33 – 39.

⑥ 韩立达，王艳西，韩冬. 农村宅基地"三权分置"：内在要求、权利性质与实现形式［J］. 农业经济问题，2018（7）：36 – 45.

⑦ 杜群，董斌. 农民住房抵押贷款实现机制创新略论——基于试点实践的考察［J］. 湖南农业大学学报（社会科学版），2018，19（2）：55 – 60.

⑧ 温世扬，潘重阳. 宅基地使用权抵押的基本范畴与运行机制［J］. 南京社会科学，2017（3）：96 – 105.

融发展缓慢而进行的一次大胆尝试，但是一定要处理好宅基地之于农民的社会保障功能与宅基地金融化之间的关系，要在平衡宅基地多种功能变迁的基础上逐步推进宅基地市场化，以防农民权利受到损害，这就与国家实行宅基地抵押贷款政策的初衷背道而驰了。①② 最后，相比于承包地经营权的抵押贷款而言，宅基地使用权的抵押贷款研究相对较少，体系还不太健全，存在融资难、担保难、抵押难等一系列问题。同时，关于"房随地走"还是"房地一致"以及抵押过程中存在抵押的主客体模糊性等问题在学术界还存在颇多争议。③ 这些问题都成为宅基地使用权抵押贷款道路上的"绊脚石"。

从现有研究来看，由于学术界对于宅基地使用权抵押贷款的研究过于分散，并且相对于承包地经营权抵押贷款的制度设计较为滞后，故对于宅基地使用权抵押贷款的探索还有待进一步完善。宅基地使用权抵押贷款在全国各试点地区正在进行实践探索，但其仍存在理论与实际操作之间的矛盾亟待解决。其一，虽然在"解禁"区域允许宅基地的经营权抵押贷款，但是在全国更大范围宅基地使用权是不能进行抵押贷款的，那么我们应该实行怎样的政策以及在法律上进行怎样的修改值得我们思考；其二，在实际宅基地抵押贷款过程中，需要以宅基地确权为前提，但宅基地所有权、资格权、使用权的权利主体仍存在模糊性的特征，那么确权之于抵押贷款尤为重要；其三，目前对于宅基地使用权抵押贷款模式的探索缺乏动力且创新性不足，应该采取怎样的实现模式，在保障农民权利的基础之上，逐步建立与完善建立农村金融体系，为乡村振兴贡献一分力量。本节旨在前人研究的基础上，深入剖析宅基地"三权分置"下宅基地使用权抵押贷款的困境，并分析当前在试点地区的实践案例，探索和总结宅基地使用权抵押贷款的改革经验，以期找到一条宅基地使用权抵押贷款的"中国之道"。

---

① 张克俊，付宗平. 基于功能变迁的宅基地制度改革探索 [J]. 社会科学研究，2017（6）：47-53.

② 谢家银. 农村宅基地使用权抵押面临的现实困境及路径选择 [J]. 广西社会科学，2016（5）：90-94.

③ 胡建. 农村宅基地使用权有限抵押法律制度的构建与配套 [J]. 农业经济问题，2015，36（4）：38-43.

5.2.1 宅基地使用权抵押贷款的必然性与现实困境

1. 宅基地使用权抵押贷款的必然性

第一，宅基地使用权抵押贷款是解决农业、农村、农民优先发展资金困境的重要选择。在我国乡村振兴的大背景下，农村经济发展一直是掣肘我国经济发展的"短板"，提高农村经济的发展水平，加快我国农业现代化、规模化的生产性经营的步伐绝不可停滞。然而阻碍我国农村现代化、规模化经营过程中一个重要的因素就是资金的匮乏，缺乏生产性资金，给当前大多依靠政府扶持而进行规模化生产的经营主体造成极大的困扰。宅基地使用权的贷款解决了我国当前在农业、农村、农民现代化过程中对于资金的迫切需求。将以前"沉睡"的宅基地变"资产"为"资本"，挖掘出了宅基地的潜在价值，增加了在农业规模化生产经营过程中的资金来源，增强了实践中探索创新模式的动力。同时相对于城市发达的金融市场，我国农村的金融市场具有起步较晚、动力不足、发展缓慢等特征，宅基地使用权抵押贷款有助于打破农民融资困难的约束，有利于进一步实现农民资源的金融化，解决农村和农业发展中融资难和融资贵的问题；有利于构建城乡一体化的金融体系，实现乡村振兴。

第二，宅基地使用权抵押贷款是增加农民财产性收入的重要途径。在工业化和城镇化的大背景下，大量的农村劳动力涌入城市。一方面，导致农村经济建设缺乏劳动力，从而农村经济发展疲软、动力不足，扩大了城乡之间的差距；另一方面，农民为追求更高的工资性收入而进城务工，使农村宅基地被长久搁置，相对于依靠承包地得到的财产性收入而言，农民从宅基地中获取的财产性收入几乎为零。因此，实行宅基地使用权的抵押贷款，一是通过鼓励农民进行规模化的经营，使城市的资本流入农村以及大量的农村青壮年回流，增强农村自身的"造血"能力，打破以前城乡资本的单向流动，实行城乡资源的双向循环，促进城乡一体化的形成；二是在党的十八届三中全会提出要通过探索多种途径实现农民各类财产权的政策。通过宅基地"三权分置"实现农民在宅基地上的各项财产权权能，尤其是实现宅基地使用权的抵押贷款可以增加农民的土地财产权收益，提高农村人均收入,缩小城乡之间的收入差距,逐步实现共同富裕。

2. 宅基地使用权抵押贷款面临的困境

宅基地抵押贷款还处于起步阶段,虽然试点区域已经初步实施,但在全国范围内进行仍需一段长时间的摸索。在目前的实际融资过程中已有一些问题凸显,担保难、抵押难及风险大已成为宅基地使用权抵押贷款道路上的"拦路虎",极大地增加了融资的难度,亟待解决。

首先,在融资过程中"担保难"成为阻碍。在现阶段农民要将宅基地使用权进行抵押,若缺乏相应的担保人,银行等金融机构不会给农民发放贷款,因此在抵押贷款过程中担保人扮演着重要角色。但是在实际的操作过程中,担保环节存在一定的问题。一是对于担保人的选定。对于金融机构来说,越是具有公信力同时具有偿还贷款能力的主体越可能成为担保人,但是往往这些主体为了避免因融资过程中出现纠纷从而不进行担保,因此由于缺乏优质的担保人,融资过程往往受阻。二是对于一些急切需要资金进行生产性经营的农民来说,获得担保人对其进行担保是非常困难的,往往存在寻租行为,无形中增加了抵押贷款的成本,减少了抵押贷款的发生率。

其次,"抵押难"同样也是制约宅基地使用权抵押贷款实现的重要约束。一方面,农民通过宅基地使用权抵押贷款的目的是为了获得相关资金,而对于金融机构来说抵押对象应该是产权明晰、权属分明的,但是我国宅基地制度还存在诸如产权混乱、监督机制缺失等一系列问题,加之现今缺少专业的宅基地使用权的评估机构,故不能对不同类型的宅基地进行准确的价格评估,从而导致抵押贷款工作难以进行,农民获得的担保资金大幅减少。另一方面,对于抵押贷款标的物的选定,由于是将农民的宅基地使用权进行抵押融资,按理说抵押物应当是宅基地使用权,但是目前对于是否将宅基地之上的房屋一并算入抵押物,即在抵押过程中是遵循"房地一致"还是"房地分离"的原则,还存在分歧。

最后,"风险大"是导致抵押融资难的重要因素之一。一是我国当前的农村抵押贷款市场抗风险能力较弱,风险分散机制不健全,农民获得担保资金后,由于自身的经营不善导致亏损,不能按期偿还贷款;抑或是一些人获得宅基地的使用权后，用其进行抵押贷款，做出一些有损资格人、担保人利益的行为。由于农村金融市场起步较晚且不完善，难以解决上述问题，使真正的抵押贷款过程程序烦琐、审查严格，导致有真正贷款需求的农民望而却步。二是宅基地使用权抵押贷款从本质上来讲就是将宅基地金融化，通过将固定资产与市场进行对接，增大了宅基地所面临的风险，农民随时都有失去宅基地的可能；同时，宅基地自古以来就是农民安身立命之本，是农民最后的居住保障，具有特定的社会保障功能，故在将宅基地使用权进行抵押贷款追求灵活运用"沉睡资本"的同时，与稳定的农民居住之所二者间存在不可调和的矛盾。除此之外，以医疗保险、养老保险、社会救助等为主要内容的社会保障体系不健全，削弱了农民面对抵押贷款风险的能力，增大了宅基地使用权抵押贷款政策的执行难度。

5.2.2 宅基地使用权抵押贷款的实践模式探索

1. 理论分析框架

宅基地使用权抵押贷款顺利实施的先决条件就是对宅基地进行确权，明晰的宅基地产权划分是制度施行的基础。科斯第三定理指出，由于交易费用的存在，不同的权利界定与分配将会导致资源的不同配置，因此产权制度的合理配置是资源优化配置的基础。[①] 从其本质上来讲，现今各地不同的探索模式体现出不同的产权制度安排，在每种实践探索中，其内部具有明确的产权划分与紧密的机制设计，才能达到减少交易成本、实现资源配置优化的效果。在宅基地使用权抵押贷款的制度安排中，除对宅基地"三权"进行明晰划分、使用权精准定位之外，担保机制、抵押机制及风险分散机制同样必不可少。故本节选取三个抵押贷款实践比较成功的案例，从实现模式、担保机制、抵押机制和风险分散机制四个角度进行对比分析，以期望为仍处于迷茫、不断摸索的地区提供启发。

一是实现模式创新。在目前 59 个宅基地使用权抵押贷款的试点地区，有着多种抵押贷款的实践模式，由于每种模式中权利主体作用的不同造就

---

① 科斯. 论生产的制度结构 [M]. 盛洪，陈郁等，译. 上海：上海三联书店，1994：161 – 162.

了实践模式各异。虽然我国宅基地使用权抵押贷款仍处于起步阶段,但有些地区已经探索出了比较成功的创新模式,例如,宁夏平罗县的政府主导型、四川泸县金融机构主导型和成都郫都区农民自主型等。同时,一种成功的抵押融资模式还需要完善配套机制,如担保机制、抵押机制和风险分散机制。

二是担保机制。担保机制是宅基地使用权抵押贷款过程中的一个重要环节,若没有担保人,宅基地使用权的抵押融资很难顺利开展。目前,担保人大多为政府、合作社或金融机构,在抵押过程中担保人起着"中间人"的作用。一方面为抵押主体进行担保使其得到所需的担保资金;另一方面具有公信力和资金的担保人可以使银行等金融机构在放贷时减少顾虑,安心放贷。在今后宅基地使用权抵押贷款深入推进的过程中,可适当扩大担保人的范围,使更多需要资金的农民获得贷款。

三是抵押机制。在宅基地使用权的抵押贷款中对抵押的主体、客体进行明确的规定尤其重要。宅基地使用权抵押贷款的主体应该是具有资金需求且符合条件的农民,譬如从事规模化经营的农业大户、小微企业主、农村个体工商户等。其客体应该是宅基地使用权以及宅基地之上的房屋,这就涉及对于宅基地与房屋的定价,因此也需要建立相应的价格评估体系,用于对抵押贷款的宅基地使用权和房屋进行准确的市场定价,减少抵押贷款过程中的信息不对称,确保公平、公正。

四是风险分散机制。风险分散体系的建立是顺利实现宅基地使用权抵押贷款的关键制度设计。目前,各地的宅基地使用权抵押贷款模式的实践还处于初步探索阶段,存在着大量的风险。风险分散机制诸如风险保障基金、社会保障体系等的建立与完善能够很好地防御农民失地、担保人利益受损、金融机构坏账等风险,使抵押贷款能够顺畅进行,活跃农村金融市场。

2. 三种实践模式的对比分析

(1)政府主导型。平罗县地处宁夏平原北部,有着近 30 万人口,其中农村人口约占 50%。全县共有宅基地面积 6.3 万亩,其中 1.4 万亩处于闲置状态,农民人口老龄化、村庄空心化、年轻劳动力异化现象特别严重。早在 2015 年平罗县就进行了宅基地使用权抵押贷款探索，经过几年的实践，已取得不俗的成绩。截至 2018 年 11 月，全县办理住房财产权抵押贷款 293 笔共 1288.6 万元，为推进农业现代化发展注入了新的动力。一是实现模式。政府首先对宅基地进行确权颁证，2017 年对宅基地确权颁证率达到 96%，并明确农民宅基地使用权。然后由平罗县财政、司法等部门牵头，各金融机构参与合作，开展宅基地抵押贷款探索。二是担保机制。成立农村融资性担保公司作为宅基地使用权抵押贷款的担保人。三是抵押机制。在平罗县发布的《农村土地承包经营权、流转经营权和宅基地使用权抵押贷款管理办法（试行）》中明确规定了农业企业、农业专业化服务组织、农业种植大户以及其他拥有"三权"的自然人都是抵押主体，其客体为宅基地使用权及房屋，同时县级组织协商评估组或专业评估机构对其进行评估。四是风险分散机制。一方面，建立宅基地使用权抵押贷款风险防范机制，县财政局出资 1000 万元用于抵押贷款的风险基金。另一方面，建立风险预警机制，金融机构加强对抵押贷款的风险排查，对贷款主体进行经营状况监督，准确掌握贷款过程中的风险信息，强化对于风险的全程管理。

（2）金融机构主导型。泸县作为四川南部的一个偏远地区，农村空心化非常严重。泸县共有 109 万人，其中有 93 万人是农村人口，占比约 90%，是一个典型的农业大县。该县农村宅基地面积超过 24 万亩，截至 2015 年，大约有 4 万宗宅基地被搁置，共约 3.23 万亩。2015 年 12 月泸县被选入宅基地使用权抵押贷款试点地区，拉开了泸县宅基地使用权抵押贷款的序幕。泸县的宅基地抵押融资取得了初步成效，截至 2018 年 11 月，共有 234 宗宅基地以及农村住房实现了抵押贷款，贷款金额共 4197 万元，充分彰显了宅基地使用权的财产性价值，盘活了农村经济。一是实现模式。泸县的抵押贷款模式是以政府为辅、金融机构为主的一次改革探索。在泸县宅基地使用权抵押贷款"解禁"之后，中国农业银行泸州分行就积极与政府探讨农民住房财产权抵押贷款事宜，并全程参与相关方案的制订，同时农行在重点城镇进行先行试点。二是担保机制。由政府设立农业贷款担保公司作为农民抵押贷款的担保人。三是抵押机制。政府出台的《泸县农民住房财产权抵押贷款试点实施方案》中规定了抵押贷款的主体是全县内的农村人口且无不良信用记录，抵押的客体为宅基地使用权和农民的住房使用权。同时建立了评估体系，包括双方协商、专家测算、金融机构自定等方式，科学地对宅基地使用权与住房使用权进行评估。四是风险分散机制。政府出资 500 万元设立风险补偿基金，并且该风险补偿基金与金融机构以 5：5 的比例共同承担在抵押贷款过程中受到的损失。

（3）农民自主型。成都郫都区总面积约 437 万平方千米，总人口约 55.86 万，其中农村人口 26.53 万，占 47.49%。郫都区的农村产权抵押融资起步较早，自 2009 年就开始对农村产权抵押融资进行"试水"，之后郫都区作为国家级试点地区，对放活宅基地使用权进行了具体的实践探索。截至 2018 年 9 月，共有农村宅基地担保抵押 44 笔，土地总面积 3.6 万余平方米，抵押总金额 4477.69 万元。一是实现模式。郫都区的宅基地使用权抵押贷款是以农民为主导、政府和金融机构为辅的宅基地产权改革。该模式首先是由有资金需求且符合条件的农民提出抵押申请，然后进行抵押借款合同的签订，最后登记备案。二是担保机制。政府投入 1 亿元资金建立融资担保平台，为以农地产权抵押为"标的"的抵押贷款行为提供政策性支持和信用担保。三是抵押机制。郫都区出台的《郫县农村农民住房抵押宅基地使用权一并抵押登记实施办法（试行）》中规定，抵押贷款的主体为家庭农场主、从事规模化经营的农业大户、小微企业主、农村个体工商户等，客体为权属明晰且没有任何限制的宅基地及住房。同时对宅基地进行评估的三种方式中（银行内部评估体系、专业机构外部评估、双方协商评估），农民可以自主选择其中一种评估方式。四是风险分散机制。一方面，制定由政府、惠农担保公司、金融机构等组成的风险分担机制；另一方面，设立抵押融资风险保障基金，切实保护农民的合法权益。

3. 比较与启示

如表 5-1 对上述三种模式的对比分析可知，它们都是各地探索宅基地使用权抵押贷款的典型模式，目的在于放活宅基地使用权，探索抵押贷款模式的多样化，彻底激发农村"沉睡资本"。这三种模式在实际的运行过程中却不尽相同，各有特点。

表 5-1   宅基地使用权抵押贷款三种实现模式的对比分析

经营模式	制度基础	实践模式创新	绩效考察
政府主导型	（1）确权颁证，明确宅基地"三权"权能。 （2）制定《农村土地承包经营权、流转经营权和宅基地使用权抵押贷款管理办法（试行）》，明确规定了抵押贷款的主体与客体	政府牵头，各金融机构参与合作，同时地方政府设立了"三权"抵押贷款的风险补偿基金，以及农村产权抵押评估委员会，提供制度实施保障	截至 2018 年 11 月，全县共办理住房财产权抵押贷款 293 笔，共 1288.6 万元，同时，农民利用担保资金发展农产品加工流通、农家乐餐饮服务等第二、第三产业，增加了农民的收入，提高了农村的经济发展水平
金融机构主导型	对宅基地确权颁证，明确"三权"关系。同时进一步对抵押的主客体以及抵押权人进行了明确规定	金融机构积极与政府探讨农民住房财产权抵押贷款事宜，并且全程参与政府相关方案的制定，将继续选择在县城及重点城镇的相邻村先期试点	截至 2018 年 11 月，泸县共有 234 宗宅基地以及农村住房实现了抵押贷款，贷款金额共 4197 万元，初步实现了宅基地使用权的财产价值，不同程度地增加了当地农村居民的财产性收入，为实现乡村振兴提供了动力
农民自主型	对宅基地确权颁证，明确"三权"关系，准确定位宅基地使用权。同时进一步对抵押的主客体进行了规定	有资金需求且符合要求的农民提出抵押申请，签订抵押借款合同，登记备案。农民自主选择评估方式（银行内部评估、专业机构外部评估、双方协商评估）	截至 2018 年 9 月，共有农村宅基地担保抵押 44 笔，土地总面积 3.6 万余平方米，抵押总金额 4477.69 万元。农民在获得担保资金后，将其用于生产型经营、旅游业、商业（兼容住宅）等，彻底盘活了全区的土地资源

　　这三种宅基地使用权抵押贷款的探索模式在实现模式、担保机制、抵押机制以及风险分散机制方面各有异同。但实施宅基地使用权抵押贷款的先决条件是一样的，就是要进行宅基地的颁证确权，明晰宅基地"三权"是该制度实施的基础。首先，这三个地区的宅基地使用权抵押贷款的探索在实现模式上存在较大差别。宁夏平罗的政府主导型模式是在政府主导下，各金融机构积极参与的基础上进行的，在该模式中政府发挥了主要作用并连续发布相应的文件明确宅基地使用权抵押贷款的具体操作流程；四川泸县模式是以金融机构为主体的宅基地制度改革，在最初进行宅基地使用权抵押贷款的探索时，金融机构就积极参与了泸县相关宅基地使用权抵押贷款政策的讨论并进行先期试点，随着近年来改革的深入，金融机构扮

演的角色愈加重要；成都郫都区的改革赋予了农民更多的自主权，是一场
以农民为主的宅基地产权制度改革，发起点是迫切需要担保资金的农民，
由农民提出申请，然后双方签订抵押贷款合同，最后登记备案。其次，担
保机制方面，三种模式都是成立了担保公司或者是担保平台给予抵押贷款
主体信用担保，确保抵押贷款申请顺利进行。再次，抵押机制方面，三种
机制都对抵押贷款主体、客体以及对客体价值的评估做出了明确规定，虽
然三种模式对其规定有着细微的差别但核心内容是相同的，即主体为迫切
需要资金的农民，客体为宅基地使用权以及宅基地之上的房屋，同时又具
有多种价值评估机构。最后，风险分散机制方面，这三种探索模式中政府
都投入一定的资金设立风险保障金，用于预防在抵押贷款过程中出现的风
险。但是平罗模式较其他两种模式多设立了一个风险预警机制，用于掌握
贷款过程中的风险信息，强化监督，从风险预警到风险保障使得平罗模式
的风险分散机制更加牢固。

我国的宅基地使用权抵押贷款制度还属于"半解禁"状态，即只对一
些试点区域开放，待到时机成熟再做进一步举措。我国当前宅基地"沉
睡"的困境并不是单靠一种模式就能解决的，在我国渐进式的农村宅基地
使用权抵押贷款改革中，仍需要我们在试点地区进行不断地探索，根据每
个地区的实际情况，因地制宜，彻底盘活农民的财产性资产——宅基地，
为今后更大范围内的宅基地使用权抵押贷款提供可借鉴的经验，加快构建
与完善宅基地使用权抵押贷款制度。

5.2.3 宅基地使用权抵押贷款意愿的实证分析

1. 数据来源与描述性分析

（1）研究区域概况。我们选取四川和重庆作为研究区域。四川和重庆
是西部地区重要的农民工输出省份。在城市化进程中，农村宅基地闲置、
低效利用的现象突出的同时，农民对宅基地的财产属性需求旺盛。此外，
四川和重庆的部分县市作为宅基地"三权分置"改革的试点地区，农村宅
基地使用权抵押贷款已经有了一些初步经验。试点市县和非试点市县形成
了较好的对比样本。

（2）数据的描述性分析。第一，宅基地使用权抵押贷款意愿。在问卷中通过对"您认为宅基地使用权应该进行抵押贷款吗？"进行提问，发现41.06%的农户认为应该进行宅基地抵押贷款，但是仍然有58.94%的农户不认同宅基地抵押贷款。为此提出问题："您认为利用宅基地使用权进行抵押贷款的风险主要什么？"从表5－2中可以看到，有47.40%的农户认为宅基地抵押贷款最主要的风险是"失去宅基地的风险"，还有30.10%的农户认为"不能按时还款带来的违约风险"也较大。据此可知，农户作为风险的厌恶者，对违约、失去宅基地的风险担忧较多，因此宅基地抵押贷款的意愿相对较低。同时，值得注意的是，选择"其他风险"的农户，还填写了"贷不了""无法贷款""不了解宅基地使用权贷款政策"等其他风险因素，由此可知，借贷的可获得性对农户宅基地的抵押贷款意愿非常重要。

表5－2　　　　　　　　宅基地使用权进行抵押贷款的主要风险

抵押贷款的主要风险	农户数（户）	农户比例（%）
①不能按时还款带来的违约风险	261	30.10
②抵押担保风险	77	8.88
③法律风险	71	8.19
④失去宅基地的风险	411	47.40
⑤其他风险	41	5.43
总计	861	100

第二，农户主观借贷可获得性。由上文可知，借贷的可获得性对农户宅基地抵押贷款的意愿具有重要影响。我们通过问卷设计了五项有关宅基地贷款的困难指标，通过农户的主观回答，测算出农户对宅基地借贷可获得性程度的主观认知。其中，"其他困难"程度最弱，"房屋和宅基地价值难以评估"和"抵押贷款手续繁杂，太麻烦"困难程度变大，"相关的法律和政策不允许"和"没有银行愿意接受类似的抵押贷款"的主观借贷可获得性最差。从表5－3中可以看到，宅基地价值难以评估、贷款手续繁杂麻烦是农户认为的宅基地抵押贷款中困难最多的地方，其次没有银行愿意

接受贷款和政策不允许也占很大比重。农户主观的借贷可获得性与其宅基地抵押贷款的意愿，在描述性统计中尚且不能明晰看出两者之间是否存在关系，需要实证的进一步分析。

表 5-3　　　　　　农户宅基地抵押贷款主观借贷可获得性　　　　单位：户

农户认为抵押贷款困难	宅基地抵押贷款意愿		
	不愿意	愿意	总计
①没有银行愿意接受类似的抵押贷款	94	35	129
②相关的法律和政策不允许	136	106	242
③抵押贷款手续繁杂，太麻烦	112	93	205
④房屋和宅基地价值难以评估	89	43	132
⑤其他困难	80	79	159
总计	511	356	867

第三，农户客观借贷可获得性。仅凭农户对宅基地抵押贷款的困难选项而形成的主观借贷可获得性，会随着农户个人认知水平、所处环境的不同具有较大的差异。为了更客观地选择金融可获得性的指标，我们通过查询 2018 年底前相关规章、条例，对样本所在市是否为宅基地抵押贷款试点地区进行了统计，统计结果如表 5-4 所示。

表 5-4　　　　　　　　调查农户样本地区分布表

非宅基地抵押贷款试点地区				宅基地抵押贷款试点地区	
地区名称	样本量（户）	地区名称	样本量（户）	地区名称	样本量（户）
内江市	46	资阳市	15	成都市	111
自贡市	20	广元市	25	重庆市	188
南充市	40	德阳市	26	峨眉山	9
宜宾市	39	遂宁市	31	眉山市	18
阿坝藏族羌族自治州	9	广安市	59	巴中市	31
凉山彝族自治州	50	攀枝花市	10	泸州市	78
雅安市	4	乐山市	28	达州市	19
绵阳市	40				

通过对样本所在地是否为宅基地抵押贷款的试点地区的统计，我们将其作为一个相对客观的金融可获得性的途径。相较于非试点地区而言，试点地区出台了相对应的宅基地抵押政策，对宅基地金融可获得性产生直接有利影响。根据样本统计可知（见表5-5），在所有样本中有51%为宅基地抵押贷款试点地区，其余49%的样本并不在宅基地使用权抵押贷款的国家级试点地区。农村居民实现金融资源的可获得性与利用宅基地使用权进行抵押贷款的主观意愿，在描述性统计中尚且不能明确看出两者之间是否存在关系，需要实证的进一步分析。

表5-5　　　　　农户宅基地抵押贷款客观借贷可获得性　　　　单位：户

政策情况	宅基地抵押贷款意愿		
	不愿	愿意	总计
①是宅基地抵押试点地区	246	197	443
②非宅基地抵押试点地区	265	159	424
总计	511	356	867

2. 实证分析

（1）模型设定。农民宅基地抵押贷款决策的形成是非常复杂的过程，受到诸多因素的影响。但就是否愿意进行宅基地抵押贷款而言，农民的态度可以简单分为愿意和不愿意两类。本节采用二元选择模型进行分析。

二元选择模型的矩阵表达式为：

$$Y = \beta X + \varepsilon \tag{5.1}$$

其中，被解释变量 Y 代表农民的宅基地退出意愿，$Y=1$ 表示农民愿意接受宅基地抵押贷款，$Y=0$ 表示农民不愿意接受宅基地抵押贷款；X 表示农民是否接受宅基地抵押贷款的影响因素；β 是回归系数；ε 是随机扰动项。

"逻辑分布"的累积分布函数为：

$$P(Y=1 \mid X=x_i) = \frac{\exp(\beta X)}{1+\exp(\beta X)} \tag{5.2}$$

其中，P 为农民选择愿意接受宅基地抵押贷款的概率，$x_i(i=1,2,3,\cdots,n)$

表示影响宅基地抵押贷款意愿的第 i 个因素。值得注意的是，利用极大似然法（maximum likelihood estimation，MLE）估计的系数 $\hat{\beta}$ 并非常规边际效应，在 Logit 模型中 $\ln(\frac{p}{1-p}) = \hat{\beta}X$，$\frac{p}{1-p}$ 被称为概率比或相对风险。对方程右边求导可知，$\hat{\beta}$ 表示解释变量 x_i 增加一个微小量引起对数概率比的边际变化。从另一个角度，可将 $\hat{\beta}$ 看作半弹性，即 x_i 增加 1 个单位引起概率比的变化百分比。

（2）变量选择及预期影响。

① 被解释变量——农户宅基地抵押贷款意愿。农户愿意接受宅基地抵押贷款取 1，农户不愿意接受宅基地抵押贷款取 0。

② 关键解释变量——金融可获得性。一方面，我们通过受访户认为的对宅基地抵押贷款的主要困难进行排序，从而甄别出每位受访者的主观金融可获得性程度；另一方面，考虑到宅基地抵押贷款改革试点地区相较于其他地区而言，配套制度和设施更为完善，宅基地抵押贷款的宣传力度更大，通过宅基地使用权获得客观金融资源的可获得性就会增加。正因为如此，可以选取"是否为宅基地抵押贷款试点地区"这个统计指标作为客观金融可获得性的衡量指标。主观金融可获得性数值越大，主观金融可获得性越高。客观金融可获得性为虚拟变量，宅基地改革试点地区取值为 1，非试点地区取值 0，客观可获得性数值越大，意味着客观金融可获得性越高。

③ 其他变量。分为家庭资产状况和个人情况两部分。拥有住房的数量越多，农户对于失去宅基地的风险厌恶程度越小，越愿意接受宅基地抵押贷款。拥有金融资产规模越大的家庭，其接触到的借贷知识越多，更容易接受宅基地使用权的抵押贷款。在个人情况上，受访者的年龄如果越大，可能对宅基地具有更多的乡土情结，因而更不愿意将宅基地进行抵押贷款。而受访者的文化程度越高，拥有外出务工的经历以及作为党员或干部，都能在一定程度上有利于受访者对宅基地抵押贷款的认识，从而有利于受访者接受宅基地抵押贷款制度。

具体变量定义与描述统计，如表 5-6 所示。

表 5 – 6 变量定义与描述统计

变量	变量说明	均值	标准差
农户是否愿意参与宅基地抵押贷款	不愿意 = 0；愿意 = 1	0.4106	0.4922
主观借贷可获得性	没有银行接受贷款 = 1；法律政策不允许 = 2；手续麻烦 = 3；价值难以评估 = 4；其他困难 = 5	2.9423	1.3262
客观借贷可获得性	试点地区 = 1；非试点地区 = 0	0.4890	0.5002
拥有住房的数量	住房数量（处）	1.0692	0.4350
是否有股票等金融资产	是 = 1；否 = 0	0.0461	0.2099
家庭金融资产的规模	5000 元以下 = 1；5001 ~ 10000 元 = 2；10001 ~ 30000 元 = 3；30001 ~ 50000 元 = 4；50001 ~ 100000 元 = 5；100001 ~ 200000 元 = 6；200001 ~ 300000 元 = 7；300000 元以上 = 8	1.2411	1.0153
受访者年龄	受访人年龄（岁）	47.8081	15.6504
受访者文化程度	文盲 = 1；小学 = 2；初中 = 3；高中/中专 = 4；大专 = 5；本科以上 = 6	2.9354	1.3154
是否有外出务工的经历	是 = 1；否 = 0	0.2572	0.4373
受访者是否为党员	是 = 1；否 = 0	0.0980	0.2975
受访者是否为干部	是 = 1；否 = 0	0.2422	0.1538

（3）模型估计结果。由于被解释变量"农户是否愿意参与宅基地抵押贷款"取值为 0 或 1，我们选择 Logit 模型进行估计。本节应用的计量软件是 Stata14.0，具体估计结果如表 5 – 7 所示。

表 5 – 7 农户宅基地抵押贷款影响因素的 Logit 模型估计结果

变量说明		系数	标准误	Z 值	P > |Z|
借贷可获得性	主观借贷可获得性（数值越大，借贷可获得性越高）	− 0.135 ***	0.055	− 2.47	0.013
	客观借贷可获得性（1 表示有政策支持；0 表示没有政策支持。数值越大，可得性越高）	− 0.415 ***	0.149	− 2.78	0.005

续表

变量说明			系数	标准误	Z 值	P > ∣Z∣
个体差异	家庭状况	拥有住房数量	0.483 ***	0.172	2.80	0.005
		是否持有股票等金融资产	− 0.403	0.461	− 0.88	0.381
		家庭金融资产规模	0.159 *	0.089	1.80	0.073
	受访户个体情况	受访户年龄	− 0.013 **	0.006	− 2.01	0.044
		文化程度	0.155 **	0.073	2.12	0.034
		是否外出务工	0.451 ***	0.169	2.68	0.007
		是否党员	0.431 *	0.248	1.74	0.082
		是否干部	− 0.325	0.456	− 0.71	0.475
		常数项	− 0.454	0.537	− 0.85	0.397

注：标准误采用稳健方法估计，***、**、*分别表示在1%、5%和10%的水平上显著。

下面对回归结果进行分析和总结。

第一，农户认为的主观借贷可获得性越低时，认为宅基地抵押难以贷到款，农户的宅基地财产属性功能被压抑弱化，农户在这种状况下对宅基地抵押贷款的意愿和呼声很高。在客观借贷可获得性方面，非试点市区，没有政策支持的农户宅基地抵押贷款的意愿反而较高。剔除其他影响因素之后，试点区农户相比较于非试点区农户而言，愿意退出宅基地的比例反而下降了 29.3%。① 一种可行的解释是，农户在没有相关支持政策出台时，在认为的主观宅基地抵押贷款可得性很低时，会形成一种心理压力，即利用宅基地使用权进行抵押贷款是不可行的，其土地财产权是不能很好实现的，因此会在"有而不能实现"的心理压抑状态下，其拥有更强烈的宅基地抵押贷款意愿。但是当农户所处地为改革的试点地区时，或者农户的主观借贷可获得性很高时，农户认为自己的宅基地财产性权益可以得到很好的实现，在有了相对较高的宅基地抵押贷款可得性保障时，农户将注意力更多放在是否有借贷需求和借贷风险问题上，对宅基地抵押贷款的意愿反而更能体现出农户真实的理性的借贷需求。

---

① 计算方法：根据"可将 $\hat{\beta}$ 看作半弹性，即 x_i 增加 1 个单位引起概率比的变化百分比"，"x_i 增加 1 个单位"也就是试点地区和非试点地区的比较，试点地区相比非试点地区而言概率比 $\frac{p}{1-p}$ 下降了41.5%，由此倒推出 P 即"农民选择愿意接受宅基地抵押贷款的概率"下降了 29.3%。

第二，拥有住房的数量越多，农户对于失去宅基地的风险厌恶程度越小，越愿意接受宅基地抵押贷款。是否持有金融资产，在回归中并不显著。但是拥有金融资产规模却显著正向影响宅基地抵押贷款的意愿，金融资产越多的家庭，其接触到的借贷知识越多，更有意愿参与宅基地使用权的抵押贷款。在个人情况上，受访者的年龄对宅基地抵押贷款意愿有负效应。年龄越大的受访者，可能对宅基地具有更多的乡土情结，从而更不愿意将宅基地进行抵押贷款。此外，受访者的文化程度越高，拥有外出务工的经历以及作为党员，都能在一定程度上有利于受访者对宅基地抵押贷款的认识，从而有利于受访者接受宅基地抵押贷款制度。

5.2.4 进一步完善宅基地使用权抵押贷款的思考

随着我国社会主义市场经济的快速发展，作为农村金融重要的一分子——宅基地使用权抵押贷款的发展相对滞后，其潜力有待进一步激发。近几年来，国家逐步放宽宅基地抵押贷款的条件，全国各试点地区也在积极地探索。但是，宅基地抵押贷款仍需要不断地完善与发展。

首先，加快宅基地确权颁证，准确定位宅基地使用权并还权赋能。确权颁证对于宅基地使用权抵押贷款非常重要，确权颁证明确了农民的宅基地资格权和使用权，有利于减少宅基地使用权抵押贷款制度实施过程中的交易成本，提高宅基地使用权抵押贷款制度实施效率，更大程度释放宅基地潜在价值。因此，一方面，对宅基地的使用权进行准确定位，明晰在宅基地"三权分置"中所有权、资格权以及使用权的权能边界，防止出现在政策执行过程中造成各项权能重叠，权利行使混乱的局面；另一方面，要还权赋能，赋予宅基地使用权可抵押的权利，破除阻碍宅基地使用权抵押贷款实现的各种体制机制，探索放活宅基地使用权的多种方式。

其次，建立健全担保和抵押市场机制。一是担保机制的建立与完善是抵押融资过程中必不可缺的一个环节，在现今的宅基地使用权抵押融资市场上，"担保人"大多为政府以及政府投资所建立的担保公司，随着农民对于资金的需求激增，"担保人"范围的有限在一定程度上阻碍了抵押融资的进行，所以适当扩大其范围，如建立政府、担保公司、金融机构、合作社等全方位、宽领域的担保平台，对于抵押贷款的深化有着促进作用。二是抵押机制是宅基地使用权抵押贷款的核心环节，抵押机制中对于抵押的主客体以及对于客体的价值评估都做了明确规定，但仍需进一步完善。抵押的主体应该适当地进一步扩大，从事规模化经营的农业大户、小微企业主、农村个体工商户等都可以作为抵押的主体，抵押的客体仍然是宅基地使用权和宅基地上的房屋。同时还应建立专业的宅基地使用权评估机构，对宅基地使用权及住房进行准确评估。在以往对其进行评估时，大多都是银行等金融机构或者是双方进行谈判协商，难免会产生误差，在这种评估体系中，农民往往处于弱势方，利益有可能被侵害。专业评估机构的建立可以减少双方信息不对称带来的影响，使宅基地使用权抵押贷款过程更加公平，切实保护农民的宅基地财产权。

再次，建立风险预警和治理机制。一是在双方签订抵押贷款合同后，要建立风险预警机制，加强对抵押贷款主体的监督，准确掌握其经营的风险信息，根据实际情况提前做好准备，防患于未然。二是一旦双方签订抵押贷款协议，若抵押贷款主体不能按时偿还担保资金，一方面金融机构的利益有可能受损；另一方面金融机构将抵押贷款主体的宅基地使用权及房屋进行再次流转，对于以宅基地作为居住保障的农民来说他们变得"无家可归"，激化了社会矛盾，政府风险保障机制的建立可以有效避免类似情况的发生。成立风险保障基金，不能按时还款的农民用政府的风险资金进行偿还，此时政府成为抵押权人使农民住房得到保障，同时也确保了金融机构的利益。

最后，农村社会保障体系的完善对于宅基地使用权抵押贷款也起着重要的作用。现今很少有农民将自己手中的宅基地使用权用来进行抵押贷款一个重要的原因就是农民的社会保障体系不完善，导致农民惧怕宅基地抵押贷款使自己失去最后的生活居住保障——宅基地，故需要完善农民的社会保险制度，如医疗制度、户籍制度、教育制度等，使农民放心大胆地将手中的宅基地使用权进行流转或抵押贷款，提高宅基地的利用效率，促进农村经济发展。

我国当前的宅基地使用权抵押贷款还处在试点阶段，成效凸显的同时也带来了一些问题。作为农村金融的重要一部分，我们仍需不断地对其进行探索，在落实宅基地使用权，稳定宅基地资格权的基础上进一步放活使用权，探索宅基地使用权抵押贷款实现的多种模式，为更好解决"三农"问题，实现乡村振兴贡献一分力量。

5.3　权属意识、资源禀赋与宅基地退出意愿

在实施乡村振兴战略和宅基地"三权分置"背景下，如何实现闲置宅基地的有序和自愿退出，研究农民退出宅基地的意愿及其影响因素显得尤为必要。宅基地"三权分置"改革的实质就是对宅基地进行还权赋能，形成宅基地集体所有权、宅基地资格权和宅基地使用权的"三权分置"产权格局，其中宅基地资格权的改革就遇到了农民市民化过程中宅基地资格权应当如何有效合理退出的问题。[①] 宅基地资格权属于"农民集体"成员权基础上派生出的一种社会保障权和发展权，这种权利是国家通过法律法规赋予农民的。[②] 目前法律规定，农户取得宅基地资格权是通过申请获得，不能通过买卖、承租和赠与方式获得，在实践中，目前多以是否为本村的户口来看是否有宅基地资格权。但随着城市化进程的加快，进城安居的农民是否愿意退出宅基地，采取怎样的方式退出宅基地成为学界争论的焦点。支持有偿退出的观点认为，如果没有合适的补偿，农民不会轻易放弃宅基地这一重要的财产权利，同时补偿的金额也可以帮助市民化的农民来实现宅基地的经济功能从而更好地融入城市。[③④] 支持无偿退出的观点认为，农民的宅基地是基于集体成员身份免费获得的，相当于一种保障性福利，因而当农民有能力在城市生活得很好时，选择退出宅基地时不应当再给予补偿。

宅基地退出对于保护农民的切身利益，推进城市化健康持续发展、促

---

① 韩立达，王艳西，韩冬. 农村宅基地"三权分置"：内在要求、权利性质与实现形式 [J]. 农业经济问题，2018（7）：36 – 45.

② 韩文龙，谢璐. 宅基地"三权分置"的权能困境与实现 [J]. 农业经济问题，2018（5）：60 – 69.

③ 刘守英，熊雪锋. 经济结构变革、村庄转型与宅基地制度变迁——四川省泸县宅基地制度改革案例研究 [J]. 中国农村经济，2018（6）：2 – 20.

④ 朱新华. 农村宅基地制度创新与理论解释——江苏省江都市的实证研究 [J]. 中国人口·资源与环境，2012，22（3）：19 – 25.

进乡村振兴都具有十分重要的意义。但是在实践中，闲置宅基地退出却频频受阻，造成了土地资源的极大浪费，农民退出闲置宅基地的意愿并不高。① 国内关于宅基地退出的研究，一方面是从宏观角度出发，分析宅基地退出的必要性和退出机制；另一方面是从微观的农户角度出发，探讨宅基地退出意愿及其影响因素。大多数研究发现农户更加倾向不愿意退出宅基地，这一比例占 50% ~ 70%。② 在研究宅基地退出意愿的影响因素时，主流的方法是使用二项选择模型来分析不同因素对农户退出宅基地的影响。现有研究大多关注了农户就业、养老、家庭人口特征、地区经济状况等客观内部因素对农户退出意愿的影响。③④ 也有学者发现宅基地确权、宅基地腾退政策、户籍制度等外部因素对农户宅基地退出流转也会产生显著影响。⑤ 总的来看，现有文献对于客观因素分析较多，对农户的内部主观因素分析较少，只有部分学者从行为经济学的角度出发，分析禀赋效应、现状偏见、锚定心理等导致的认知偏差对宅基地退出造成的负面影响。⑥

在实际调研中我们发现，尽管法律明确规定宅基地所有权归农民集体，大多数的农户却依然认为宅基地归农民个人所有，显性权属意识和隐性权属意识上的差异作为主观因素会对宅基地的退出有何种影响值得深入探究。本节正是通过实地调研搜集到的川渝地区的 896 份问卷，在着重研究农户宅基地的权属意识这一主观因素的同时，也考虑到地区经济、村庄境况、农户家庭个人特征等资源禀赋这些客观因素，用主观和客观协同对比分析的方法对影响农户退出宅基地的因素进行比较全面地剖析。本研究的贡献有以下两点：一是细致分析了宅基地显性权属意识和隐性权属意识

① 艾希.农村宅基地闲置原因及对策研究 [J].中国人口·资源与环境，2015，25（S1）：74-77.

② 朱新华，陆思璇.风险认知、抗险能力与农户宅基地退出 [J].资源科学，2018，40（4）：698-706.

③ 彭长生，范子英.农户宅基地退出意愿及其影响因素分析——基于安徽省6县1413个农户调查的实证研究 [J].经济社会体制比较，2012（2）：154-162.

④ 夏敏，林庶民，郭贯成.不同经济发展水平地区农民宅基地退出意愿的影响因素——以江苏省7个市为例 [J].资源科学，2016，38（4）：728-737.

⑤ 吴郁玲，石汇，王梅，冯忠垒.农村异质性资源禀赋、宅基地使用权确权与农户宅基地流转：理论与来自湖北省的经验 [J].中国农村经济，2018（5）：52-67.

⑥ 杨玉珍.城市内层边缘区农户宅基地腾退影响因素研究——基于河南省6地市33个自然村的调查 [J].中国土地科学，2013，27（9）：44-50.

对农户宅基地退出意愿的影响；二是考虑川渝地区的虹吸效应下不同的资源禀赋对农户宅基地退出意愿的影响。

5.3.1　理论分析

从理论上分析，宅基地的退出意愿受到农民权属意识和资源禀赋等方面的影响。

首先，宅基地的退出意愿受到农户显性权属意识和隐性权属意识的影响。显性权属意识是农户对宅基地权利的一般性认知，即法律意义上的权属意识。显性权属意识来源于法律、学习和社会环境等带给农户的直接认知。通过确权颁证、法律宣传和个体的知识和经验等，农民会形成自己的显性权属意识。有研究发现，农村宅基地显性权属意识的形成与农户的个体情况有关，如农户中的党员、村干部对法律规定了解越多，越倾向于认为宅基地属于农民集体所有。①

隐性权属意识是农户对宅基地权利的真实认知，即实际意义上的权属意识。隐性权属意识来源于宅基地的禀赋效应。由于宅基地对农户的生存是至关重要的，一旦拥有了宅基地使用权和住房所有权以后，农户对宅基地的价值评价要比未拥有之前大大增加，且厌恶损失。相较于农用地而言，隐性权属意识中，农民对宅基地更倾向于认为其是私有的。导致这种认识的原因，一是与长期以来我国农村实行的"地随房走"的宅基地政策有关。宅基地的使用权和房屋的所有权归农民所有这种组合式的产权制度安排使农民对宅基地的认识更偏向于私有。二是与宅基地作为农民安身立命的基础性土地和住房保障有关。宅基地作为一种生存保障性制度安排，农民非常重视宅基地上的权利，常常将宅基地和房屋一同视为私有。

在显性权属意识中，农户一般倾向于认为宅地基是农民集体所有，其显性的宅基地退出意愿也相对高一些，但是农民的隐性权属意识则更倾向于宅基地的私有。这种偏向于私有的权属意识，有可能会阻碍进城的农民

---

① 陈明，武小龙，刘祖云. 权属意识、地方性知识与土地确权实践——贵州省丘陵山区农村土地承包经营权确权的实证研究［J］. 农业经济问题，2014，35（2）：65 - 74.

退出宅基地。因为农户对宅基地的居住性、依赖性和禀赋效应，使得农户一般是不太愿意退出宅基地的，除非其能够在城市安居乐业。造成农民显性权属意识和隐性权属意识的不一致，实际上是由农户的法律意义上的宅基地产权与实际意义上的宅基地产权差别所导致的。按照巴泽尔的解释，由于各种原因，法律意义上的产权和实际意义上的产权可能并不一致。①对于农户的宅基地而言，法律意义上的宅基地产权与实际意义上的宅基地产权不一致，这本质上源于农村土地产权的法律界定模糊化与实践操作中国家、农民集体和农户的不同利益取向及不同主体之间的行为博弈。

其次，宅基地的退出意愿受到资源禀赋等的影响。这里的资源禀赋，我们分为地区经济发展、村庄发展情况和家庭个人特征三个层面。第一，地区经济发展作为一种相对宏观的资源禀赋条件，一方面，当地城市经济发展状况越好，城乡收入差距越大，农民可能越愿意进城务工，成为城里人，也愿意退出农村的宅基地；另一方面，如果城乡融合发展比较好，农民也可能保留宅基地，作为一种可能的财产权进行持有。这样，农户的宅基地退出意愿，可能与当地的经济发展，如当地村子的经济状况呈现一个正"U"型的关系。第二，村庄情况，作为一个相对中观的变量，也可能会影响农民宅基地的退出意愿。一些旅游村、资源村、城中村或产业村，其农村集体经济发展水平很好，保留宅基地的资格权可以获得一定的集体经济分红收益，农村居民可能不愿意退出宅基地。反之，那些落后和偏远的农村，农民进城务工后对宅基地的依赖性越来越小，其退出的意愿可能会增加。第三，家庭和个人层面的资源禀赋，也会影响农民退出宅地基的意愿。家庭收入中，工资性收入占比比较高，农业经营性收入占比比较低，说明该农户对农地和宅基地的依赖性在减弱。如果家庭已经在进城务工后购买了养老保险等，那么他们对土地的依赖性会更加弱化，其退出的意愿也会增强。对于个人层面来说，学历、年龄等禀赋也会影响宅地基退出意愿。尤其是学历较高的中青年一代更愿意居住在城里，其宅基地退出的意愿相对较强。

鉴于以上分析，我们认为权属意识、资源禀赋等因素会影响农民宅基地的退出意愿。接下来将以调研和问卷采集的数据对此进行实证检验与分析。

---

① 巴泽尔. 产权的经济分析 [M]. 费方域，段毅才，译. 上海：上海人民出版社，1997.

5.3.2 数据来源与描述性分析

1. 研究区域概况

本节选取四川和重庆作为研究区域。四川和重庆是西部地区重要的农民工输出省份。在城市化进程中,农村宅基地闲置、低效利用的现象突出。同时,四川和重庆作为土地改革的先锋地区,农村宅基地自愿退出机制已经有了一些初步经验,农户对宅基地的退出概念理解也更清晰。值得注意的是,与沿海地区省份拥有的"双子星""多子星"的城市结构不同,中西部地区的省会城市大多是所在省内的单极核心城市,省内其他城市与省会城市间差距较大,因此川渝地区的虹吸效应十分突出。

2. 调查方法与样本说明

本课题组在 2017～2018 年寒暑假期间,在四川和重庆地区进行入户调查。调查区域覆盖了川渝地区 22 个市,既包括经济较为发达的成都市、重庆市,也囊括了阿坝羌族藏族自治州、凉山彝族自治州等偏远少数民族地区,还有泸州等农地改革试点地区。调查采用随机抽样方法,面对面访谈、访员记录的形式进行。调查问卷囊括农户家庭成员基本信息、家庭农地、住房状况、家庭资产负债和社会保障情况、宅基地退出等方面的内容。此次调研共发放问卷 920 份,收回可使用的有效问卷 896 份,有效的访问率达到了 97%,具体的样本情况如表 5-8 所示。

表 5-8   调查农户样本地区分布表

市区名称	远离省会中心城市			省会城市及靠近省会中心城市			
	样本量(户)	地区名称	样本量(户)	地区名称	样本量(户)	地区名称	样本量(户)
内江市	46	泸州市	78	成都市	111	雅安市	4
自贡市	20	广元市	25	重庆市	188	乐山市	28
南充市	40	巴中市	31	德阳市	26	峨眉山	9
宜宾市	39	达州市	19	眉山市	18	遂宁市	31
阿坝藏族羌族自治州	9	广安市	59	资阳市	15		
凉山彝族自治州	50	攀枝花市	10	绵阳市	40		

3. 数据的描述性分析

（1）宅基地退出意愿分析。在问卷中通过对"如果您已经进城工作或定居，给予适当的经济补偿，您是否愿意放弃宅基地"进行提问，发现61.61%的农户即使假设已经进城工作或定居，仍然不愿意退出宅基地，只有38.39%的农户愿意在此种情况下退出宅基地（见表5－9）。进一步对愿意退出宅基地的农户询问"如果退出宅基地，您觉得应该得到哪些补偿?"同时选择"①城市住房补偿；②经济补偿；③购买社会保障"三项补偿的农户最多，有137户。其次选择单项补偿里最高的是经济补偿，有50户。另外值得关注的是在其他补偿中有2个受访户填写"工作安排补偿"。这体现出农民在退出宅基地时对补偿要求是多样的，作为进城工作或定居的"脱农"一代农民向市民转化的过程中，仍然存有较多顾虑，如何在城市安居、如何保障养老和医疗、怎样在城市中有稳定的工作，是农户在选择退出宅基地时的主要因素。

表5－9 农户宅基地退出意愿与补偿方式

宅基地退出意愿	愿意退出下希望得到的补偿方式	农户数	农户比例（%）
愿意	①城市住房补偿	22	2.46
	②经济补偿	50	5.58
	③购买社会保障（如养老、医疗等社保）	37	4.13
	④其他补偿	2	0.22
	①城市住房补偿 ②经济补偿	35	3.91
	①城市住房补偿 ③购买社会保障	31	3.46
	①城市住房补偿 ④其他补偿	3	0.33
	②经济补偿 ③购买社会保障	26	2.90
	③购买社会保障 ④其他补偿	1	0.11
	①城市住房补偿 ②经济补偿 ③购买社会保障	137	15.29
	合计	344	38.39
不愿意		552	61.61
总计		896	100.00

在向市民转化的过程中，那些已经进城工作和居住的农户，却仍愿意继续保留宅基地而不愿意退出。为了直接探究农户不愿意退出宅基地的

心理因素，问卷设计了"如果您认为应该继续保留宅基地，主要原因是什么？"调查结果发现 67.97% 的农户认为宅基地的保障固定居所功能是他们继续保留宅基地的主要原因，这些走向"市民化"的农民，尽管渴望在城市扎根，但在城市高昂的房价面前，却对未来能否购房长期生活存在迷茫，宅基地的居住性保障作用仍然突出。此外，宅基地退出制度不健全是导致闲置宅基地没能得到利用的另一大原因。有 8.59% 的农户表示现行政策不允许宅基地自由流转和买卖使他们只能将宅基地闲置，也有 7.7% 的农户认为当前宅基地流转出去的收益太低，还有 6.58% 的农户称目前没有合理的流通市场（见表 5 – 10）。可见，如何建立一个安全、有效和畅通的宅基地退出、流转制度对于加强宅基地的利用，避免宅基地闲置荒废十分必要，同时这也从侧面显示出农户对宅基地的潜在可升值的财产权利十分重视。从之前的一些宅基地退出改革实践中可以得知，一般情况下农民仅能拿到房屋的固定补偿额，而对宅基地未来增值的收益分配较少。在这种情况下，尽管给予农户一定补偿，大部分的农户依然不愿意退出宅基地。

表 5 – 10   农户继续保留宅基地的主要原因

继续保留宅基地原因	农户数（户）	农户比例（%）
①现行政策不允许宅基地自由流转和买卖	77	8.59
②宅基地是保障自己拥有固定住所的关键性资源	609	67.97
③流转出去后，经济收益太低	69	7.7
④没有合理的流通市场，不能实现顺畅流转或交易	59	6.58
⑤将宅基地流转和买卖出去，对自己和社会的风险都会增大	82	9.15
总计	896	100

（2）农户宅基地权属意识分析。通过问卷询问"您认为农民宅基地的所有权属于谁"，发现 61.61% 的农户认为宅基地归农民自己所有，还有 27.57% 的农户认为宅基地归国家所有，只有 10.27% 的农户认为宅基地应该归农民集体所有。从描述性统计上来看并不能明显观察出两者间的关系，农户对宅基地权属意识私有化程度较高究竟会如何影响宅基地退出行为值得进一步探究（见表 5 – 11）。

表 5-11　　　　　　农户宅基地权属认知与宅基地退出意愿　　　　　　单位：户

农户权属意识	宅基地退出意愿		
	①不愿意	②愿意	总计
①农民集体	56	33	89
②国家	148	90	238
③农民自己	324	209	533
总计	528	332	860

　　直接询问的权属意识可能因为农户的从众心理、爱面子等情况不能够真正地反映出农户对宅基地所有权的认识。为了进一步探究隐性的农户宅基地权属意识，我们通过问卷设计了"进城工作和居住后您认为宅基地应该如何处理"这一问题（见表 5-12）。将闲置宅基地的处理方式按照农户对宅基地的财产权利个人所有权属的程度进行划分。"放弃宅基地"和"归还给村集体"这两个选项都是无偿退出宅基地，体现出农户潜意识中更倾向于宅基地为国家或集体所有；后四个选项都倾向于个人所有，体现出一定的私有性，但是其程度又有所不同。"馈赠给亲朋好友"尽管是给自己的亲朋好友，但却是免费馈赠给他人的，说明农户对宅基地的财产价值不是很重视；"和房屋一起卖出去"也显示了农户对宅基地的私有属性，但一次性卖出宅基地，说明农户对宅基地的未来价值并不是很在乎；"和房屋一起流转出去"只是暂时流转，农户内心仍然愿意保留宅基地；"仍然保留在自己名下"的农户宅基地私有属性最强，农户非常重视宅基地的未来升值价值，在进城工作和居住后宁愿选择闲置也要保留在自己名下。同时，描述性统计结果显示，选择"仍然保留在自己名下"的农户比例也最多，占到了农户总数的 73.88%，而选择放弃宅基地和归还给村集体的农户最少，仅为 1.79% 和 5.92%。这显示出农户隐性的真实宅基地权属意识比直接询问的权属意识更加倾向于农民个人私有，只有触及农户的核心利益时，其表达出来的权属意识才更具有参考价值。从表 5-12 中也可直观地看出，隐性的权属意识越倾向于农户个人私有，该农户越不愿意退出宅基地，更准确的结果有待进一步实证分析。

表 5 - 12　　　　　　　　农户认为闲置宅基地应该处理的方式　　　　　单位：户

进城后宅基地如何处理	宅基地退出意愿		
	①不愿意	②愿意	总计
①放弃宅基地	5	10	15
②归还给村集体	21	31	52
③馈赠给亲朋好友	5	3	8
④和房屋一起卖出去	20	36	56
⑤和房屋一起流转出去	25	69	94
⑥仍然保留在自己名下	452	183	635
总计	528	332	860

　　调查发现，样本区有 74.78% 的农户宅基地已经进行了确权登记发证，没有确权颁证的仅占到 25.22%。一般研究认为宅基地确权颁证有利于农民加强宅基地所有权归属集体的意识。但也有研究认为法律规定只有符合乡俗习惯才能被农户真正接受。宅基地确权作为影响农户宅基地权属意识的一个因素，对于宅基地退出意愿是否有影响，在表 5 - 13 中难以直观发现，需要进一步的实证分析。

表 5 - 13　　　　　　　　农户宅基地确权与宅基地退出意愿　　　　　单位：户

宅基地确权	宅基地退出意愿		
	①不愿意	②愿意	总计
①未完成确权	139	78	217
②已经完成确权	389	254	643
总计	528	332	860

　　（3）地区村庄境况分析。村庄的境况作为一个相对中观的变量，是由访员通过询问小区/村庄的联系人或者自己现场观察完成的，并不需要入户咨询。这里我们主要关注了村庄的经济和环境两个方面。从表 5 - 14 中可以看到，整体而言小区/村庄的经济状况一般居多，经济非常差和非常好的占比较低。小区/村庄的绿化程度情况整体较好，绿水青山的乡村是否会影响宅基地的退出意愿值得后面深入研究。

表 5 – 14 受访户小区/村庄境况

小区/村庄经济状况			小区/村庄绿化程度		
项目	农户数（户）	农户比例（%）	项目	农户数（户）	农户比例（%）
①非常差	17	1.98	①非常差	7	0.81
②较差	140	16.28	②较差	83	9.65
③一般	579	67.33	③一般	374	43.49
④较好	122	14.19	④较好	280	32.56
⑤非常好	2	0.23	⑤非常好	116	13.49
总计	860	100.00	总计	860	100.00

（4）家庭保险状况与宅基地退出分析。家庭保险状况关系着农户对于未来风险的预期，未来风险越高，对退出宅基地这样一种具有居住保障性资产的排斥情绪就会越严重。通过问卷调查，发现绝大部分农户都拥有社会保障和保险。根据农户家庭的保险城乡类型，将其分为如表 5 – 15 所示的三种。其中，"家庭只参与农村社会保险"指家庭成员仅参与了"农村医疗保险"（如新农合等）或"新型农村社会养老保险"这两者类型的保险；"家庭只参加城镇社会保险"指家庭成员仅参与了"城镇医疗保险"或"社会基本养老保险"；"兼有城乡保险"指家庭成员既参与了城市的社会保险，又有其他家庭成员参与了农村的社会保险制度。从描述性统计中可以直观地看到，只参与城镇社会保险的家庭相较于其他两种家庭愿意退出宅基地的比例更高，这一结论是否在控制其他可能影响抗风险能力的因素下依然成立，需要进一步实证研究。

表 5 – 15　　　　家庭保险情况与宅基地退出意愿　　　　单位：户

农户家庭保险	宅基地退出意愿		
	①不愿意	②愿意	总计
①家庭只参与农村社会保险	330	186	516
②家庭只参与城镇社会保险	39	39	78
③兼有城乡保险	159	107	266
总计	528	332	860

5.3.3 实证分析

1. 模型设定

农民宅基地退出决策的形成是非常复杂的过程，受到诸多因素的影响，但就宅基地退出而言，农民的态度可以简单分为愿意和不愿意两类。本节采用二元选择模型进行分析。

二元选择模型的矩阵表达式为：

$$Y = \beta X + \varepsilon \tag{5.3}$$

式（5.3）中，被解释变量 Y 代表农户的宅基地退出意愿，$Y = 1$ 表示农户愿意退出闲置宅基地，$Y = 0$ 表示农户不愿意退出闲置宅基地；X 表示农户是否愿意退出宅基地的影响因素；β 是回归系数；ε 是随机扰动项。

逻辑分布的累积分布函数为：

$$P(Y = 1 \mid X = x_i) = \frac{\exp(\beta X)}{1 + \exp(\beta X)} \tag{5.4}$$

式（5.4）中，P 为农民选择自愿退出宅基地的概率，$x_i (i = 1, 2, 3, \cdots, n)$ 表示影响宅基地退出意愿的第 i 个因素。值得注意的是，利用极大似然法（MLE）估计的系数 $\hat{\beta}$ 并非常规边际效应，在 Logit 模型中 $\ln(\frac{p}{1-p}) = \hat{\beta}X$，$\frac{p}{1-p}$ 被称为概率比或相对风险。对方程右边求导可知，$\hat{\beta}$ 表示解释变量 x_i 增加一个微小量引起对数概率比的边际变化。从另一个角度，可将 $\hat{\beta}$ 看作半弹性，即 x_i 增加一单位引起概率比的变化百分比。

2. 变量选择及预期影响

① 被解释变量——农户宅基地退出意愿。农户愿意退出宅基地取 1，农户不愿意退出宅基地取 0。

② 关键解释变量——宅基地权属意识。在模型（5.3）中，直接的宅基地权属意识设定为类别变量，将"宅基地属于农民集体"作为基准变量。为了避免农户的从众心理，在模型（5.4）中，用"进城后宅基地如

何处置"这一隐性的宅基地权属意识来代替直接的权属意识。宅基地是否确权也会影响到农户对宅基地权属的认知,一方面宅基地确权是对农户宅基地的资格权和使用权的承认,增强了农户的法律意识,使其对宅基地的权属意识倾向于集体所有;但另一方面农户通过确权觉得自己的宅基地权利得到了法律保障,可能会加强宅基地农户个人所有的权属意识。

③ 其他变量。资源禀赋。宏观层面,地区市级的经济发展影响农户家庭成员的就业和人口城乡流动,从而影响农户宅基地退出意愿。中观层面,正如理论分析章节中所提到的,当地村子的经济状况可能对宅基地的意愿存在一个正"U"型的关系,因而在放入"村子经济状况"变量的同时还放入了"平方后的村子经济状况"变量。村子的绿化环境直接影响到农户的居住环境,一方面绿化程度越好农户越希望将宅基地作为日后养老度假的场所,从而不愿意退出;另一方面绿化程度好的地区可能位于工业缺乏的偏远山区,经济发展滞后,农户更愿意退出宅基地到生活条件相对较好的城市生活。微观层面,农户家庭的非农收入占比越高,说明家庭成员外出务工的时间也就越长,越容易融入城市生活,因此可能越愿意退出宅基地。家庭的人口结构中,未成年子女数量越多,宅基地的安居保障功能需求就越明显,因而退出宅基地的意愿较低。同时我们还考虑了家庭的保险状况,将其设为类别变量,其中"家庭只有乡村保险保障"作为基准变量。为了保障模型估计的准确性,加入了受访户的个体特征作为控制变量。受访户的年龄影响其非农就业和城市生活的能力,同时年龄越大对祖宅的依恋程度越深,越不愿意退出宅基地。[①] 受教育水平低的农民由于学历低,很难在城市找到稳定的工作。此外,进城生活需要的是见识水平,而非单一的教育层次,受访户是否为党员或干部能够较好代表农民的见识水平,因此本节将两者都作为控制变量放入回归模型中,模型中使用到的变量的描述性统计如表 5 - 16 所示。

---

① 郭贯成,李金景. 经济欠发达地区农村宅基地流转的地域差异研究——以河北省张家口市为例 [J]. 资源科学,2014,36(6):1229 - 1234.

表 5 - 16   变量定义与描述统计

变量	变量说明	均值	标准差
农户是否愿意退出宅基地	不愿意 =0；愿意 =1	0.39	0.49
宅基地权属意识	属于农民集体 =1；属于国家 =2；属于农民自己 =3	2.52	0.68
进城后宅基地如何处置	放弃宅基地 =1；归还给集体 =2；馈赠给亲朋好友 =3	5.40	1.23
	和房屋一起卖出去 =4；和房屋一起流转出去 =5；仍然保留在自己名下 =6	—	—
宅基地是否确权	没有完成宅基地确权 =0；已经完成宅基地确权 =1	0.75	0.43
ln 样本所在地区人均 GDP	农户所在市的 2017 年人均 GDP 取对数	10.62	0.40
村子经济状况	非常差 =1；较差 =2；一般 =3；较好 =4；非常好 =5	2.94	0.62
平方村子经济状况	村子经济状况取平方	9.06	3.59
村子/社区绿化状况	绿化状况差 =1；绿化一般 =2；绿化比较好 =3；绿化非常好 =4	3.48	0.87
家庭非农收入占比	家庭非农收入除以家庭总收入	0.71	0.38
在读学生数量	家庭人口中的在读学生人口数（人）	0.81	0.86
家庭保险状况	家庭只参与新农保 =1；家庭只参加城镇居民保险 =2；兼有城乡保险 =3	1.71	0.91
受访者年龄	受访人年龄（岁）	47.91	15.59
是否高中以上学历	高中以下学历 =0；高中及高中以上学历 =1	0.24	0.42
是否为党员或干部	不是党员且不是干部 =0；是党员或干部 =1	0.11	0.31

3. 实证结果

由于被解释变量"一定补偿下农户是否愿意退出宅基地"取值为 0 或 1，本节选择 Logit 模型分别对全部样本、远离省会样本和靠近省会样本的调查数据进行拟合，结果如表 5 - 17 所示。

表 5 - 17   农户宅基地退出意愿影响因素的 Logit 模型估计结果

项目	变量说明	全部		远离省会		靠近省会	
		回归 1	回归 2	回归 1	回归 2	回归 1	回归 2
宅基地权属意识	宅基地权属意识（对照组：属于农民集体）						
	属于国家	0.133 (0.493)	—	0.051 (0.125)	—	0.128 (0.358)	—
	属于农民自己	0.150 (0.606)	—	0.160 (0.417)	—	0.097 (0.296)	—
	进城后宅基地如何处理（数值越大，私人权属意识越强）	—	-0.432*** (-6.088)	—	-0.303*** (-3.025)	—	-0.571*** (-5.370)
	宅基地是否确权	0.194 (1.122)	0.270 (1.479)	-0.087 (-0.353)	-0.046 (-0.183)	0.586** (2.243)	0.742** (2.573)

续表

项目	变量说明		全部		远离省会		靠近省会	
			回归 1	回归 2	回归 1	回归 2	回归 1	回归 2
资源禀赋	地区村社境况	ln 样本所在市人均 GDP	0.333 * (1.796)	0.317 * (1.645)	0.246 (0.721)	0.350 (0.962)	0.377 (1.024)	0.181 (0.469)
		经济状况	−1.204 * (−1.927)	−1.225 ** (−1.973)	−0.363 (−0.373)	−0.461 (−0.481)	−1.797 * (−1.940)	−1.942 ** (−1.982)
		平方经济状况	0.178 * (1.646)	0.180 * (1.650)	−0.006 (−0.034)	0.018 (0.098)	0.291 * (1.925)	0.303 * (1.863)
		村庄/社区绿化 (数值越大,绿化状况越好)	0.238 *** (2.735)	0.252 *** (2.785)	0.347 *** (2.802)	0.333 *** (2.654)	0.090 (0.708)	0.135 (1.002)
	家庭层面特征	家庭非农收入占比	0.367 * (1.814)	0.402 * (1.902)	0.135 (0.486)	0.183 (0.648)	0.669 ** (2.210)	0.694 ** (2.127)
		供养学生数量	−0.110 (−1.196)	−0.156 * (−1.647)	−0.137 (−1.065)	−0.195 (−1.494)	−0.073 (−0.545)	−0.072 (−0.511)
		家庭保险(对照组:只有农村保险)						
		家庭只有城镇保险	0.602 ** (2.246)	0.525 * (1.852)	0.494 (1.097)	0.432 (0.925)	0.742 ** (2.115)	0.645 * (1.729)
		家庭兼有城乡保险	0.093 (0.564)	0.085 (0.509)	−0.004 (−0.015)	−0.025 (−0.104)	0.171 (0.734)	0.228 (0.945)
	个人层面情况	受访户年龄	0.013 ** (2.249)	0.013 ** (2.175)	0.015 * (1.779)	0.014 (1.569)	0.015 * (1.819)	0.017 ** (1.999)
		是否高中以上学历	0.261 (1.263)	0.273 (1.285)	0.381 (1.190)	0.405 (1.238)	0.245 (0.865)	0.240 (0.823)
		是否为党员或干部	−0.222 (−0.931)	−0.390 (−1.527)	0.078 (0.218)	0.004 (0.012)	−0.396 (−1.167)	−0.656 * (−1.780)
	常数项		−4.128 * (−1.835)	−1.520 (−0.662)	−4.173 (−1.054)	−3.306 (−0.801)	−4.044 (−0.944)	1.231 (0.279)
	样本量		835	835	404.000	404.000	431.000	431.000
	对数似然值		−538.539	−514.265	−254.078	−248.551	−278.517	−257.937

注:回归 1 和回归 2 分别表示使用直接询问的权属意识的回归结果和使用间接隐性权属意识的回归结果;
*、**、*** 分别表示在 10%、5%、1% 的水平上显著;括号中数字为标准误。

下面对回归结果进行分析和总结。

第一,直接表面的宅基地权属意识不显著,隐性的宅基地权属意识对宅基地退出意愿有显著影响,农户越倾向于宅基地归个人所有,就越不愿意退出宅基地。由于虹吸效应的差异,靠近省会的农户相较于远离省会的农户而言,私人权属意识对宅基地退出意愿的影响更为强烈。造成这一现象的原因可能是靠近省会地区的宅基地潜在升值空间更大,因而相比远离省会的地区而言，农户更不愿意退出宅基地。宅基地的确权有利于提高农户的宅基地集体所有权属认识，从而对农户退出宅基地具有积极作用。但是这一影响仅仅在靠近省会的地区才显著，而根据前面的分析，宅基地的确权具有双重作用，既有通过提高农户集体认知的增强退出意愿作用，又有加强个人权属意识的拉力作用，而这两种作用在不同的地区会有差异。在远离省会的地区，由于人才和政策知识传播相对匮乏和缓慢，导致其尽管确权，但是对宅基地所有权属性认知并没有很大提高，进而对宅基地退出意愿也没有显著影响。

第二，资源禀赋变量的影响与预期基本一致，但在远离省会和靠近省会地区的表现有所差异。

① 地区村社环境。样本所在市的 GDP 对农户退出宅基地的意愿方面，在全部地区回归中有显著正向影响，表明所在市区 GDP 越高，农户越愿意退出宅基地。这可能是因为 GDP 越高的市区，其工业化产值越高，农业相对产值越低，农户对农业土地的依赖程度也就越低，因而越倾向于退出宅基地。村子的经济状况显著为正，而平方后的村子经济状况显著为负，因此村子的经济状况对宅基地的退出意愿呈现一个正"U"型的关系。这正印证了前面的理论分析，村庄经济情况最好的地区，城乡融合程度高，农民越有能力在城市安居乐业，从而更愿意退出宅基地，同时在川渝地区村庄经济情况最差的地区往往是偏远山区，农户也更加向往在条件优越的城市生活，因而其退出宅基地的意愿也很强烈。值得注意的是这种正"U"型的关系在远离省会城市的地区并不显著。可能的理由是省会中心城市存在的辐射效应，使周围城市和农村发展相对较好，而远离省会中心城市的农村经济发展相对来说比较弱。村庄的绿化情况在靠近省会的地区没有显著影响，而在全部和远离省会的地区对宅基地退出意愿有显著负面影响，即村庄的绿化情况越好，农户越愿意退出宅基地。这与一般认为的"农户会因为绿化环境好而不愿退出宅基地"不符。可能的原因是，在川渝地区，绿化环境非常好的地区多为偏远的未开发的落后山区，经济就业条件较差，农户更希望到城市去享受更好的就业、医疗和教育资源，从而更愿意退出宅基地，这也正是为什么村庄的绿化状况在远离省会地区显著，而在经济发展更好的靠近省会地区不显著的原因。

② 家庭层面特征。家庭的非农收入占比对宅基地退出具有显著正向作用，即家庭非农收入占比越高，对农业和土地的依赖程度越低，农户越愿意退出宅基地。家庭供养学生的数量大多数回归都不显著，仅在全部样本的回归2中显著为负，这也与理论预期一致，需要供给的学生子女数量变多增加了农户对宅基地保障功能的需求，从而农户更倾向于不愿意退出宅基地。家庭保险状况中，相比家庭只有农村保险保障而言，家庭只有城市保险对宅基地退出的影响显著为正，也就是说当家庭的保险类型只有城市保险保障时，其生产生活很大部分已经转移到城市，对农村农业的依赖程度很低，因而更愿意退出宅基地。

③ 个人层面情况。受访户年龄显著为正，与预期的结果相反，但是其系数却非常小，仅有0.013，因而总体而言对宅基地退出影响不大。此外我们还控制了个人的教育水平和是否为党员或干部这一认知水平，在大多数的回归中都是不显著的，只有在靠近省会的农户的回归2中显著为负，即在靠近省会的地区，是党员或干部的农民更不愿意退出宅基地。这与预期相反，党员或干部并没有因为更加了解退出宅基地的内涵和意义，从而更倾向于退出宅基地意愿。在靠近省会地区，宅基地的未来升值空间巨大，而现有宅基地退出政策的补偿机制还未考虑到土地未来发展的权益，因此代表认知水平越高的党员和干部基于自身利益的理智选择反而比普通群众更不愿意退出宅基地。

5.3.4 主要结论与政策内涵

农户宅基地的退出意愿受到农民显性权属意识、隐性权属意识和资源禀赋等因素的影响。研究发现，显性权属意识对农户宅基地退出意愿的影响不显著，隐性权属意识对农户宅基地退出意愿的影响比较显著，并且宅基地私有权属意识越强，农户越不愿意退出宅基地。而农户的资源禀赋，如所在市区的GDP、小区的经济状况、绿化状况、家庭人口特征也会对宅基地退出意愿造成影响。

从研究结论来看，要进一步落实宅基地"三权分置"政策，探索闲置宅基地有序、有偿退出的机制，需要做好以下几项工作。一是要进一步落实确权颁证，逐步实现"还权赋能"，稳步推进宅基地"三权分置"，落实宅基地"三权分置"改革，探索放活宅基地使用权和房屋所有权的实现模式，为农村闲置宅基地的有偿和有序退出奠定产权制度基础。二是要推进城乡融合发展，通过发展解决农民市民化过程中的就业和住房问题，以及公共服务和权利均等化问题，进而提高农户退出宅基地的意愿，解决好农民退出宅基地的经济补偿和各项权利保障。三是要尊重农民对宅基地的退出意愿，不搞"一刀切"，不搞强迫和诱导，允许已经在城市安居乐业的农户有序退出宅基地。四是逐步构建城乡一体的社会保障和保险制度体系，让退出宅基地的农户一定要获得可以支持自己在城市继续生存和发展的社会保障及养老保险等，防止因为失去耕地和宅基地，缺少社会保障和保险而成为"三无"人员，聚集社会风险，影响社会的和谐稳定。

第**6**章

集体建设用地入市与农地财产权的实现：以四川省泸县为例

6.1 泸县的农村集体经营性建设用地"入市"改革

6.1.1 "入市"改革的背景与概况

当前，农村的"三块地"改革是农地产权改革的重点，其中农村集体经营性建设用地"入市"是改革的难点之一，也是形成城乡统一的土地市场的重要举措。2013 年，党的十八届三中全会报告指出，新时代要建立城乡统一的建设用地市场，在符合规划和用途管制前提下，允许农村集体经营性建设用地出让、租赁、入股，实行与国有土地同等入市、同权同价，并建立合理的土地增值收益分配机制①。2014 年 12 月，中共中央、国务院印发了《关于农村土地征收、集体经营性建设用地入市、宅基地制度改革试点的意见》。2015 年 2 月，经全国人大审批，全国共 33 个区县试点的方案正式实施。各改革试验区都积极探索适宜自身发展的多种农村集体经营性建设用地入市路径，考虑到需要深化改革经验，2017 年 11 月，全国人大常委会决定，将"三块地"改革试点期限延长一年。

2015 年，四川省泸县被列入全国人大常委会授权改革的试点县之一。

---

① 中国共产党第十八届中央委员会第三次全体会议公报［EB/OL］. 新华社，2013 – 11 – 12，http：//www. xinhuanet. com//politics/2013 – 11/12/c_118113455. htm.

通过实践探索，泸县的农村集体建设用地"入市"改革实践形成了一些制度性成果。在改革和实践过程中，正在实现"同地同价"的改革目标。根据调研时泸县国土资源局的统计，截至 2018 年 7 月，入市集体经营性建设用地 198 亩，完成供地手续 68.4 亩，农户收益 1123.8 万元，集体收益 282.5 万元，政府征收调节金 157.4 万元。泸县通过完善"入市"制度，创新制度供给，联动"三块地"改革效应，确保可持续、共收益，盘活了农村集体资产，为乡村振兴提供了用地保障、资金来源，大大扩展了农村发展空间。

6.1.2 "入市"改革的制度供给

通过全国性的调研和听取相关专家意见，在结合本地实际的情况下，泸县政府相关部门形成了一系列农村集体经营性建设用地"入市"的政策，并具体规定了农村集体经营性建设用地"入市"的范围和具体途径，同时建立健全了土地市场交易制度细则和监管体系。这些政策措施和改革办法，充分考虑了农民、农民集体和国家等利益主体的权益，构建起了土地"入市"增值收益进行科学合理分配的新机制。在改革过程中，农村土地产权权能得到了充分彰显，"入市"改革唤醒了农村"沉睡"的资产，推动集体经济发展的同时，也赋予农民更多财产权利。

（1）建立农村集体经营性建设用地入市制度。第一，有序完善农村集体经营性建设用地土地利用规划和确权颁证工作。以深化农村产权制度改革为重点，夯实农村土地权能。依据泸县国土资源局 2015 年的土地调查资料数据，对泸县的农村集体经营性建设用地情况进行摸底调查。将依法取得并符合用途管制规定，被规划为工业、商业和仓储物流用地的农村集体建设用地可以纳入农村集体经营性建设用地范围，用于统筹使用、有序确权颁证、落实到地块、落实到图斑，并按宗地登记造册。现状是集体经营性建设用地，最新变更成果不是建设用地的遗留问题或符合土地利用总体规划和城乡规划的现状土地，按照"只转不征收"的原则办理相关手续，然后直接以集体经营性建设用地"入市"交易。第二，进一步确定了农村集体经营性建设用地直接"入市"参与交易的流程和交易主体等。农村集体经营性建设用地入市主体应当是拥有该土地所有权的农村集体经济组织。属镇（街道）农民集体所有的，由镇政府（街道办事处）委托经营公司作为入市实施主体；属村、社集体经济组织所有的，经村、社集体经济组织 2/3 以上成员或成员代表同意后，可由具备法人资格的合作社或委托村集体资产管理有限公司作为入市实施主体。第三，严格界定农村集体建设用地"入市"的产权边界和规模。以国有建设用地入市和有偿使用制度为参考系，借鉴和学习其合理之处，创新政策，以文件形式许可获得权限的农村集体经营性建设用地可以通过出租、转让、入股和出让等多种形式来实现其土地使用权的经济价值。入市交易后的集体经营性建设用地的使用年限与国有建设用地使用权相同。试运行期内，其出让、出租、租赁、抵押担保与国有建设用地的使用权的相关规定是一样的。同时，借鉴国有建设用地入市的做法，农村集体建设用地入市也要完成相关税费的缴纳，如需要交纳相关税费，作为支持本地基础设施和基本公共服务发展的基金。

（2）明确农村集体经营性建设用地进入土地市场交易的范围和路径。第一，探索农村集体建设用地"就地入市"的路径。对于依法取得和符合城乡发展规划的工业、矿业、仓储物流、旅游和其他农村集体经营性建设用地，且已经具备土地开发的基础设施条件的，可以直接参与入市，就地转化使用。对不规则的原宗地，如不增加用地面积，经县政府主管部门批准，可以按照规划调整使用，通过协议、招标、拍卖、挂牌等方式直接入市交易。第二，探索农村集体经营性建设用地分类调整使用模式。按照土地利用总体规划或者城乡发展规划，对于零散的集体经营性建设用地可以复垦，由县人民政府相关部门验收合格后，对复垦后的土地进行分类利用。复垦后的部分土地可以作为城市建设和发展的非公益性用地，通过协议、招标、拍卖、挂牌等方式直接入市交易。扣除土地调节金后，由复垦出建设用地指标的集体经济组织和使用建设用地指标的集体经济组织协商分配。第三，探索"城中村"集体建设用地整治和入市交易的路径。对由于历史原因形成的"城中村"的集体建设用地进行确权和整理。同时，按照政府主导、多方参与的原则，由县规划部门划定整治范围，厘清权属来源，对规划范围内各类土地统一进行整理，在保障各方或权利主体利益的前提下，拟通过"权属确认—规划引领—土地整治—综合开发"的改造新路径，探索多种权属关系下土地利用新模式，有效解决历史遗留问题。对于重新划分属于国有土地的，可按城乡规划通过协议、招标、拍卖或挂牌等方式出让土地；对重新划分属于集体土地，按城乡规划，可在有效保障城中村居（农）民住房安置等用地后，由原集体经济组织入市。

（3）建立健全"入市"交易的体系和原则，形成良好的监管制度。第一，建立入市交易的交易体系和原则。根据公开、公平和效率原则，以国有土地入市的交易原则、程序和体系为参考，探索出一套行之有效的农村集体建设用地入市交易的原则、程序和体系，逐渐形成城乡统一的土地市场。第二，建立城乡统一的土地价格评估机制。建立集体经营性建设用地的评估数据库，培育农地价值评估公司等中介组织，将农村集体经营性建设用地入市交易纳入县域地价评估体系，编制城乡统一的基准地价体系，同时发挥协商定价和集体决策定价等方式形成地价的参考值。第三，建立多方参与的土地监管和服务体系。建立和完善与农村集体经营性建设用地产权制度相关的资本管理制度和抵押贷款制度，严格执行"村财镇管"相关管理制度，强化村务公开。建立农村集体经营性建设用地入市审计等监督管理制度，探索建立社会保障机制，社会保障部门参照被征地农转非人员纳入社会保障体系政策，按照县政府批复方案，为符合安置条件的农转非人员办理养老、医疗、失业等社会保险参保缴费手续。积极探索以产权融资、农民自筹、社会资金参与等市场化运作和财政扶持相结合的资金筹措机制。健全农村金融市场体系，金融部门按照同等入市、同权同价的要求，提供集体经营性建设用地抵押贷款服务。对依法依规取得的且符合城乡规划的集体经营性建设用地，县政府相关职能部门可以办理使用许可证等。第四，建立和完善农村集体土地资产的处置决策程序等。农村集体所有制下，原则上讲农村集体土地属于农民集体所有，农村集体建设用地的处置等应该充分发挥农民的积极性和自主性，按照入市交易原则和乡村治理相结合的原则，探索科学和民主的集体土地资产处置程序，逐步探索形成了"宣传动员—征求意见—形成方案—民主决议—公示监督"的土地资产处置的完整流程。值得注意的是，农村集体土地资产的处置，必须要发挥农民的自主性，探索民主决策程序，如按照相关规定农村集体土地资产处置事宜须经2/3以上成员（代表）同意才能生效。这是将市场化原则与民主集中制原则有效结合的有益探索。

（4）建立健全兼顾国家、农民集体和农民个体的土地增值收益分配机制。第一，合理确定入市交易后获得土地增值收益的分配机制，传统兼顾三个主要主体的利益，即农民、村集体和国家的利益。通过实践，组建农村集体经营性建设用地入市调节资金，由县政府确定调节基金的征收比例，基金的用途主要是用来建设和完善农村基础设施，以及保护耕地等。第二，健全农民集体与农民个体之间的土地增值收益分配机制。农村集体通过收取合理的管理费等获得一定的公益基金，主要体现入市交易土地的农民集体所有的经济价值，同时土地入市收益的主体部分在农民集体内部进行合理分配或者在集体内部暂时留存，用作积累等。第三，建立健全入市土地增值收益在农民集体内部的分配和使用机制。探索制定土地增值收益分配和管理使用指导意见，探索将集体留用地或留物业等方式形成的资产，通过土地股份合作等形式，让农民长期分享土地增值收益。

6.1.3 "入市"的改革路径

1. 以"所有权人"为主体，公开公平入市

集体经营性建设用地入市，允许以集体经济组织为主体，以集体资产经验管理股份合作社为实施主体，以县级公共资源交易中心为平台，与国有土地同地同权、同等入市，公开竞价出让，同时，建立入市地块成本核算制度，由集体经济组织参照同区域、同用途国有土地基准地价，经过评估、"一事一议"的方式，民主议定入市地块起始价。

2. 以"扩权赋能"为基础，据实分类入市

对符合规划的地块，按照宜工则工、宜商则商的原则，明确用途，就地入市；对于零星分布的，按照"等量置换"原则，经过整治腾挪，异地调整入市。对于不符合规划，现状是集体经营性建设用地的，采取规划调整与立案查处相结合的办法，完善手续，全面入市。对于节余建设用地指标的，经审批可转化为集体经营性建设用地入市。

3. 以"收益共享"为原则，保障多方共赢

建立入市增值收益村、组及成员分配制度，村级按照入市成交价款提取 10% 的发展调转金，集体经济组织成员通过民主决策，自主分配土地净收益；政府根据用地性质，计提 20%~30% 的土地增值收益调节金。第一，量化增值收益。对于入市地块，按宗地核算，在出让总收益减去总成本后，计算出增值收益，试点中，亩均土地增值收益在 6 万元左右。第二，增值收益分配。根据土地用途，县政府增收 20%~50% 的调节金（含税费），村级提取 10% 的调转金，剩余部分归集体经济组织及成员，确保所有人利益。

（1）政府收益。入市土地用途属于工矿仓储用地的，调节金按以下比例征收：亩均增值收益小于 5 万元的，按照增值收益的 20% 计算；亩均收益大于 5 万元的，按照增值收益的 30% 计算。入市土地用途属于商服、旅游用地的，调节金按照以下比例征收，亩均增值收益小于 10 万元的，按照增值收益的 30% 计提；亩均增值收益位于 10 万~30 万元范围内的，按照增值收益的 40% 计提；亩均增值收益大于 30 万元的，按照增值收益的 50% 计提。

（2）集体收益。村委会按照土地增值收益的 10% 收取调剂金。

（3）个人收益。除土地补偿费、安置补助费、地上附着物、青苗补助费等费用外，村民进行土地收益现金分配原则上不超过净收益的 30%，剩余收益部分作为全体村民股金调剂使用。

6.1.4 主要启示

1. "入市"改革初步成效

（1）盘活农村集体资产。通过就地入市、异地入市、全面入市等多种方式全面激活农村土地资产，成为农民增收的"活源头"，同时突出项目带动，促进当地农村集体经济发展，项目引进可增强县级政府税收财政，夯实县域发展后劲。

（2）实现同价同权。在同地、同权和同价的原则下，兼顾国家、农民

集体、农民的个人利益，由集体经济组织参照同区域、同用途国有土地基准地价，民主议定入市地块起始价，实现同权同价，保障农民利益。

（3）规范收益分配，共享改革成果。收益分配机制中，根据土地用途，县政府增收20%~50%的调节金（含税费），村级提取10%的调转金，剩余部分归集体经济组织及成员，确保所有人利益。

（4）发挥"三块地"改革的联动效应。将宅基地"三权分置"改革与"宅改"腾退"入市"指标、"入市"盘活"存量"资产、"征收"获得"入市"补充的"三块地"改革联动起来，以"改革统筹"保障发展用地。

2. "入市"改革的启示

泸县集体经营性建设用地入市，充分发挥集体经济组织的主体作用，将土地整治与入市指标结合，经过土地整治转变为活的资产，并通过租赁、流转和有偿获取收益，增加了集体经济收入，破解了"空壳村"难题。若不能实现集体经营性建设用地入市，这些闲置的建设用地指标只能通过"增减挂钩"腾挪到城镇周边使用，并且只能通过征地的方式落地。但是，通过农村集体经营性建设用地的入市交易，可以盘活新增的用地指标，指标的落地并不以征地的扩大为前提。事实上，"增减挂钩"和"指标交易"已经成为盘活农村集体建设用地的有效途径，也是其入市交易的重要途径。

综合来看，泸县集体建设用地入市改革取得的成效显著，但是在利益分配机制、价格机制、配套改革方面还存在改进的空间。第一，平衡地方政府、集体经济组织、农民在入市流转分配中的利益关系。由于缺乏土地入市增值收益分配的客观标准，以及增值收益分配机制的不健全，导致集体经营性建设用地入市交易的增值收益在国家、农民集体和农民之间不能公平共享，尤其是集体成员土地收益分配方式过于单一，难以保障农民持续增收，农民潜在利益受损。第二，形成有效的价格机制。集体经营性建设用地入市通过基准价参考体系或集体决策方式确定交易基准地价，并由流转双方参照土地整理或拆迁安置成本、政府流转指导价等来协商确定交易价格，很难准确反映土地市场的供需情况，也很难实现资源的有效配置。由于没有形成充分竞争的农村集体经营性建设用地入市交易市场，挂牌交易多流于形式，价格不能充分体现资源的稀缺性。第三，配套改革还需进一步完善。集体经营性建设用地入市之前，要统一城乡发展规划，完善和优化农村整体规划和各项规划目标，做到"多规合一"，避免重复规划和建设。探索集体经营性建设用地融资的多种支持方式，通过政府风险分担机制、完善农村金融改革、信用制度建设等解决抵押融资困难。

6.2 泸县宅基地"入市"改革

　　农村存在的大量闲置宅基地不仅造成了土地资源的浪费，也加剧了城市建设用地的紧缺。为了解决闲置宅基地造成的"双增"难题和实现乡村振兴，习近平总书记也多次提出要逐渐拓宽宅基地入市改革的试点地区。①从现有试点中汲取成熟的闲置宅基地治理经验，对改革的深化推广具有重要意义。四川省泸县于2015年3月被列入全国农村土地制度改革试点县，经过三年的改革，已腾退闲置宅基地1万亩，并发展出宅基地跨区有偿取得、宅基地腾退指标入市、宅基地使用权换取房屋居住权、共建共享即产权分割等多样化创新型做法。2018年的中央一号文件首次提出宅基地"三权分置"之前，四川省泸县已经开始了宅基地"三权分置"的试点改革。2018年，泸县抓住全国人大常委会和国务院在全国范围内的宅基地"三权分置"改革的试点机会，陆续出台宅基地"三权分置"改革的相关文件，重点是落实宅基地所有权，保障宅基地使用权和房屋所有权，灵活和适度放活宅基地使用权和房屋使用权等。"三权分置"改革为闲置宅基地改革提供了多样化治理的空间，但是在实践操作和法律问题中也出现了诸多新的困境。本节就是从"三权分置"的角度出发，基于泸县这一改革试点的调研实践，对闲置宅基地多样化治理的创新与困境进行分析。

　　近十年来，宅基地退出制度的缺失和闲置宅基地治理问题已经引起了

──────────

① 习近平主持召开十九届中央全面深化改革领导小组第一次会议 ［J］. 改革与开放，2017 （23）：161 – 162.

学术界的关注，学者们从城市化发展、新生代农民工市民化、乡村治理等
角度分析了建立完善宅基地退出制度的必要性。但是现有文献多是关注某
一治理方式，宅基地治理方式尚无统一的分类，关于不同治理方式间的区
别和困境的研究总结也较少。2018 年中央一号文件指出，要进行宅基地
"三权分置"改革，重点是放活宅基地使用权和实现农民房屋的所有权。①
"三权分置"改革中，宅基地治理的方式更为多样，但由此也产生了一系
列实际操作中的法律难题。在新的宅基地"三权分置"改革中，宅基地的
权利被细化，宅基地的治理方式也发生了相应变化。新产生的宅基地治理
方式有哪些？又在实际操作和法律上遇到了哪些难题？这些问题的科学回
答，是在"三权分置"新的改革环境下制定闲置宅基地治理政策的重要
依据。

6.2.1　泸县宅基地的基本情况

截至 2018 年 7 月调研时，泸县现有宅基地 26.9 万宗，面积 24.3 万
亩；闲置宅基地（包括闲置农房）3.6 万宗，面积 3.2 万亩。在改革之初，
宅基地管理沉积了不少遗留问题：由于历史政策及家庭成员变化等原因，
造成户与户之间、人与人之间静态占有宅基地面积的差异较大；由于继
承、赠与等原因，造成部分人员对农房拥有合法所有权，但对宅基地没有
合法使用权；由于城镇化挤占农村建设用地指标，宅基地与基本农田插
花式分布，以及执法弱化等原因，造成农村违建现象普遍；由于宅基地
权能局限于农民安居，难以显化其财产性价值，导致宅基地出现闲而不
退的现象。

2015 年 3 月以来，泸县在中央部委和省、市党委政府的关心支持下，
统筹推进农村土地制度改革三项试点，并成为全国人大常委会和国务院授
权的 33 个宅基地入市改革试点之一。泸县抓住改革的机遇，大胆创新，谨
防风险，取得了丰富的成果。尤其是在宅基地"三权分置"下，其闲置宅
基地的治理方式多样，效果显著。

---

① 2018 年中央一号文件公布全面部署实施乡村振兴战略 [J]. 源流，2018（3）：6-7.

6.2.2 "做实"宅基地所有权实现模式的创新

改革开放以来,我国农村一直坚持农村土地的集体所有制,它是与特定的经济社会发展阶段相互适应的,在一定时期促进了农村生产力的发展,但是也存在着所有权主体虚化、弱化的问题。[①] 宅基地作为农村土地的一种类型,其虚化主要表现为农村集体没有正式的法律主体地位,而仅仅是特定身份的农民集合体,在实践中乡镇政府和基层行政组织常常成为土地所有权的代理人,代理人凭借信息优势可能侵犯所有权人的合法权利;其弱化则体现为宅基地所有权中缺乏完整的处分权,其权限范围一般在农民集体内部,最终控制权在国家手中,这与所有权虚化有一定关系,也与国家在农地产权制度上的安排有关。宅基地所有权的弱化和虚化带来一些新的问题,例如宅基地的实际控制权掌握在村委会和乡镇地方政府手中,在征地和拆迁中,可能为了自身利益损害农民的土地财产权权益。如何"做实"宅基地所有权主体,泸县在改革中的第一步就是建机构,以行政村和自然村为单位,建立村民议事会、土地管理委员会、土地股份合作社和居民纠纷调解委员会等自治组织,依法、民主管理农用地、宅基地和集体经营性建设用地。为了进一步落实宅基地的所有权主体,赋予农民集体较多的权利,通过组建农村集体经济组织落实所有权主体。农村集体经济组织可以承担宅基地退出、补偿、奖励、腾退等的权利实施主体。在放活宅基地使用权过程中,凡是涉及共建共享、转让等超过一年时间的宅基地使用权流转等,都由行使所有权的主体——农村集体经济组织进行负责。在具体的管理过程中,农村集体经济组织还按照一定的比例收取管理费或转让金。对节余的建设用地指标,所有权人可以依法用于村集体经济发展。泸县通过明确宅基地所有权主体,对闲置宅基地的情况进行了细致的摸底调查,调动了农民当家作主的积极性。通过建立城乡统一的户籍制度登记平台和宅基地情况登记台账,截至调研时,已经完成 25.4 万宗宅基

---

① 韩文龙,谢璐. 宅基地"三权分置"的权能困境与实现 [J]. 农业经济问题,2018 (5): 60–69.

地的确权和领证工作，并在证书上注明违法占用情况、闲置状况，为闲置宅基地的治理提供了基础数据。泸县国土资源局在整理各个村镇数据后，还利用调查数据进行信息整合，测定每个村和组的宅基地保有量，统计使用权情况，落实管理和监督责任，确保总量不增加、底线有保障。泸县封顶固化集体建设用地面积 24.6 万亩（含 0.3 万亩集体经营性建设用地），落实底线保障面积 10.5 万亩。

尽管泸县在"做实"宅基地所有权主体上做出了积极的探索，但是并没有完全做到唯一化所有权主体，而是在闲置宅基地改革的实践过程中，将部分能够施行和有争议的权利赋予了集体经济组织。也有些集体经济组织不便施行，或原有主体一直在施行的权能并没有被迁移到集体经济组织，如在农村宅基地资格权的认定主体上，则仍然由原来的各村民小组、行政村和农村居民小组、农村社区担当。进一步"做实"宅基地所有权可能需要通过立法或修改法律等方式，给予所有权主体人格化的权利和义务，在法律层面和政治层面上给予进一步支持。

6.2.3 "规范"宅基地资格权实现模式的创新

宅基地资格权属于农民集体成员权基础上派生出的一种社会保障权和发展权，这种权利是国家通过法律法规赋予农民的。[①] 现行法律规定，具有农民集体成员权的农户可以通过申请等方式获得宅基地，坚持一户一宅原则，宅基地不得买卖、转租和赠与等。在实践中目前多以是否为本村户口来确认是否拥有该农民集体的宅基地资格权。

在泸县的宅基地资格权确认过程中，农民以"户籍成员"为标准获得本集体的宅基地资格权。具体来说，有三种取得方式：一是原始取得，出生人员父母一方或双方是本集体经济组织在籍农村户口成员，随其登记户口后，即取得宅基地资格权；二是加入取得，因婚姻且迁入结婚对象农村户口的、因收养办理合法手续且依法登记或迁入其农村户口的、因国家重

---

① 韩文龙，谢璐. 宅基地"三权分置"的权能困境与实现 [J]. 农业经济问题，2018 (5)：60－69.

大工程或政策移民且重新分配获得土地的，即取得宅基地资格权；三是特殊取得，在集体经济组织没有农村户籍，但长期生活居住于本集体经济组织，且在城镇和农村没有任何独有或共有住房产权的人员，可以取得有限宅基地资格权。从中可以看出宅基地资格权的取得除了国家重大工程和移民外，其余均是以户籍来确定完全资格权的取得。

对于特殊成员保留其资格权，泸县也对此做了统一规范。一是集体经济组织成员在外出务工、服兵役、就学（国民教育）、劳教、服刑等非永久性离开期间，保留宅基地资格权。二是集体经济组织成员进城镇安居，户口仍在原籍的，保留宅基地资格权。三是集体经济组织成员婚姻嫁娶或者离婚，没有迁走户口的，保留宅基地资格权。四是集体经济组织成员有偿退出原有宅基地但未承诺放弃宅基地使用权且未获得放弃宅基地使用权补偿的，保留有限宅基地资格权，并报镇级人民政府和县国土资源局备案。五是因就地城镇化建立农村社区及就地农转非人员，保留有限宅基地资格权，并报镇级人民政府和县国土资源局备案。

宅基地资格权随着集体成员的消减可以终止。一是集体经济组织成员自死亡之日起，宅基地资格权自然终止。二是集体经济组织成员自取得城镇户口之日起，终止其宅基地资格权。三是集体经济组织成员自户口迁出泸县之日起，终止其在县内的宅基地资格权。四是集体经济组织成员户口在泸县集体经济组织之间迁移的，自户口迁出之日起，终止迁出地宅基地资格权；自户口迁出后入户之日起，在迁入地获得宅基地资格权。

同时泸县也在尝试宅基地资格权的有偿退出，这也意味着永久性退出闲置宅基地。在实际操作中，是在补偿宅基地上房屋价值后，一次性给予每人9000元的货币补偿。但也有学者认为宅基地是无偿分配给农户的，农户在放弃宅基地资格权的时候，不应当给予补偿。但此时给予每人9000元实际上是一种政策激励或者农民进城的补贴。据泸县国土资源局相关人员称，在退出宅基地的农户中，仅有不到20%的农户选择放弃宅基地资格权，他们大多有较好的经济实力并在城市拥有住房。不过在改革过程中，发现放弃宅基地资格权存在契约效力和法律效力上的冲突。具体来讲，当农户放弃宅基地资格权时，相当于存在一个放弃资格权的契约，契约的一方是农民，另一方则为村集体。但是此时该农民在户口上依然为本村集体的一员，按照法律仍然享有向村集体申请宅基地的权利，这样就会出现契约和法律上的冲突。此外该农民的子孙后代是否有宅基地资格权也极具争议，如果承认其后人拥有宅基地资格权，则有可能导致机会主义的发生。因而在宅基地资格权的退出上，泸县目前采取的政策是，放弃宅基地资格权后，农民需要进城转为城市户口，并且购买了城市的医疗、养老保险后，才会给予每人 9000 元的货币补偿。这样做虽然规避了契约和法律效力上的冲突，但是无疑在宅基地资格权的退出上增加了门槛，阻碍了宅基地资格权财产性权利的实现。要破解宅基地资格权有偿退出上遇到的此类难题，需要从法律层面上，对自愿有偿退出宅基地的契约予以支持承认，原有的宅基地资格权取得的相关法律也需要做出修改，排除各种特殊因素，从而避免契约与法律间的冲突。

6.2.4 "放活"闲置宅基地使用权实现模式的创新

按照现行法律的规定，宅基地的流转、置换和继承等只能在农民集体内部进行。随着工业化和城市化的发展，农民进城务工和就业后出现了宅基地荒废等问题。如何进一步盘活闲置宅基地，解决好土地利用矛盾，为乡村振兴提供土地资源，提高土地资源的配置效率和利用效率，增加农村的土地财产性收益，成为重要的实践问题。泸县有六种放活闲置宅基地使用权的治理模式：集体建设用地入市模式、共建共享模式、置产经营模式、抵押融资模式、房地置换强脱贫模式和超占宅基地有偿使用模式。

1. 集体建设用地入市模式

泸县通过"保权腾退"闲置宅基地，不断挖掘闲置宅基地资源价值。农民市民化过程中，如果农村居民在城市里有住所，其承诺放弃宅基地使用权，农村集体经济组织给予他一定的补偿，补偿的内容包括宅基地退出补偿、房屋价值补偿。但是，仍然会保留该农户的宅基地资格权。退出的宅基地，经过整理和复垦后，经县级主管部门验收合格，该宅基地指标转变为建设用地指标。这些建设用地指标，可以留作农村集体发展集体经济和公益性事业使用，也可以将节约指标在土地市场上公开交易。如果能够在土地市场上成交，则可以将指标流转出去。如果市场交易不成功，县政府的土地管理部门可以将其以保底价收购，纳入土地储备范围，留作后续交易。当然，退出宅基地入市交易的前提是必须符合发展规划、获得合理退出补偿、通过行政审批等严格的程序。目前已在天兴镇田坝村、玉蟾街道办山河社区等地取得成果。这一实践模式的实质是允许将闲置宅基地腾退复垦为建设用地指标，允许建设用地指标跨区交易，允许建设用地指标转化为经营性建设用地，其实施主体为集体经济组织，尚不允许农户自行入市。

集体建设用地入市为乡村发展和振兴提供了充足的资金，其中很大一部分是用于村中心集体安置房的建设，为了避免"农民被上楼"，退出现有宅基地使用权和选择是否在村中心安置区购房都是完全依照农民的意愿进行的。但值得注意的是，由于农户受到超占宅基地需缴纳使用费，退出有奖同时改善住房的激励，在实践中多会选择退出全部宅基地使用权。此种情况下，所有农民按照统一标准获得补偿。如果想要居住在村中心的安置房则需要按照每平方米 1400～1500 元的价格购买。为了鼓励农户集中安置，安置房占用的宅基地不收取使用费，但是如果不是购买安置房，退出宅基地使用权后想要自己再重新建房则需要重新申请，并缴纳申请面积的宅基地使用费。从这个过程中，我们也可以看出，尽管泸县尝试了集体建设用地入市，但农民获得的利益仅仅是使用权退出的固定金额，还没有能够真正参与其中，享受到同价同权的市场收益。进一步深化集体建设用地入市，应该更加注重农民的主人翁地位，可以考虑让农民以其退出的闲置宅基地入股集体建设用地，真正分享到土地的发展权益。

2. 共建共享模式

泸县允许农户以合法宅基地使用权，以多种形式与工商业资本拥有者等第三方展开合作，通过平等协商、农村经济组织的有效鉴别、村委会的备案许可、附带协议和方案报经镇级人民政府审批，县级主管部门备案，共建共享居住、商住和经营性用房。建成后，采取分割登记方式确权登记发证，注明宅基地所有权人、资格权人、使用权人，并将农民分摊住房确权为宅基地使用权，将农民经营性用房和出资方分摊房屋确权为一定年限的集体建设用地使用权。通过共建共享，使得无力自我改善生活住宿条件却拥有较大宅基地使用权的农民获得了借力改善的机会，目前试点中已有5 户在泸县谭坝村成功实践。这一实践模式的实质是允许农户将宅基地使用权有条件、有年限地转让，转让期满后，分割的集体建设用地使用权仍归还给农户。

3. 置产经营模式

泸县允许一户或多户，在住有所居的前提下，自愿退出原有闲置宅基地且经县、镇（街道）验收后，农户再经自我或联合申报、村委会同意、镇级人民政府审批，以合法宅基地面积的建设用地指标，按照用途管制要求异地布局，转变宅基地性质，自主联合发展除房地产、别墅大院、私人会所开发等禁止性项目之外的产业；也允许农户以腾退的闲置宅基地使用权以入股、联营方式，自主招引业主经营。泸县目前已在北部田园综合康养小区实践了这一模式，以产业扶贫资金、农户宅基地腾退指标入股联营，落地开发康养小区项目。这一模式通过宅基地使用权的入股、自建、联营方式创办产业，既为农村新产业、新业态提供用地保障，也扩展了乡村振兴的发展空间。

4. 抵押融资模式

泸县建立农房抵押融资机制，协调农行、农商行等商业银行等金融机构一起创新金融产品，探索宅基地使用权和住房所有权的双抵押模式，同时市政府和县政府共注入资本 1000 万元成立了风险补偿基金，用于化解宅基地抵押贷款可能聚集的风险。试点中，农民共获得农房抵押贷款 1600 万元。这一实践模式的实质是承认了宅基地使用权的财产性价值，同时加重担保人责任，必须保证贷款农户住有所居，确保抵押物依法执行，有效、安全地帮助农户解决生产、生活中的燃眉之急。

5. 房地置换强脱贫模式

针对贫困户，由镇、村主导，以腾退的宅基地建设用地指标交易资金统筹建安康公寓、全面配套基础设施和特色经作园区，尊重贫困户意愿，再腾退原宅后，给予贫困户房屋残值补偿，贫困户以宅基地使用权置换房屋居住权，拎包长期入住，产权归属村集体经济组织，同时保留其宅基地资格权，贫困户随时可以申请退出安康公寓另行选址自建。试点中，已有882户2087人腾退原宅，置换到安康公寓安居。这一实践模式允许农户以宅基地使用权置换房屋居住权，为解决农村"三无"老人养老等问题，提供了成功的经验和案例。

6. 超占宅基地有偿使用模式

宅基地有偿使用是指农村村民初次分配依法取得的宅基地面积无偿使用，节约奖励，超出规定面积的，在农村集体经济组织主导下有偿使用，通过有偿使用逐步解决因历史原因形成的宅基地超标准占用、闲置浪费等问题，促进宅基地有序退出。泸县具体实施措施如下：首先申请宅基地使用面积按每人30平方米，另附属设施用地按每人20平方米的标准（3人以下的户按3人计算，4人的户按4人计算，5人以上的户按5人计算）审批，初次分配无偿使用，对超出规定面积的部分，超占面积按每年每平方米5～20元的标准收取，具体收费标准由村民自治决定。例如，天兴镇田坝村利用村民自治组织等商定了宅基地超占的处罚标准和宅基地节约的建立标准。宅基地超占一般按照5元、7元、10元的累进标准进行。宅基地节约一般按照50元/平方米的标准进行奖励。农户可以按年度缴纳，每年在当年12月底前主动向本集体经济组织交费的优惠5%，逾期不交的，每日加收1‰的滞纳金，当年退出宅基地的，不收取本年度的有偿使用费。农户也可以按时间段交纳，5年期一次性交纳的优惠10%，10年期一次性交纳的优惠15%，20年期一次性交纳的优惠20%。农户还可以选择一次性交纳，一次性交纳的按70年收取，优惠30%，中途申请退出宅基地的，按未使用年限退回有偿使用费。通过超占宅基地有偿使用模式，新增农村建房超占现象基本得到了遏制。但同时也发现在实践操作中，宅基地有偿使用费存在农户不愿交、集体组织难收取的困境，如天兴镇田坝村本应收取44户的有偿使用费，但目前只有11户交纳。推进宅基地有偿使用，需要进一步加大政策宣传，引导农民增强对政策的认可。

6.2.5　实践中的困境与出路的进一步思考

农村宅基地"三权分置"改革中，通过"确权颁证"和"还权赋能"，可以较好地实现农民对宅基地的使用权和房屋的所有权等多项权能，有利于保障农民的土地财产权和增加其财产性收益。[①] 泸县在宅基地"三权分置"改革中，积极推进宅基地的确权颁证，形成了以集体建设用地证书为基础，房屋不动产证书为辅助的多样化颁证格局。在不动产证的办理中也存在着城市居民继承老宅时是否需要缴纳宅基地使用费上的困境。

所有农户只要有宅基地全部颁发集体建设用地证书，覆盖率达到98%，值得注意的是，共建共享中，农户和外来人员均是颁发集体建设用地证。为了区分，泸县的做法是具有资格权的农户的集体建设用地证书上没有使用期限，而共建共享的非本村农户则有使用期限，使用到期后，需要再缴纳使用费。

宅基地上的房屋颁发的是不动产证。该证书需要农户自己主动申请。根据现行的法律规定，宅基地上的房屋建筑归农民私有，因而即使是城市户口的居民也可以通过继承、被赠与的方式获得宅基地上房屋的所有权。但是该城市居民在使用获得的房屋时，也是在使用房屋下的宅基地使用权，是否应该为此承担费用？针对此，泸县改革人员内部也存在两种不同的观点。一种观点认为宅基地使用权是独立于房屋所有权的，城市居民不是本村村民，没有宅基地资格权，如果想要使用房屋应当支付房屋下宅基地的使用费。另一种观点则认为地随房走的思想根深蒂固，使用自己合法获得的房屋却要缴纳宅基地使用费是不能够被民众接受的。而根据泸县国土资源局相关人员的反馈，在收取合法获得房屋的宅基地使用费的实际操作上，基本上是不可能做到的。泸县虽然正在出台相关宅基地使用费的具体政策，但政策的推行却举步维艰。但是，如果获得房屋所有权的居民想要办理不动产证，此时则可以在办证的时候征收宅基地使用费，或者当房

---

① 吴郁玲，石汇，王梅，冯忠垒. 农村异质性资源禀赋、宅基地使用权确权与农户宅基地流转：理论与来自湖北省的经验 [J]. 中国农村经济，2018 (5)：52 – 67.

屋用于出租或其他非自用目的时，都需要交纳宅基地使用费。这两种宅基地使用费的缴纳都是从实际上好操作的角度出发，缺乏法理基础，不利于进城市民化的农民通过继承老宅实现财产权利。

闲置宅基地改革的实践探索出了提高宅基地使用效率的新途径。在宅基地"三权分置"改革背景下，闲置宅基地的权利被细化，闲置宅基地的治理方式也变得更为多样。改革试点泸县，通过"做实"宅基地所有权、"规范"宅基地资格权和"放活"闲置宅基地使用权等一系列的创新模式取得了显著成果。但在实践过程中也存在着"放弃宅基地资格权的契约效力和法律效力上冲突""农户在集体建设用地入市未能真正享受土地市场发展权益""超占宅基地使用费难以收取"等新出现的困境和问题。

解决这些问题，一是需要从法律上进一步明确宅基地所有权、资格权和使用权的权能边界和内涵，并以确权颁证的形式给予法律化。二是需要在新《土地管理法》基础上，进一步放活宅基地使用权，探索空闲宅基地入市交易和有偿退出机制。三是要进一步严格宅基地的审批和监管，落实一户一宅制度，防止宅基地超占和多占。四是要允许和鼓励农户家庭利用宅基地进行创新创业，将宅基地的经济价值进一步释放出来。

第7章

林地"三权分置"
与农地财产权的实现

农地"三权分置"是解决我国农村土地产权问题，实现农业现代化和实施乡村振兴战略的重要抓手。当前，农村土地"三权分置"改革主要涉及"四块地"问题，即承包地的"三权分置"改革、集体建设性用地的直接入市交易和增值收益分配、宅基地"三权分置"理论和实践探索，以及集体林地"三权分置"改革。从总体上来看，农村承包地、宅基地等产权改革问题已经进行了一些探索；反之，林地产权改革滞后与市场经济快速发展之间的矛盾日益凸显，急需出台相应的改革措施。[①] 2018 年 4 月，国家林业和草原局提出中国将探索建立集体林地"三权分置"的运行机制，拉开了集体林地"三权分置"改革的序幕。

林地"三权分置"改革在理论上和实践中仍然存在一些问题亟待解决。一是在当前的林地"三权分置"改革中，需厘清三权关系，即所有权、承包权、经营权的边界怎样确定以及如何归属明晰；二是林地"三权分置"改革的主要目的是放活经营权，创新多种模式的林地流转机制，但目前对于林地经营模式的探索缺乏动力并且创新性不足，应该采取怎样的实现机制落实所有权、稳定承包权以及放活经营权尚不明晰。本章旨在前人的研究基础上，通过对林地产权改革历程的梳理，深入剖析林地"三权分置"的内涵，并分析目前改革成功的案例，探索和总结合适的中国林地

---

① 郑风田，阮荣平，孔祥智. 南方集体林区林权制度改革回顾与分析 [J]. 中国人口·资源与环境，2009，19（1）：25–32.

产权制度改革的经验，以期为中国的林地"三权分置"改革提供理论借鉴。

7.1 林地产权制度改革的历程

林地产权制度改革是农村土地产权制度改革的重要组成部分。自 1949 年新中国成立前后至今，我国林地产权制度经历了多次变迁，大致可以分为五个阶段。在这五个阶段，林地的运行模式、产权制度和经济绩效等都是有差别的。

第一阶段，新中国成立前后（1947～1952 年）。首先，运行模式方面。1947 年，中国共产党全国土地会议上通过了《中国土地法大纲》，彻底实施土地改革，施行耕者有其田的土地制度。[①] 在之后的 1950 年 6 月 30 日，《中华人民共和国土地改革法》规定国家没收地主的土地、林地分配给农民，农民进行自主经营。[②] 其次，在产权方面。这一时期，林地属于农民的私有财产，农民拥有林木和林地的所有权、使用权、经营权、收益权。最后，绩效方面。在新中国成立之前的土改制度更多是激发劳动人民的革命热情，保证人民解放战争的胜利；新中国成立后的土改措施大大解放了生产力，使我国在政治、经济上取得了空前的进步。

第二阶段，人民公社化时期（1953～1977 年）。首先，从运行模式上来看，林权改革经历了林业互助组—初级社—高级社—人民公社四个模式阶段。其次，产权也发生了根本性变化，最初林业互助组时林权是林农私有，拥有完整的林地产权；再到初级社、高级社，农民的私有林权发生了变化，此时所有权与使用权发生了分离；最后在人民公社时期，所有的山林林权都属于人民公社所有，实行统一经营。农民的私有林权在这个时期被完全废除，从此集体成为林权的唯一主体。最后，绩效方面。这一阶段的林权

---

① 杜敬. 关于"五四指示"和《中国土地法大纲》的几个问题 [J]. 天津社会科学，1985（3）：20－24，85.

② 郑有贵. 土地改革是一场伟大的历史性变革——纪念《中华人民共和国土地改革法》颁布 50 周年 [J]. 当代中国史研究，2000（5）：6－16.

改革在一定程度上挖掘了林地的潜在价值,有利于当时经济社会的发展。

第三阶段,林业"三定"时期(1978～1990年)。首先,运行模式方面。1981年颁布的《中共中央 国务院关于保护森林发展林业若干问题的决定》规定了"稳定山权林权、划定自留山和确定林业生产责任制"为主要内容的林业改革举措,① 拉开了林地承包责任制的序幕。其次,产权方面。在这一阶段林地产权分为所有权与承包经营权,所有权归集体所有,承包经营权属于承包户。最后,绩效方面,这种林地承包责任制的林地运行模式,很好地解决了当时林农生产积极性疲乏、林地价值固化的困境,极大地提高了林农的生产积极性,深入挖掘了林地潜在价值。

第四阶段,林权制度的改革时期(1991～2017年)。首先,运行模式方面。近年来随着农村生产力的大量过剩,导致农村林地大规模撂荒,在这一时期国家出台了诸多政策举措,从1995年颁布的《林业经济体制改革总体纲要》,到2017年中央一号文件再到2018年中央一号文件,②③ 旨在加快林地使用权的流转,提升经营水平。其次,产权方面。在此阶段,林地的使用权属于集体,林农拥有非完整的承包经营权,林地的使用权属于经营主体。最后,绩效方面。这一时期的林权改革协调了我国生产力和生产关系,促进了林地流转,极大地盘活了林地资源,同时也为我国经济快速发展起到了推动作用。

第五阶段,林地产权改革进入"三权分置"时代(自2018年起)。首先,运行模式方面。在2018年4月,国家林业和草原局提出中国将探索建立集体林地"三权分置"的运行机制,宣告我国林权改革进入"三权分置"新的阶段。在此阶段林地产权划分为林地所有权、承包权和经营权,以放活经营权为核心开展多种林地经营模式,如家庭林场、股份合作社、林地共营制等。其次,产权方面。这一时期将承包经营权进一步细分为承包权与经营权,在所有权仍属于集体的前提下,承包户拥有承包权,新型

---

① 中共中央、国务院关于保护森林发展林业若干问题的决定 [J]. 云南林业,1981(1):1-5.
② 中共中央、国务院关于深入推进农业供给侧结构性改革加快培育农业农村发展新动能的若干意见 [N]. 人民日报,2017-02-05.
③ 中共中央 国务院关于实施乡村振兴战略的意见 [N]. 人民日报,2018-02-05.

经营主体持有林地经营权。最后，绩效方面。林地"三权分置"打破林地资源固化并释放了其潜在价值，一方面产生了积极的经济效应，加快了我国经济的发展；另一方面为缩小我国城乡贫富差距、全面建成小康社会提供了动力。

审视我国林地产权制度变迁的内容，究其本质就是当林地产权领域的生产力与生产关系不适应，从而阻碍了该领域经济发展时，从产权制度范畴调整生产关系以适应生产力是解决问题的根本途径。随着农地"三权分置"不断深化推进，作为农地重要组成部分的林地也开始探索"三权分置"改革，这有利于充分提高林地利用率，挖掘其潜在经济价值。

7.2 林地"三权分置"的内涵及面临的困境

7.2.1 林地"三权分置"的内涵

林地"三权分置"是在农地"三权分置"的背景下，为解决林地困境而进行的探索和尝试。林地"三权分置"的目的主要是在落实林地所有权、稳定承包权的前提下，放活林地的经营权。

首先，落实所有权。林地的所有权经历了从私有到公有的转变，落实林地所有权为农村集体所有，是实行农村基本经营制度的"魂"。在"三定"时期，落实所有权是家庭承包经营权的基础，如今在实施林地"三权分置"的改革中，林地集体所有权的基础地位是毫不动摇的。落实所有权主要是从解决所有权主体多元化以及权属划分模糊两个方面入手。一方面，相关的法律规定村民小组农民集体、村农民集体以及乡镇农民集体都是林地所有权的权利主体。林地所有权主体的多元化，导致了在林地流转过程中操作的不便与纠纷，阻塞了林地的流转，落实所有权在某种程度上来看，就是落实林地所有权的权利主体，权利主体的"多元划一"将是林地"三权分置"改革的重要环节。另一方面，在我国市场经济高速发展的背景下，明晰的产权无疑是推动市场经济向前的主要动力，而林地权属划分的模糊性将是阻碍林地流转的"绊脚石"，故需要加快明晰林地流转市场的产权与权利主体，以达到加快林地流转、提高流转效率的目的。林地所有权是一项权利束，主要包括对林地的占有、使用、收益以及处分等权利。在林地流转的过程中有可能由于产权的不明晰导致流转迟缓或流转纠纷的产生。同时，在当前的林地产权制度改革中，落实所有权的主要内容就是要落实发包方的责任，不能将林地发包之后就放手不管。发包方有责任对林地承包方加以监督，防止林地承包权对于承包的林地不经营抑或是改变林地用途、破坏生态平衡等类似的情况发生，避免造成林地的闲置、浪费与破坏。对于基层的林业主管部门来说，也有义务督促发包方、承包方按照合同的规定履行林地经营责任。落实所有权的本质就是明确各个单位的权利与义务，为承包权与经营权的分离打好基础。

其次，稳定承包权。在党的十八届三中全会上再次提出要稳定农村土地承包关系并保持长久不变。在林地所有权属于集体所有的前提下，稳定的承包权有利于降低林地的经营成本，加快林地流转和形成规模化的林地经营，故稳定林地承包权是林地 "三权分置" 的重要保障。在实行家庭承包经营、统分结合的双层经营体制时期，林地的产权分为所有权与承包经营权，林业农民具有完整的使用、收益等权利，而现今在实行林地 "三权分置" 的大环境下，承包权是从承包经营权中分离出来的一项权利，林业农民是林地承包经营的法定主体。林业农民是获得法定承包经营权的权利主体。获得林地承包经营权后，农民依法享有一定的产权权能，可以在自愿、有偿、依法的原则下流转林地经营权，将其二分为承包权和经营权。从承包经营权分离出来的承包权实质上是为了保障林农的利益，林农与集体签订林地承包经营合同，依法享有其承包人身份的其他收益的权利。同时在我国林地所有权为集体所有的前提下，林农对于林地是没有所有权的，一旦将承包经营权完整地进行流转，那么林农就存在失去稳定生活保障的风险，也就违背了我国进行林地产权制度改革的初衷。因而将承包权从承包经营权中进行分离，一方面可以在保障承包权长久不变的情况下稳定承包户的财产性收入，增强林农的获得感与认同感；另一方面承包经营权的分离，可以实现林地的多种方式的流转，加快林地规模化经营的形成，充分发掘林地价值，实现 "多赢"。

最后，放活经营权。在对承包经营权进行明确规定之后，对于经营权权能的明确极为重要。当对经营权的各项权能明晰之后，才能保障经营者的基本权利，让其放心、放手经营。在 2008 年国务院实施的关于林地改革的政策中就规定，"在依法、自愿、有偿的前提下，林地承包经营权人可采取多种方式流转林地经营权和林木所有权"①。在此后 2014 年发布的《关于全面深化农村改革加快推进农业现代化的若干意见》对林地经营权的权利进一步加以明确。② 通过确权登记颁证，赋予经营权人林权抵押、评优示范、享受财政补助、林木采伐和其他行政审批等权利。2018 年 5 月，国家林业和草原局等部门制定的放活集体林地经营权政策中就鼓励相关主体通过入股、出租等途径盘活林地经营权，倡导引入工商业资本进入和发展林地的适度规模化与产业化经营，创新多种经营模式。③ 在以前"两权"所有权与承包经营权分置的时候，经营的范围、内容受到极大限制，承包户只有自己独立进行经营，经营方式缺乏创新性，以至于林地所带来的价值极其微薄，其潜在价值得不到充分挖掘。现今，"三权分置"彻底解放了林地经营的范围、方式，释放了大量林业价值，林地在落实所有权、稳定承包权的基础上，可以将经营权流转到"能种地、想要地、种好地"的林农手中。创新多种林地经营模式是放活经营权的重中之重，在后续的林地"三权分置"改革过程中，我们要不断地探索林地流转经营模式，找到符合林地自身发展之道。以放活经营权为引，彻底激活这一僵化资源。

7.2.2 林地"三权分置"面临的困境

我国当前的林地产权制度改革还在不断探索之中，林地"三权"改革虽对盘活林地资源产生了巨大的效用，但是在开展过程中也面临一些困境。

---

① 中共中央国务院关于全面推进集体林权制度改革的意见 [J]. 楚雄政报，2008 (5)：1 – 3.

② 中共中央国务院关于全面深化农村改革加快推进农业现代化的若干意见 [J]. 农村工作通讯，2014 (3)：9 – 14.

③ 国家林业和草原局关于进一步放活集体林经营权的意见 [J]. 当代农村财经，2018 (8)：54 – 55.

首先,对于林地的所有权来说,它主要存在所有权主体的"虚化"与权能的不完善两个方面的问题。一方面,所有权主体"虚化"。由于林地所有权的主体存在多元化,在法律上乡镇农民集体、村农民集体和村民小组农民集体都是林地所有权的权利主体形式,导致在行使所有权权能时各方利益冲突,陷入权利行使混乱的泥潭。另一方面,所有权的权能是不完善的,主要表现为处分权的缺失,在我国的农村土地产权制度安排上,限制了所有权主体——农民集体的处分权。现今主要是将处分权下放至承包权或经营权,所有权主体对于林地处分权极度弱化,造成了"一权虚化""两权角力"的局面。

其次,对于承包权来说,一方面,承包户拥有稳定林地承包权且长期不变。随着我国市场经济的不断发展,由于承包户经营林地的方式单一,缺乏先进的经营理念,相比依靠经营林地获取收益,农民进城务工获得的收入更多,从而导致大量以青壮年为主的农村劳动力涌入城市,加之农村劳动力呈现老龄化、弱势化的局面,出现承包地无人经营处于搁置的状态。另一方面,一旦承包户将林地流转给新型经营主体后,经营主体拥有在合同规定期限内自主经营的权利,那么在这段时间内承包户对于林地的实际经营情况就不得而知,如果经营主体为了获得自身利益做出改变林地用途、破坏林业生态平衡等有损承包户利益的行为,对于社会的发展也是极为不利的。由于经营主体与承包户签订合同以后,承包户处于信息劣势方,极有可能出现道德风险,损害劣势方的利益。由于林地流转之后相应的监督机制缺乏,承包权就极有可能出现被经营权吞噬的危机,从某种意义上来说,林地的流转实则是承包经营权的转移,那么这就与实施林地"三权分置"保护承包户利益的初衷背道而驰了。

最后,作为林地"三权分置"的核心内容,即放活经营权,在实际操作中还存在着很多问题亟待解决。一是在 2016 年 11 月,《国务院办公厅关于完善集体林权制度的意见》中提出"坚持和完善农村基本经营制度,落实集体所有权,稳定农户承包权、放活林地经营权"[①]。但是在现行的《中

---

① 国务院办公厅关于完善集体林权制度的意见 [EB/OL]. 新华网,2016 – 11 – 25.

华人民共和国森林法》（以下简称《森林法》）中，不允许对公益林进行抵押和转让，对林地的流转存在一定的阻碍。① 在政策与法律上存在偏差，这就导致我们在实际政策的运用中有所束缚，不能充分发挥其效果。二是新型经营主体将承包林地后，由于林业产业的投资成本大且回报周期长，这对于经营主体来说具有很大的风险。而且，有少量的经营主体流转林地的目的是为了骗取政策性补贴等，而不是为了更好地发展林业产业。三是林地抵押贷款问题尤为突出，林地抵押贷款难、周期短、样式多元化是主要原因，对于金融机构来说，更愿意贷款给大型林业企业或者是政府，对于规模较小的新型林业经营主体来说要获取贷款是非常困难的，同时贷款的周期相对于林业生产的周期较短，加之林地上林木种类多元化，缺乏对每种林木的价格评估，这些都是制约林地抵押贷款的关键因素，从长远来看不利于林业的发展。

自从林地实行"三权分置"政策以来，全国各地都在对其进行实践探索，尝试找到适用于当地林业发展的改革之道，下面从产权的角度对案例进行深入剖析，为林地"三权分置"改革提供经验。

7.3 林地"三权分置"的实现模式创新与实践探索

7.3.1 理论分析框架

菲吕博顿等认为产权是一组被人们互相认可、超越了人与物关系的一组权利束。② 从本质上讲，产权是人对物或财产权标的物的一系列权利，通过法律形式规定了具体的权能内涵，并得到人们的普遍认可。产权是一组权利束，主要包括对财产的所有、使用、支配、利益分配等问题。在社会经济活动中，人们形成了以产权为基础的权利与义务关系。随着我国社会主义市场经济体制的不断发展，我国已经建立了相对比较完善的产权界

---

① 中华人民共和国森林法 ［N］. 人民日报，2020 – 01 – 02 （016）.
② 菲吕博顿，佩杰威齐. 财产权利与制度变迁 ［M］. 上海：上海三联书店，1994：204.

定、行使和保护等一系列制度规则。在我国林地"三权分置"改革的道路上，与之相契合的产权制度是必不可少的。林权制度是林业发展的核心要素，林权是指权利主体对于林地的占有、使用、处置、收益等权利。在林权制度改革的过程中要以归属清晰、权责分明、保护严格与流转顺畅作为基本要求。在下述的案例分析中主要围绕着实现模式、权能重点以及绩效考察三个方面进行剖析。

第一，实现模式创新。林地经营权在流转时有多种模式，从本质上来讲就是产权制度安排之间的差异。我国林地产权制度改革已进行多年，各地在改革过程中已有比较成功的产权制度安排案例，如家庭林场模式、股份合作型模式、林地共营制模式等。一项合适、成功的产权制度安排对于我们当今的林地产权改革有着事半功倍的效果。当然我国当前的林地"三权分置"改革还在探索阶段，全国各地都在开展林地"三权分置"改革，寻求找到适用于当地经济发展的改革模式。那么一种模式的成效如何，是否符合改革的初衷，还需要对其进行绩效考察。

第二，权能重点。明晰的产权划分有利于提高制度的实施效率。林地"三权分置"是把所有权、承包权、经营权进行分置，对每个权利主体进行明确的划分。农村集体握有林地所有权，承包权属于承包户，而对于承包户来说拥有林地的占有、使用、处置、收益等权利，若将林地流转给经营主体，那么其使用权、处置权在流转合同期限内是属于经营主体的，同时收益权是按流转合同规定在承包户与经营主体之间进行分配。"三权分置"形成了一个完整的产权结构。将所有权、承包权、经营权进行清晰的权能划分，有利于解决当前林地流转缓慢的问题。在落实农村家庭林地所有权和稳定承包户的承包权的基础上，放活经营主体的经营权是重点，林地经营权多种形式的流转，对于提高林地利用效率、发展农村经济起到了推动作用。

第三，绩效考察。绩效是指制度产出效率和效能的综合评估，它不仅包括效率本身，而且还包括经济的实现效益，从其内涵来看绩效是一个综合性的考察指标。在林地"三权分置"改革的过程中，不仅要考察其经济效应，而且还应从生态效应和社会效应的角度考察。通过对不同林地经营模式的绩效考察，筛选出适合于自身经济发展的产权安排模式。同时，绩效考察往往与激励挂钩，通过绩效考察取得显著成效的林地激励模式会促进该模式在更大范围进行推广，使其价值辐射到更大区域。

7.3.2　案例分析

1. 案例一：家庭林场模式

北京市怀柔区积极探索发展股份制家庭林场。[①] 怀柔区从 2014 年开始，其率先在处于偏远地区的琉璃庙镇二台子村进行股份制家庭林场试点建设。二台子村拥有林业资源 8500 亩，其中有 200 亩的大果榛子园林地所有权归集体所有与经营，500 亩散生果树由林农承包到户，其余 7800 亩为生态公益林。

首先，实现模式创新。股份制家庭林场是林地流转模式中的一大创新。早在 2015 年，该村采取"均股不分山，均利不分林"的林地产权改革方式，将村集体拥有的 8000 亩林地和林农承包持有的 200 亩散生果树分别采用入股的形式流转到试点林场，统一由家庭林场经营管理，该村经济组织成员以其林地使用权或现金的方式自愿入股。在家庭林场建立伊始，共有 50 个家庭 110 名村民组成的股东，共有 271 股，每股折价 500 元。农户持有 151 股，村委会持有 120 股。农户实现了"入股林场成主人，享有股权得红利"，除此之外，农户在享有股权带来的收益的同时也可以通过参加林场工作获得工资来提高收益。在确立股份制家庭林场这种经营模式之后，二台子村通过大力发展林下经济，种植药材、粮食、蔬菜等绿色食品以及依托幼林抚育工程、山区生态林保护、景观提升等政策，对林场园区进行改造，提升了林场园区景观，打造有"世外桃源"意境的田园特色旅游模式，彻底放活经营，充分发挥林地潜能。

其次，权能重点。这种林地流转模式清晰地划分了林权的各项权能归属。二台子村的林地"三权分置"改革实现了所有权属于集体、承包权归农户、经营权归家庭林场，明晰了所有权、承包权、经营权"三权"的权能边界，将林地流转给家庭林场以后，在合同期限内经营权是属于经营主

---

① 案例引自：家庭股份制林场首现怀柔 [N]. 北京时报，2015 - 06 - 26.

体的,其拥有自主经营的权利,可以通过当地实际情况,开展多种林地经营模式,此外收益权在股东之间进行合理分配。从产权的角度来看,明晰的产权有利于降低交易成本,提高林地的利用率。

最后,绩效考察。二台子村在落实所有权、稳定承包权的基础上,以家庭林场为依托创新多种林地经营模式,其成效也是显著的。一方面,林场收入显著增加,截至 2016 年底,林场股东收益约 65.4 万元,相比于 2014 年增长 67.7%,同时发放 50 余万元林农工资,折合人均收入 4546 元,比 2014 年增长 113.9%。另一方面,集体林场大力开展育林保林等工作,使生态环境水平更上一个台阶,产生了积极的社会效应。

2. 案例二:林地股份合作社模式

浙江省浦江县深入推进集体林权制度改革。① 浦江县共有林地 100.68 万亩,森林覆盖率为 71.42%,林木绿化率达到了 71.84%,是一个"七山一水两分田"的林区县。

首先,实现模式创新。在 2012 年,浦江县率先在浙江省进行林地股份制改革试点工作,探索建立了林地股份合作社,初步实现了"农民变股东""林地变股权""收益有分红"的浦江林地改革模式。以保障农民利益作为改革的前提,依照政府引导、农民自愿的原则进行入社工作,并对入股面积进行确定,建立花名册,做到权属清晰、面积清楚。在林地股份合作社设立股东代表大会、董事会、监事会等组织机构,并按照"一人一票"的方式选举产生合作社监事会、理事会成员。通过建立"股份合作社 + 现代企业"的模式促进林地流转,实现了林地经营模式的创新。2012 年 9 月,浦江县大畈乡玉山村林地股份合作社与浙江宏峰生态农业有限公司签约。该公司依托雄厚的资金、技术实力,成功开发香榧基地 2000 余亩,培育苗木 40 万株。并且按照"保底 + 分红"的模式进行分红,前 20 年按照省级生态林的补偿标准按照股份分红,后 30 年分别按照 5%、10% 和 15% 的标准分红,其中规定保底分红每年每亩

---

① 案例引自:林权制度改革激活"绿色银行",http://pjnews.zjol.com.cn/pjnews/system/2015/08/28/019680135.shtml。

地不少于 300 元。合同期满后，约定以后每年按香榧青果产量的 25% 分红。除此之外，普丰村成立毛竹股份合作社采用"保底 + 保值"的分红模式，村民可获得每年每亩 340 元的保底价分红，若毛竹收购价提高，则可按收购价折算现金分红。

其次，权能重点。浦江县的林地"三权分置"改革通过引入现代企业制度，对所有权、承包权、经营权进行明确归属，林地所有权归集体所有，承包权属于林户，林农以经营权入股成立股份合作社以后与现代企业进行合作，此时林地经营权在合同期限内属于现代企业，一方面合作社内部设立股东代表大会和监事会起到权责分明的作用，对于林地的经营情况做到公开透明，防止"寻租"的情况发生；另一方面，现代企业具有专业化的林地经营技术、经验，优化了林地的资源配置，提高了利用效率。

最后，绩效考察。浦江县的改革效果颇丰。一是拓宽了林农增收途径，通过股权获得分红、在合作社工作获取工资收入，同时全县林业总产值增长迅速，截至 2017 年已经达到 40 亿元，年增长率达 7% 以上。二是合作社牵头带动农户种植高效经济林，创新林下经营模式。目前，已有毛竹基地 4.5 万亩，花卉苗木基地 1 万亩，特色水果基地 1.5 万亩，1 个省级香榧主导产业示范区，11 个林业精品园创建点，以及 2 个现代农业（林业）综合区。三是以生态健康作为切入点，大力推进绿色生态建设，发展现代化林业经济。通过对林区的整体规划，在保护生态多样性不被破坏的前提下增加了林区价值。

3. 案例三："林业共营制"模式

深化林业产权制度改革，首先需要解决的就是谁来种植、谁来经营、谁来服务这三个问题。对此，素有"山水田园"之称的成都崇州市给出了它的答案。成都崇州市道明镇斜阳村集体林权制度改革之路属于一种"林业共营制"模式。[①]

---

① 案例引自：启动都市现代林业建设新引擎——四川省成都市深化集体林权制度改革纪实，http：//www.scly.gov.cn/contentFile/201706/1496715913529.html。

第一,实现模式创新。通过林业"共营制"模式来放活林地经营权,即通过林地经营权入股合作社,由职业经理人负责日常经营管理,通过社会化的服务体系为林业的生产经营提供综合服务。在 2016 年 7 月,道明镇斜阳村部分村民首先成立了季崧林地股份合作社,同时以公开竞聘的方式聘请林地职业经理人,其主要负责"种什么""怎样种""怎样管"等问题,然后提出具体生产实施意见、生产成本预算以及产量指标等,最后由合作社成员讨论通过后执行。收益分配方式是通过优先股、二次分红、比例分成和"佣金 + 提成"等方式实施的,可以确保满足各方的利益诉求。在"共营制"的林业改革模式下,林业职业经理在林地经营模式创新中扮演着至关重要的角色。一是通过种植景观带发展林业生态旅游,建立自己的林产品品牌,形成全产业链的生产经营模式,目前已种植金钟花 200 亩、金钱莲 50 亩、白芨 200 亩、凤仙花 100 亩。二是引进外来农业公司,通过互联网平台等整合林业生产的全过程,实现林业生产经营的现代化和科技化。同时,引进"丁知竹""龙门山里来"企业电商和"土而奇"公共电商平台,开展林产品"线上线下"销售,延伸林业产业链,提升林业产品价值。

第二,权能重点。斜阳村采用了林地"五权"改革模式,通过"确权颁证"明确各方权能,林地所有权属于农民集体,承包权属于承包林地的农户,林地的经营权、林木的所有权和使用权属于林业职业经理人,这种权能划分模式,赋予了林业职业经理人更多的自主经营权利,职业经理人可以更加灵活地对林地进行多种模式的经营,权能的准确划分可以明显提高制度的运行效率,加快林地流转。同时,作为合作社成员的林农拥有对职业经理人经营行为监督的权利,使"共营制"这种林地经营模式更具合理性。

第三,绩效考察。崇州的"林地共营制"改革,一方面使林农的收入增加,现今林农在享有每亩每年 100 元的保底收入和林地产出二次分红的同时,还能通过参加林地劳动领取每天 60～80 元的工资,不但林地放活了,而且村民的腰包也鼓了;另一方面通过发展生态旅游业、种植生态林木,推动整个地区的生态环境建设,在通过"绿水青山"获得"金山银山"的过程中,既收获"金山银山"同时也壮大了"绿水青山"。

7.3.3 比较与启示

以上三种模式的林地产权制度改革是我国林权改革大环境下比较典型的案例，它们之间各有异同。

首先，就其相同点来说不管是家庭林场模式、股份合作社模式或林地共营制模式，它们都是在明晰产权的基础上进行多种类的林地经营模式。明晰的产权是制度顺利实施的基础，林地的所有权、承包权以及经营权在不同的权利主体之间进行分配，林地所有权归农村集体所有，承包权属于林户，经营主体拥有经营权。三种模式都是在落实所有权、稳定承包权的基础上进行多种形式的林地经营，符合我国林地"三权分置"改革的理念，即在落实所有权和稳定承包权的基础上放活经营权，加快林地流转，提高其利用率。同时三种模式都是旨在通过林地产权制度改革创新多种经营模式，彻底释放林地潜在价值、增加林农收入，逐渐补齐农村短板，推动我国全面小康社会建设。

其次，三种改革模式也有其各自的特点，主要区别在于放活经营权的过程中，每种模式采用的林业经营方式不尽相同。一是家庭林场模式，通过村民以承包权或现金入股成立家庭林场，由林场统一对林地进行经营管理，发展林下经济和生态旅游业。二是股份合作社模式，通过成立股份合作社并在合作社内部建立现代企业制度，做到产权明晰、权责分明、分配合理，与家庭林场模式相比它的监督机制更加完善，制度实施效率更高。同时通过股份合作社和工商企业进行合作，将林地的经营权赋予工商企业，由工商企业在不改变林地用途的基础上进行规模化经营，采取"保底＋保值"和"保底＋分红"的分红模式。三是林地共营制模式，在这种"林地股份合作社＋林业职业经理人＋林业综合服务"三位一体的林地经营模式下，林地经营权的主体是林业职业经理人，由职业经理人进行统一的规划经营。相比于家庭林场模式和股份合作社模式，职业经理人具有更多有关林地经营的专业知识，对于林地的经营管理更为合理。该种模式下最主要的特点就是引进电商企业，搭建O2O电商平台，发展"线上线下"的林产品销售渠道。在网上购物高速发展的今天，搭建"线上线下"林产品销售渠道，符合时代发展和消费者消费习惯，有利于发掘林地更大的经济价值。

最后，上述三种模式成效显著。在我国林地"三权"发展的改革中，并不是靠一种模式就能成功走出林地面临的窘境，仍需要我们在今后的改革实践中不断探索。由于每个地区情况各异，经济发展水平也不尽相同，在探索林地产权制度改革的过程中要因地制宜，找到符合自身林地发展的道路。明晰产权是改革的根本，应当置于首位，之后落实所有权、稳定承包权必须长久不变，在此基础上开展多种经营模式以放活经营权才是有效的。林地"三权分置"改革要牢牢把握"三权"的权能划分，在此前提下，以放活经营权为主要内容，探索其实现形式的多样化。

7.4　进一步完善林地"三权分置"的思路和建议

林地"三权分置"是中国农地产权制度的重大理论创新，已经建立了基本的制度框架，在实践中也探索出了很多实现模式。但是，现今的林地产权制度改革仍需我们不断地完善与发展，尤其需要从以下几个方面入手。

首先，在法律上对林地"三权分置"进行明确规定，同时进一步明确"三权"的权利边界与权利关系。第一，在法律上对林地"三权"进行规定是首要任务，我国至今还没有一部专门针对林地"三权分置"的法律法规，只有在政策上进行阐述，如果没有法律依据，那么我们在具体实施过程中就有可能放不开手脚，加之现行的《森林法》（1998）、《土地管理法》（2004 年）、《物权法》（2007 年）及《农村土地承包法》（2003 年）都没有对其进行明确阐释，所以可以适当修改《农村土地承包法》，在新的农村土地承包法中可以将耕地与林地做一个差异性的区分，对林地的"三权"做出详细阐述。第二，需要进一步明确"三权"的权利边界与权利关系。一是针对近年来林地所有权主体多元化、权利行使混乱的问题，重新确立林地的所有权主体，把农村集体作为林地所有权的唯一主体，并且为了防止出现所有权"虚化"，应该在硬化所有权的同时明确其权能，在林地流转的过程中行使自己依法监督的权利。二是还需明晰承包权与经营权各自的权利边界，防止造成承包权被吞噬或经营权在执行过程中受到承包权的阻碍等问题，解决这一问题需要在林地流转合同中明确规定各方的权利范围，避免在实际中出现权利执行混乱的局面。

其次，规范林地的流转行为，完善林地"三权分置"改革机制，探索林地经营权放活的多种形式。在当前林地"三权分置"的改革中，放活经营权是主要内容，但是在放活经营权的过程中还存在许多问题亟待解决。第一，在林地流转过后，由于发包方与受包方两边的信息不对称，对于经营主体来说，优势方有可能做出损害林农利益的行为，例如，在流转合同期限内，经营主体大量砍伐林木或大量消耗林地肥力，在之后将林地归还于林农时很难得到恢复，甚至生态平衡已经被破坏。针对此类经营主体损害林农利益的行为，应该建立监督机构对林地经营主体的行为进行监督，规范流转行为，防止改变林地用途、打破林地红线的情况发生。第二，经营权的放活要依靠专业的林业经营主体与适合的林业经营模式。新型林业经营主体的培育是放活经营权的重要途径。林地不能盲目进行流转，例如，将林地流转给套利的资本主体，他们仅是为了获得林地的财政补贴而不会对林地进行实际性操作，从而导致林地资源大量浪费，林地"三权分置"改革进程停滞。故一个专业的林地经营主体对于提高林地利用效率、创造更大社会价值尤为重要，政府可以通过提供技术、资金等支持大力培育专业大户、家庭林场、股份合作社、龙头企业的新型林业经营主体，促进林业生产的规模化、集约化和现代化。林地经营模式的选择也非常重要，在实际放活经营权的措施中，由于各个地区的情况各异，所以适合当地林业发展的改革模式也是不尽相同的，要找到与自身条件相契合的林地经营模式才是根本之道。不管是家庭林场、股份合作社还是林地共营制模式，能带来良好经济、社会、生态效应的模式就是好的改革举措。同时我们在林地产权制度改革过程中可以借鉴成功案例的经验但是不能一味照抄照搬，在"三权分置"改革过程中要带有自己的特色。

最后，相应林地"三权分置"配套措施的建立也是必不可少的。第一，林地流转滞后于农地流转一个重要的原因就是林业是一个高投入低收益的行业，投资回报期限长，林农由于没有资金投入，就将承包地撂荒。政府应该加大财政金融的扶持，加快我国林地的经营流转。除了林业补贴以外,林地抵押贷款是其重要的资金来源,但是林业抵押贷款存在着许多问题。一是银行等金融机构一般只会贷款给工商企业而对于个人经营主体要获得贷款是非常困难的;二是林地的抵押贷款评估机构不健全,在林地上林木种类繁多,对其的价值评估体系缺乏。我们需要逐步完善抵押贷款机制,政府、企业或合作社在对个体经营主体做考察以后,可以为其担保,同时还需完善林地评估体系,建立专业的林地评估公司,对林地上林木的价格公开透明。第二,林地产权制度改革不仅是为了提高林农收入以及林地利用率,而且林地的生态效应同样重要。有些经营主体为了自身的利益,不惜做出污染损害林地、盲目引进外来物种或者破坏生物多样性等损害生态系统的行为,针对这些违背绿色生态建设的行为,应该在法律上对其进行明确禁止,并且明确相应的法律责任。

当前我国正处于全面小康社会的决胜阶段,在实施乡村振兴战略大背景下,补齐"三农"问题发展滞后这一短板势在必行,林地"三权分置"的改革正是推动短板"成长"的一项重要举措,其中要义是要在牢牢把握落实所有权、稳定承包权的基础之上放活林地经营权,创新经营模式,提升绩效。随着改革的深入推进,林地"三权分置"改革的实践经验将会越来越丰富,改革成效也会越来越凸显。

第 *8* 章

新时代以城乡融合发展促进
农民市民化与农地财产权的实现

8.1 以城乡融合发展促进农民市民化

8.1.1 新时代城乡融合发展的核心要义是统筹处理好四种关系

从唯物史观的角度，马克思和恩格斯把城乡关系的发展阶段大致分为城乡混沌一体阶段、城乡分离对立阶段和城乡融合阶段。[①] 1949 年新中国成立以来，我国的城乡关系一直在"分离—融合"中徘徊。党的十八大以来，我国城乡融合的趋势日益明显。总结历史和实践经验，城乡融合的核心要义就是要正确处理工农关系、城乡关系、农民和市民的关系、农村市场和城市市场的关系。其中，前两者是核心，后两者是重要补充。

首先，工农关系是影响城乡融合的关键环节。农业和工业的分离，既是人类社会历次分工的结果，也是现代工业文明出现，生产力发展的必然结果。无农不稳，无工不富，工农业的互相支持和互相带动是促进一个社会和谐稳定和健康发展的基础。但是，由于历史和现实的原因，工农关系往往处于对立的状态。例如，在中国传统的计划经济体制下，为了实现以重工业优先发展的国家工业化战略，国家通过"统购统销"和"工农剪刀

---

① 郭彩琴. 马克思主义城乡融合思想与我国城乡教育一体化发展 [J]. 马克思主义研究，2010（3）：100 – 105.

差"等政策来获取农业剩余支持农业和城市发展,严重削弱了农业和农村生产力,破坏了城乡的平衡发展。

实践经验表明,只有正确处理工农关系,实现农业和工业的均衡发展和高水平发展,才有利于城乡融合。因为,农业是农村的支柱性行业,只有农业发展好了,农村才能发展起来。只有农村富裕起来了,城乡融合才能实现。新时代,党和国家非常重视工农关系,提出了农业农村优先发展、以工促农和工农互促等指导思想,以新发展理念为指导,以农业的供给侧结构性改革为主线,稳步推进农业的高质量发展。

其次,城市与农村的关系是城乡融合的核心内容。农村和城市的区分是人类社会发展过程中,由于历史、经济、宗教和文化等多重因素作用的结果。农村和城市的对立与融合决定了一个社会的现代化程度。在现实中,由于生产力分布不均衡以及分工和制度等原因,农村往往被"隔离",成为城市发展的附庸。城乡之间的对立,既会破坏社会生产力的发展,尤其是农村生产力的发展,也会影响社会的稳定,束缚人的自由全面发展。在马克思和恩格斯的论述中,城乡关系涉及经济关系、政治关系、文化关系和阶级关系等。只有处理好了这些具体关系,城乡关系才能改善。新中国成立以来,城市与农村的关系中,总体趋势是城市处于主导地位,农业支持工业发展,农村支持城市发展,这带来的结果就是城乡之间的发展差距不断扩大。新时代,党和国家高度重视城乡关系,党的十九大报告中首次将"城乡融合发展"写入党的纲领性文献。城市与农村的关系由城市主导进入城市和农村平等均衡发展的历史新阶段,出现了城市带动农村,城乡互促等新局面。新时代,以城乡关系为纽带,实现城乡融合发展,关键是要实现城市与农村生产力的融合、生产要素的融合、人的自由迁徙、公共资源和权利的均等化。

再其次,农民和市民的关系涉及城乡融合中的主体问题。城乡融合要发挥农民的主体作用。城乡融合的目的是什么?大的方面说是实现人的自由全面发展,具体来说就是要实现农民市民化和农民权利平等化。城乡融合的过程,一方面是城市化的过程。城市化,首先是人的城市化,即农民变成市民,在城里安居乐业,享受同等的权利和福利待遇。另一方面是农业农村现代化的过程。按照统计数据,即使中国的城镇化率像欧美发达国家一样达到 70% 以上，居住在农村的居民仍然在 4 亿人左右。这部分农民人口的发展是需要依托农业农村现代化的。所以说正确处理农民和市民的关系问题，是构建新型城乡关系的难点之一。

最后，农村市场和城市市场的关系涉及城乡融合中的市场空间问题。城乡二元的市场结构也是城乡分离的重要表现。具体包括城乡二元的要素市场、商品市场和市场管理制度等。要实现城乡融合，就需要正确处理农村市场和城市市场的关系。关键是要构建一体化的城乡要素市场和商品市场，实行城乡无差别的市场管理制度，以及让市场的供求机制和价格机制在农村要素和商品的价格形成中起决定性作用，破除行政管制和制度性障碍。只有实现了城乡市场的融合，才能进一步完善城乡融合的体制机制。

8.1.2 新时代城乡融合发展的本质要求是实现工农城乡的共享发展和高质量发展

党的十九大报告提出新时代我国社会主要矛盾发生了转化，即人民日益增长的美好生活需要与不平衡不充分的发展之间的矛盾。[①] 新时代，社会主要矛盾在城乡之间的表现就是城乡之间发展不平衡，农业农村发展不充分。城乡之间的发展不平衡具体体现为农村生产力远远落后于城市生产力，农业整体上还是弱质产业，国际竞争力不强；城乡居民之间的收入差距和生活质量差距较大；城乡之间的基础设施和公共服务差距较大等。农业农村发展不充分具体体现为小农生产占比过高，现代化农业的生产、经营和组织系统尚未建立；农产品质量和品牌建设滞后，除主要粮食以外，农产品进口依赖度较大；一些农村出现凋敝情况，生产要素由农村向城市单向流动为主，乡村的自治、法治和德治的水平还有待提高，部分农村集体经济组织功能弱化严重，等等。[②]

城乡不平衡发展和农业农村不充分发展的原因是什么？从生产力角度来看，主要是城乡之间的生产力发展不均衡，这是造成城乡之间发展不平

---

① 习近平. 决胜全面建成小康社会夺取新时代中国特色社会主义伟大胜利——在中国共产党第十九次全国代表大会上的报告 [M]. 北京：人民出版社，2017：11.
② 韩文龙. 以城乡融合发展推进农业农村现代化 [J]. 红旗文稿，2019（1）：24 - 26.

衡的首要原因。随着工业化和城市化的发展,我国的城市生产力取得了较
大发展,积累了较大的物质财富和精神财富,而农村仍然存在着大量的小
农经济,部分地区还处于自然经济状态。从分工角度来看,主要是旧的分
工体系没有被完全打破。由于受到城乡之间自然分工因素和传统计划经济
体制下重工业优先发展战略的影响,以及农业农村支援工业化和城市化建
设的分工体制、改革开放以后很长一段时间内城乡之间工农产品的分工和
交换体系等,共同决定了旧的分工体系阻断了城乡之间要素的自由流动和
工农产品之间的等价互换,限制了农业农村的发展空间。从制度角度来
看,城乡之间的二元体制阻碍了城乡之间的融合发展。无论是城乡二元的
户籍制度,还是城乡二元的金融信贷、土地制度、公共服务制度和社会保
障制度等,都从制度层面限制了城乡之间要素的双向流动,削弱了农业农
村的吸引力。从权利平衡角度来看,城乡居民之间事实上享有的公共权利
的不平等,也使农村居民向往城市生活,千方百计要进城务工和落户,造
成了乡村人口的凋敝,破坏了农村生产力。

新时代,在实施乡村振兴和新型城镇化战略大背景下,只有通过工农
互促、城乡互补和全面融合发展,才能形成互动良好和共同繁荣的新型城
乡关系,解决好城乡之间的不平衡发展;才能打破制约农业农村现代化发
展的体制机制和政策"瓶颈",解决好农业农村发展不充分的问题。城乡
之间的不平衡发展和农业农村的不充分发展,本质上都是发展问题。发展
的问题需要用发展的眼光和办法来解决。所以,新时代,城乡融合的本质
要求就是要实现工农城乡的共享发展和高质量发展。

共享发展是城乡融合的第一层次的本质要求。共享发展是马克思和恩
格斯提出实现人的自由而全面发展的价值和实践基础。他们主张共享发展
中的"人民主体地位",深刻阐释了共享发展中"谁来享""享什么""如
何享"的问题。[①] 马克思和恩格斯的共享发展思想是指导新时代共享发展
的思想之源。新时代,创新、协调、绿色、开放、共享五大发展理念,是
指导我国经济社会发展和改革的"指挥棒"与"红绿灯"。其中共享发展

① 柳礼泉,汤素娥. 马克思主义共享发展思想的历史演进与当代创新 [J]. 马克思主义研究,2017 (5):134-143.

是新发展理念的出发点和落脚点。共享发展是中国特色社会主义的本质要求。新时代坚持共享发展的根本目的就是"使全体人民在共建共享发展中有更多获得感，增强发展动力，增进人民团结，朝着共同富裕方向稳步前进"[①]，这里的全体人民包括城市居民和农村居民。在全面建成小康社会和建设现代化强国的新征程中，习近平总书记讲道，"全面小康，覆盖的区域要全面，是城乡居民共同的小康"[②]，同时指出，"中国要强，农业必须强；中国要美，农村必须美；中国要富，农民必须富"[③]。

由于社会主要矛盾的转化，城乡不平衡发展和农业农村不充分发展，实际上阻碍了农村居民像城市居民一样平等的共享经济社会发展的成果。城乡融合发展，就是要破除种种障碍，创新体制和机制，落实共建、共享、共治的政策措施，增强农村居民的获得感和幸福感。城乡融合发展是实现城乡居民共享发展的手段，而共享发展则是城乡融合的本质要求，更是中国特色社会主义的本质要求。

高质量发展是城乡融合的第二层次的本质要求。新时代，从短期来看，高质量发展是主动适用社会主要矛盾变化和全面建成小康社会背景下实现经济健康平稳可持续发展的必然要求。从长期来看，高质量发展则是建设社会主义现代化强国的必然选择。高质量发展，从微观上要提高要素投入质量和劳动生产率，中观上要实现产业之间、区域之间和城乡之间的协调发展，宏观上要实现总量和结构均衡。其中，工农产业的转型升级，城乡之间的融合发展是高质量发展的重要内容。要实现"三农"的高质量发展，增加农村居民的收入，提升农业的产业竞争力，实现农村富和美的目标，需要落实"乡村振兴战略"，坚持农业供给侧结构性改革。实现农业农村优先发展和高质量发展，重点在于激发农业和农村发展的潜力、活力、竞争力和创新力。城乡融合发展是缩小城乡发展差距，实现农业农村高质量发展的重要保障。反过来，高质量发展也是城乡融合发展的本质要求。只有实现了城乡融合发展，才能实现农业农村现代化，只有实现了农业农村现代化，才能实现全面建成社会主义现代化强国的目标。正

---

① 十八大以来重要文献选编（中）[M]．北京：中央文献出版社，2016：793.
② 习近平谈治国理政（第二卷）[M]．北京：外文出版社，2017：81.
③ 十八大以来重要文献选编（上）[M]．北京：中央文献出版社，2014：658.

如习近平总书记所说,"没有农业农村现代化,就没有整个国家现代化。在现代化进程中,如何处理好工农关系、城乡关系,在一定程度上决定着现代化的成败"①。

8.1.3 新时代我们已经具备了实现城乡融合的基本条件

新时代,我国已经具备了初步实现城乡融合发展的物质条件、制度条件和社会条件等。

1. 物质条件

马克思和恩格斯在论述城乡关系时提出,"消灭城乡之间的对立,是共同体的首要条件之一,这个条件又取决于许多物质前提"②。这里的物质前提主要是指高度发达的社会生产力。从某种程度来说,城乡对立的根源主要是城乡生产力的发展水平不平衡和不充分,尤其是农村生产力发展严重滞后于城市。要初步实现城乡融合,就需要生产力发展到一定阶段,物质财富等积累到丰富阶段。

新中国成立以来,尤其是改革开放 40 多年来,我国生产力获得了极大地发展,综合国力不断提升。目前,我国已经是世界第二大经济体,人均GDP 在 2020 年超过 1 万美元,我国已经成为全球第一大工业国、货物贸易国和外汇储备国。党的十八大以来,我国进入了新时代,经济结构不断优化升级,经济增长的动力由要素驱动向创新驱动转变,供给侧结构性改革成效显著,现代化经济体系正在形成,经济高质量发展趋势明显。在农业和农村领域,随着农业现代化、精准扶贫、农业农村优先发展和乡村振兴战略等的实施,农业的基础地位更加稳固,农民的收入逐年增加,农村的发展越来越好。仅以人均可支配收入来看,城乡居民的收入获得巨大增长,城镇居民的人均可支配收入从 1949 年的 99.5 元,增加到 2018年的 39251 元,增加了 394.5 倍;农村居民的人均可支配收入也从 1949

---

① 习近平. 把乡村振兴战略作为新时代"三农"工作总抓手 [N]. 人民日报,2018 – 09 – 23.
② 马克思恩格斯文集(第 5 卷)[M]. 北京:人民出版社,2009:557.

年的 44 元,增加到 2018 年的 14617 元,增加了 332.2 倍①。近些年,城乡居民的人均收入也出现逐年缩小的趋势。总之,通过不断解放和发展生产力,我国综合国力不断提升,新型城镇化和工业化不断推进,农业强、农村美和农民富的局面正在形成,我国已经具备了城乡融合的物质条件。

2. 制度条件

城乡融合发展的制度条件包括两个方面,一个是基本制度层面,另一个是体制机制层面。关于基本制度层面,马克思和恩格斯认为私有制是导致资本主义等私有制社会中城乡对立的根源。因为资本主义私有制虽然相对发展了社会生产力,但最终会束缚社会化大生产的发展。私有制会使得城市畸形发展,农村处于落后状态,同时会激化阶级矛盾,产生城乡对立。要消除城乡对立,就需要消灭私有制。对于社会主义的中国来说,我国还处在社会主义初级阶段,即从生产力发展角度讲就是不发达的阶段。对于马克思和恩格斯所说的消灭私有制的问题,我们要辩证地看。一方面,我国已经是社会主义公有制国家,主体是公有制;另一方面,由于我国还处于社会主义初级阶段,还存在除公有制以外的其他所有制经济。所以从主体来看,我国作为社会主义国家,已经初步具备了马克思和恩格斯所说的破除城乡对立所需要的基本制度条件。

体制机制层面,主要是指由于城乡之间的体制机制障碍会阻止城乡要素流动和公共资源的配置。从城乡之间关系的演变来看,中国的城乡分离很大程度上是由于城乡二元的体制造成的。传统计划经济体制下,尽管城乡二元体制是为了实现重工业优先发展的工业化和城市化发展战略,但是客观上也造成了工农和城乡之间的发展差距。中国的城乡二元体制,是以城乡二元的户籍制度为基础的,在此之上形成了城乡二元的土地制度、住房制度、公共资源配置制度和社会福利制度等。由于制度的锁定效应,这种城乡二元体制在很长时间内都在发挥作用,严重阻碍了农村和城市的协

---

① 根据国家统计局 2019 年 8 月 9 日发布的《人民生活实现历史性跨越 阔步迈向全面小康——新中国成立 70 周年经济社会发展成就系列报告之十四》整理得到,http://www.xinhuanet.com/fortune/2019 – 08/09/c_1210235018.htm。

同发展。要实现城乡融合发展，某种程度上就是要首先破除城乡二元体制。

党的十九大报告提出要"建立健全城乡融合发展体制机制和政策体系，加快推进农业农村现代化"①。新时代，打破城乡二元体制，创新体制机制是实现城乡融合发展的关键。目前，已经通过城乡户籍制度改革，逐渐放开了除特大型城市以外的大中小城市的落户政策，正在试点城乡统一的住房制度和土地要素市场机制，加大了对农村基础设施的投入力度，正在探索建立全国统一、城乡统一的医疗报销制度和社会制度等。新时代，随着旧的城乡二元分割体制的破除，新的城乡融合体制的创立，我国已经逐渐具备了城乡融合发展的体制机制基础。

3. 社会条件

马克思和恩格斯认为城乡对立的主要社会条件是旧的分工体系的对立，尤其是农业和工业、城市和农村之间旧的分工体系的对立。② 要消除城乡对立，就需要打破农业和工业、城市和农村之间旧的分工体系。在传统计划经济体制下，中国确实形成了农业和工业、城市和农村不同的分工体系。农业为工业提供原料，国家通过农业剩余来支持工业发展，农村为城市提供粮食和基本生活资料等，城市处于相对中心地位，农村支持城市发展。这样旧的分工体系形成了工农和城乡之间的分离状态。改革开放初期，通过农村改革，国家放松了对农业和农村的管控，农业和农村获得了较大发展。20 世纪初期，国家进一步调整了农业和农村政策，采取了"以工补农"和"以城带乡"的政策，一定程度上解决了稳定和提高粮食产量、增加农民收入的目的。但是，城乡之间的发展差距还是较大。党的十八大以来，党和国家更加重视调节工农和城乡之间的分工体系，提出工农互促、城乡互补、全面融合和共同繁荣的发展新思路，重点以乡村振兴战略、农业农村优先发展和新型城镇化等政策措施来破解城乡融合发展的难

---

① 习近平. 决胜全面建成小康社会夺取新时代中国特色社会主义伟大胜利——在中国共产党第十九次全国代表大会上的报告［M］. 北京：人民出版社，2017：32.

② 陈燕妮. 马克思恩格斯城乡融合思想与我国城乡一体化发展研究［M］. 北京：中国社会科学出版社，2017：40.

题。随着一系列政策措施的落实落细，工农和城乡之间的旧的分工体系正在被打破，工农互促、城乡互补、全面融合和共同繁荣的新分工体系正在形成。工农和城乡之间新分工体系的初步形成，为新时代城乡融合发展提供了良好的社会条件。

4. 其他条件

城乡融合，除了生产力的融合、制度的融合与分工的融合外，文化融合与生态融合也是随着社会发展所出现的新的要求。农村有看得到的美景、忘不掉的乡愁，城市有丰富的现代生活和都市文化。农村人向往城市的丰富多彩，城里人向往农村的质朴美丽。只有实现了城乡之间的文化融合，才能进一步增加文化的丰富度，保留优秀的文化基因。现实中，农村多田园风光，城市多高楼大厦。只有实现了城乡之间的生态融合，才能享受到乡村美景和田园城市风光，才能实现人与自然的和谐相处。

新时代，国家越来越重视优秀传统文化的弘扬和发展，以及重视乡村的文化和生态价值，已经出台了一系列政策措施来保护和传承优秀传统问题，发展乡村文化和生态旅游等。除此之外，国家还投入大量的物力、财力和人力丰富农村居民的精神文化生活，加强农村的生态环境保护。对于城市建设，也更加注重生态和文化的价值作用。习近平总书记指出："城镇建设，要实事求是确定城市定位，科学规划和务实行动，避免走弯路；要体现尊重自然、顺应自然、天人合一的理念，依托现有山水脉络等独特风光，让城市融入大自然，让居民望得见山、看得见水、记得住乡愁。"[①]新时代的文化发展和生态发展为城乡融合创造了较好的文化和生态条件。

8.1.4 进一步探索新时代城乡融合的实现路径

新时代要实现城乡融合发展，促进农民市民化，需要加快解决"三农"领域中的发展不平衡和不充分的问题。尤其需要时刻把握两个基本原

---

① 习近平历次讲话，都讲了什么——从七个方面读懂中国治国理政思路 [N]. 人民日报（海外版），2014 – 02 – 27.

则：一是要坚持"党的集中统一领导"，坚持在中国特色社会主义道路中创新和发展城乡融合的体制机制；二是要不断解放、发展和保护农村生产力，为城乡融合打下坚实的物质基础。在此基础上，要重点把握实现城乡融合的几条路径。

第一，思想路径是坚持"以人民为中心"的发展思想，筑牢城乡融合发展的核心价值之基。马克思和恩格斯认为城乡融合的核心价值追求是实现人的自由全面发展。正如恩格斯指出的，"通过城乡融合，使社会全体成员的才能得到全面发展"[①]。我国正处于社会处于初级阶段，还没有达到实现人的自由全面发展的物质、精神和制度等条件。但是，"以人民为中心"的发展思想，是结合中国实际，对马克思和恩格斯提出的人的自由全面发展思想的具体化。新时代的城乡融合发展需要坚持"以人民为中心"的发展思想为核心价值取向，把增加农民福祉、促进城乡居民的全面发展作为根本的出发点和落脚点，努力实现共建、共享和共治的城乡融合新格局。

第二，方法论路径是坚持"两个结合"，加快实现工农互促和城乡互补。工农结合和城乡结合是马克思和恩格斯提出的解决城乡分离问题的基本途径，具有很强的方法论指导意义。实践经验表明，在现代工业文明中，工农结合得好，农业才能发展得好；城乡结合得好，农村才能发展得好。新时代，我们已经确立了工农互促、城乡互补和"全面融合"的城乡融合发展的基本思路，乡村振兴战略、农业农村优先发展和新型城镇化等政策措施都体现了上述基本思路。要进一步提高城乡融合发展的质量，需要不断破除各类制度障碍，创新实现"两个融合"的体制机制。

第三，生产力路径是"共同地和有计划的利用生产力"[②]，实现农业农村优先发展。马克思和恩格斯认为城乡对立的根源是城乡之间生产力发展的不平衡。要实现城乡融合发展，需要"共同地和有计划地利用生产力"。只有城市生产力进一步发展了，才能带动农村生产力的发展，只有农村自身的生产力发展了，才能真正地富农富村。破解城乡融合发展的难题，重点之一是农业农村现代化和农民增收问题。"三农"问题一直是我国现代

---

① 马克思恩格斯文集（第 5 卷）[M]. 北京：人民出版社，2009：557.
② 陈燕妮. 马克思恩格斯城乡融合思想与我国城乡一体化发展研究 [M]. 北京：中国社会科学出版社，2017：125.

化的短板。新时代，乡村振兴的重点是农业农村生产力的发展。没有农业农村生产力的大发展，就不能形成城乡融合发展的物质基础。所以，解放生产力、发展生产力和保护生产力，同时"共同地和有计划地利用生产力"是实现城乡融合的重中之重。

第四，制度路径是破除阻碍城乡融合发展的体制机制，建立一体化的城乡制度体系。我国的城市与农村的不平衡发展，很大程度上是由城乡二元的体制和制度造成的。要实现城乡融合发展，必须向改革要动力，用改革的办法破除这些阻碍城乡之间要素和资源合理流动的体制机制。① 需要进一步改革户籍制度，在允许符合条件的农村居民在除特大城市以外的大中小城市落户外，还应该发展县域经济为核心的中小城市，解决大部门 + 农民的市民化问题。② 需要打破城乡之间土地、资本和技术流动的限制，构建城乡一体的各类要素市场。需要逐步实现城乡基础设施、城乡公共服务和城乡社会保障体系的一体化。需要破除城市和农村之间生态与文化的隔离状态，构建城乡一体的生态和文化共享机制。

第五，权利路径是"还权赋能"，实现城乡居民之间发展权利的平等化。马克思在任《莱茵报》主编时对《科隆日报》提出的"以形式平等替代权利平等"的错误说法给予驳斥，并指出要实现"城市的区和农村的乡的权利平等"③。权利的平等实际上是城乡融合发展的重要内容。习近平总书记也讲过，"逐步实现城乡居民基本权益平等化、城乡公共服务均等化"④。促进农民市民化，实现城乡居民发展权利平等化，就是要"还权赋能"，给予农村居民平等的发展权利，共享改革发展的成果。例如，要深化农地承包地、宅基地和集体建设用地改革，赋予农民更多的土地财产权；要深化户籍适度改革，赋予农民自由的迁徙权利；要深化公共服务和公共资源配置体制改革，赋予农民更多享受优质教育、医疗和社会保障的权利；要坚决打赢脱贫攻坚战，赋予贫困人口同等的发展权利。

---

① 胡祖才. 城乡融合发展的新图景 [J]. 求是，2019（14）.
② 吴丰华，韩文龙. 改革开放四十年的城乡关系：历史脉络、阶段特征和未来展望 [J]. 学术月刊，2018，50（4）：58-68.
③ 马克思恩格斯全集（第1卷）[M]. 北京：人民出版社，1995：312.
④ 习近平在中共中央政治局第二十二次集体学习时强调健全城乡发展一体化体制机制让广大农民共享改革发展成就 [N]. 人民日报，2015-05-04.

8.2　构建农民市民化过程中土地财产权实现的制度体系

8.2.1　新时代农民市民化过程中要保障和实现其农地财产权益

党的十九大报告指出，"当前我国社会的主要矛盾已经转变为人民日益增长的美好生活需要和不平衡不充分的发展之间的矛盾"[①]。"不充分"和"不平衡"发展的表现之一是农业农村发展不充分和城乡之间发展不平衡。要解决这一矛盾，一方面需要落实农业农村优先发展和乡村振兴战略，让农业强起来，农村富起来；另一方面需要通过城乡融合发展和新型城镇化战略实现农民的市民化，实现人口转型和产业结构转型。新时代农民的市民化，一种途径是主动的市民化。农民通过升学、就业等方式在城市安家落户，成为新市民。另外一种途径是被动的市民化。由于征地、拆迁等失去了农地或宅基地等，农民被动地成为新市民。无论是主动的市民化或被动的市民化，都要正确处理好农民与土地、农民与集体、农民与市民、农民与国家的关系，其中农民与土地的关系是重中之重。

新时代农民市民化，既需要实现农民职业和身份的同步转变，又需要保障和落实农民土地财产权益。实现和保障农民的农地财产权益是新时代农民市民化的关键。通过农地产权改革历程可以看出，农民与土地的关系是关系农民基本生存和居住需求，以及社会稳定大局的重大关系。新中国成立前后，通过土地改革，农民获得了土地，这是国家直接给予农民的特殊权利。1953～1958 年，通过社会主义改造和人民公社化运动，农民的土地逐渐作为生产资料收归人民公社所有。1978 年改革开放以后，通过"包产到户"和家庭联产承包责任制等制度变迁，农民又重新获得了土地承包经营权。2012 年以后逐渐开始的"三权分置"改革将承包地的承包经营权

---

① 习近平．决胜全面建成小康社会夺取新时代中国特色社会主义伟大胜利——在中国共产党第十九次全国代表大会上的报告［M］．北京：人民出版社，2017．

分置为承包权和经营权，近些年宅基地也实现了所有权、资格权和使用权的三权分置。历次农地产权制度改革中，最重要的都是要正确处理农民与土地这个核心关系。新时代，在农民市民化过程中，农民与土地的关系如何调整也是一个重大难题。

计划经济时代，国家通过获得农业剩余等支持了工业化和城市化。改革开放以后地方政府通过压低农地地价和土地财政等实现了快速的工业化和城市化，创造了中国经济发展的奇迹。但是，在这整个过程中，农民的土地财产权利一直是被抑制的，农业、农村和农民为中国的现代化建设做出了重大贡献。现阶段，从经济条件、政治条件、社会条件、文化条件和生态条件等来看，我国已经具备了实现共同富裕的基本条件。要实现以人民为中心的发展思想，落实新发展理念中的共享发展，需要综合考虑农民市民化过程中土地财产权的赋予和实现问题。具体来说，一是征地和拆迁过程中，农地和房屋的补偿标准问题。2019 年新修订的《土地管理法》贯穿了"保障被征地农民原有生活水平不降低，长远生计有保障"的基本原则，补偿标准在原有的土地补偿费、安置补偿费、地上附着物和青苗补偿费的基础上，还增加了农村村民住宅补偿费用和将被征地农民社会保障费用纳入征地补偿的新规定。① 其中，土地补偿费以片区综合地价取代了过去以年产值倍数法的计算方法。新《土地管理法》的相关规定是有利于实现农民的土地和房屋财产权的，体现了共享发展的基本理念。二是农民市民化过程中，承包地和宅基地的退出问题。承包地是国家通过法律赋予农民的基本生产资料。目前，农民变为市民后，是否应该保留承包地承包权，尚有一些争议。一些地方坚持承包地的无偿退出；一些地方试点承包地的自愿有偿退出；一些地方试点允许农民变为市民后保留承包地的承包权，允许农民兼业经营，把其作为农民的一项财产权。笔者认为，应该在坚持现有法律法规的基础上，考虑中国农村人多地少的矛盾，仍然实行承包地的自愿无偿退出（与现行法律一致），同时允许在一轮承包期内，暂时不愿意退出承包地的农户实行兼业经营。宅基地是农民主要的生存型土地资源，新《土地管理法》也允许农民市民化后自愿有偿退出宅基地。这

---

① 中华人民共和国土地管理法 ［M］. 北京：中国法制出版社，2019：2 – 13.

实际上是赋予了农民又一项土地财产权，目的主要是支持农民市民化和增加其财产性收入。

8.2.2 实现农民农地财产权的本质要求是"还权赋能"

从 1978 年改革开放以来，我国农村土地产权改革已经实现了从"一权确立"到"两权分离"，再到"三权分置"的两次历史性飞跃。当前，农地产权改革的方向是坚持农村土地集体所有制基础上，实现承包地"三权分置"和宅基地"三权分置"。"三权分置"背景下，要实现农民的土地财产权，需要"确权颁证"和"还权赋能"，其中"确权颁证"是提前，"还权赋能"是本质要求。

1. 要"确权颁证"

市场经济条件下，产权的界定和保护是实现资源的优化配置，最大限度激励产权主体创造财富的必要条件。产权是促进交易双方形成合理预期的社会工具，也是形成外部性内部化的激励工具。[①] 随着我国市场经济体制的不断发展和完善，农村各类要素市场，尤其是土地要素市场正在逐步形成，土地要素的经济价值进一步突显。市场交易中，通过权利的交换，可以获得较好的经济收益。这就导致人们对农村土地的产权界定和保护越来越重视。目前，国家已经在全国范围内推行了承包地的确权颁证。但是，宅基地和房屋等的确权颁证目前正在试点中。"三权分置"背景下，"确权颁证"的范围有所拓宽，复杂性也有所增加。以宅基地"三权分置"为例，既要完成所有权、资格权和经营权的确权颁证，也需要完成地上房屋和附属物等的确权颁证。确权颁证以后，才能够进一步明确各类权利的边界，才能够进一步放活宅地基使用权，提高使用权的利用效率和经济价值等。但是，确权颁证是一项繁杂的系统工程，需要一定的时间来精心组织和实施。另外，产权边界的确定还受到确权的成本和收益的约束，如果

---

① Demsetz H. Toward a Theory of Property Rights [J]. America Economic Review, 1967, (57): 347 – 359.

确权后的成本高于收益,一般情况下人们也是不愿意参与确权的。所以,确权颁证需要因地制宜,重点突出,逐项推进。在完成承包地确权颁证后,应该考虑推进宅基地所有权、资格权和使用权的确权颁证,以及地上房屋和附属物的确权颁证,以便进一步盘活农村宅基地和闲置房屋,更好落实乡村振兴战略。

2. 要"还权赋能"

新一轮农地产权制度改革的总体思路是要形成归属清晰、权能完整、流转顺畅、保护严格的产权制度体系。其中,通过还权赋能完善其核心权能是关键。经过农地的确权颁证以后基本实现了还权于农,但是还没有实现还权于民,即土地承包经营权、宅基地使用权和房屋所有权等还没有实现合理流转和优化配置,也没有实现农地财产权的经济价值。[①] 在农地"三权分置"背景下,还权赋能的重点是厘清所有权、承包权(资格权)、经营权(使用权)等权能的边界和权能内涵,同时在具体权能中赋予农民一定的流转权、抵押权、收益权和处分权等。

首先,要厘清"三权"的边界和权利内涵及相互关系。以承包地为例,"三权分置"后,所有权的边界,以及所有权主体的法律化等需要进一步明确。以往农地的所有权主体是虚置的农民集体,市场经济条件下,农民集体这一所有权主体需要进一步明确化和法制化。目前,相关法律赋予了农村集体经济组织一定的法人地位,可以借鉴并逐渐实现农民集体这一所有权主体的规范化和法制化。承包权实际上是一种资格权,具有农民集体成员权资格的人才能获得承包权。目前的新情况是农民市民化过程中承包权的保留和放弃问题,即有偿退出还是按以前的法律规定交还给农村集体。2019 年新修订的《土地管理法》也没有给出明确规定,各试点地区的经验是允许农民市民化后自愿有偿退出承包地。农民市民化后保留土地承包权进行兼业经营,还是允许农民自由有偿退出,需要因地制宜地进行试点和分步骤推进。承包地的经营权是一项新创设的权利,目的是在坚持

---

① 郭晓鸣,廖祖君. 从还权到赋能:实现农村产权的合法有序流动——一个"两股一改"的温江样本 [J]. 中国农村观察,2013 (3):2-9.

农村集体所有制和农民的承包权基础上，通过放活经营权，实现农业的规模化和集约化经营。目前，放活经营权的难点是经营权的流转、抵押、期限及收益等如何实现和保障，尤其是经营权人如何对抗所有权人和承包权人的侵害，如何防范经营权抵押后给承包权人带来的可能损失等。承包地"三权分置"背景下的"还权赋能"既涉及法律层面或宏观层面的还权赋能，也体现在市场化运作过程中，通过建立相关的机制来保障各项权能的实现。

宅基地"三权分置"下，"三权"的边界和权利内涵及相互关系与承包地的"三权"内涵很多相似之处。不过，宅基地的资格权和使用权与其相比又有所不同。宅基地的资格权也是一种成员权，也是新创设的权利。创设这一权利的目的是在保障农民基本居住需求的同时，通过放活使用权来盘活农村土地和房屋资源，创造更多经济价值。"三权分置"以后，宅基地的使用权被赋予了更多的具体内涵，如可以流转、抵押和获得收益等。放活宅基地使用权，涉及四个层面：宅基地使用权的流转范围，仅限集体内部还是可以向外；宅基地上建设房屋和附属物进行创新创业；宅地基的自愿有偿退出；闲置宅基地的入市交易。① 这四个层面的放活，有些是同时涉及资格权和使用权的。

其次，赋予农民一些具体的权能。在传统的农地产权体系中，除了所有权、承包权和经营权三大权利外，一些延伸的具体权能往往是不完整的。② 一是收益权的归属问题。现行的法律规定承包地流转等获得的收益一般归承包人所有，但是承包地和宅基地等的征地收益，一般是在地方政府、农村集体和农民中进行分配，这种分配存在着一些不确定性，往往会损害农民的利益。二是处分权归属问题。民法中，处分权一般归所有权人，但是承包地和宅基地等农村土地的处分权的主体部分仍然控制在国家手中，农地的所有权主体——农民集体实际上是没有或者仅有少部分的处分权。所以，现实中农地的征收、补偿标准和退出等主要是国家通过法律

---

① 韩文龙，谢璐. 宅基地"三权分置"的权能困境与实现［J］. 农业经济问题，2018（5）：60 - 69.

② 刘灿，韩文龙. 农民的土地财产权利：性质、内涵和实现问题——基于经济学和法学的分析视角［J］. 当代经济研究，2012（6）：62 - 69.

控制的，出现了"同地不同权"和"同地不同价"的不平等问题。2019年新修订的《土地管理法》给征地范围和补偿标准、集体经营性建设用地入市和宅基地自愿有偿退出等做出了新的规定，有利于实现农民的土地财产权。但是，农地处分权问题的改革还需要继续。三是流转权和抵押权问题。"三权分置"下，放活承包地的经营权和宅基地的使用权是重点，所以经营权的流转目前主要采用市场化方式，宅基地使用权的流转还是受到流转范围等的一些限制。对于承包地经营权和宅基地使用权的抵押问题，目前还处在实践探索阶段。抵押权实现的难点是，经营权和使用权都是所有权延伸的权利，又由于农地的特殊性，抵押权的实现存在很多法律障碍，在市场化操作过程中也存在很多的风险，银行等金融机构不愿贷等问题突出。四是农地征用和用途管制问题。征地的范围和补偿标准一直是诱发农村社会矛盾的重要因素。目前的主要问题是公益性征地范围过于宽泛，补偿标准过低和不统一等。2019年新的《土地管理法》对公益性征地和补偿标准等进行了重新界定，有利于缓解各类矛盾的发生。但是，要落实农地入市"同地同权"和"同地同价"还需要进一步的实践探索。关于农地的用途管制是全世界的通行做法，我国农地用途管制的主要矛盾是农地的集体所有性质通过征地或入市等变为国有土地后的经济价值实现问题，以及用途管制的科学化和具体性问题等。如果说"三权分置"为实现农地的"还权赋能"构建了较好的制度框架，那么各类具体权能的"还权赋能"是实现农地财产权的微观实现机制。两者的有机结合，才能真正实现农民的土地财产权。

8.2.3 准确把握农地财产权实现的逻辑主线

构建以用益物权为核心的农地财产权体系是实现农民土地财产权的重要前提，保护和实现农地财产权还需要遵循权利赋予和回归、权利行使和运作、权利救济和保障的逻辑主线。

1. 注重农地财产权的权利赋予和回归

实现农地财产权的本质是"还权赋能"。在农地"三权分置"改革背景下，对于承包地要落实所有权、稳定承包权和放活承包权，对于宅基地要落实所有权、稳定资格权、放活使用权。除此之外，还需要进一步对各类衍生权利，如处分权、收益权、流转权、抵押权进行重新赋权或者赋能，让这些权能发挥真正的作用。"三权分置"和具体权能的实现，一方面需要国家通过立法等实现"放权让利"。例如，放开农地的部分处分权，允许符合规划和用途管制的宅基地和经营性集体建设用地直接入市，实现同地同权、同地同价。另一方面，需要通过创新市场化机制来逐渐实现具体权能。例如，如何放活承包地经营权？这需要创新承包地的流转、租赁、抵押等市场机制，通过构建法制化和市场化相结合的流转平台、租赁平台、抵押担保平台等实现承包地的顺畅流转和规模化经营。

2. 要注重农地财产权的行使和运作

某种意义上讲，农地财产权是农民可以获得收益的权利。目前，承包地的承包权和经营权、宅基地的使用权和集体建设用地的收益权等是农民可以行使的主要农地财产权。承包地的承包权是由法律明确规定具有成员权资格的农村集体成员可以依法获得承包地，并对承包地的使用期限等给予了明确规定。经过三十多年的发展和完善，承包地的承包权实际上已经获得了较好的保护。目前，在农民市民化过程中，出现了承包地退出等新问题。这涉及是否要重新赋权给农户，允许市民化的农民继续保留承包地进行兼业经营，或者允许承包地自愿有偿退出。农民承包地的退出权的赋权和行使，既关系到农户的财产权实现问题，也关系到农业发展和农村稳定问题，所以对于是否允许自愿有偿退出和市民化农民兼业经营还有很多争论。考虑到农地承包权取得的无偿性和社会公平性，笔者认为可以允许农民市民化后继续保留土地承包权，进行兼业经营，但是对于承包地自由有偿退出持保留态度。承包地是农民无偿获得的，其离开农民集体后，应该自由无偿退出或者保留承包权。承包地"三权分置"以后，承包地的经营权流转规模在不断扩大。但是，经营权的权能内涵没有法律化，使得经营权在行使过程中往往处于劣势地位。所有权人和资格权人频繁变动经营权的流转期限和租金，使经营权人的权利得不到有效保障。经营权不稳定和权属内涵不清晰，导致抵押贷款具有较大难度。因此，经营权的行使和运作还需要不断完善法律规定，需要赋予经营权更加充分的权能内涵，创新经营权实行和运作的机制，最大限度地放活经营权，实现农地资源的优化配置，提高农地使用效率。同时，需要建立健全经营权流转的信息平台，实现经营权流转的合理定价，保护和实现农民的土地财产权。

宅基地"三权分置"后，以宅基地为客体，农民的土地财产权的行使主要涉及宅基地使用权和房屋使用权等出让或流转，以及宅基地的退出问题。在现行法律中，宅基地使用权还是受限的权利，不能流转到农村集体以外。试点地区的宅基地使用权可以部分向外流转或与农村集体以外的主体共享。所以，目前宅基地的使用权一般是和房屋使用权等一起完成转让的。要落实乡村振兴战略，实现农业农村的优先发展，应该逐渐取消宅基地使用权流转范围的限制，允许农民在自愿和市场化交易原则下，将限制的宅基地和房屋等租借出去，发展农村各类产业。这样既可以提高农民的财产性收入，也可以为农业农村各类产业的发展提供用地支持。如果要放开宅基地使用权的转租、出让和流转等限制，需要建立健全与此相匹配的政策法规体系。一是确保农村宅基地的所有权性质必须是农民集体所有，保证宅基地的资格权必须是农户本人的。二是促使宅基地的资格权人和使用权人获得相应的经济价值的同时，必须保障各类权利主体的合法权利，防止侵权行为。尤其是宅基地使用权抵押贷款问题，要谨慎处理，防止使用权人对资格权人权利的侵害。农民所拥有的另一项关于宅地基的权利是自愿退出宅基地的补偿问题。2019 年的新《土地管理法》已经允许探索宅基地自愿有偿退出。但是退出后宅基地归谁所有？谁来支付退出补偿费？补偿费的标准应该怎么计算？这些问题还在试点中。以试点地区四川省泸州市泸县为例，作为国家级试点，该县宅基地退出一般是将宅基地性质由农村集体所有变为国有，由县级或乡级政府支付补偿费，然后把宅基地复垦为耕地，以 1∶1 的比例使用城郊等区域的耕地，扩大城市建设用地的指标，实际上是一种占补平衡的做法。这样的做法，既解决了耕地占有问题，也解决了城市发展用地和宅基地退出补偿问题。宅地基自愿有偿退出，尽管是国家赋予农民的一项特殊的土地财产权，但是一定要坚持自愿、有偿和循序渐进的原则，防止因为农民失地、失房、失业等带来社会不稳定因素，也要防止地方政府以宅地基有偿退出为名，变相地扩张土地财政。

集体经营性建设用地的收益权也是农民的一项土地财产权。新的《土地管理法》规定，"集体经营性建设用地在符合规划、依法登记，并经本集体经济组织三分之二以上成员或者村民代表同意的条件下，通过出让、出租等方式交由集单位或者个人使用"①。允许农村集体经营性建设用地"入市"参与土地市场交易，既盘活和利用了农村土地资源，又可以增加农民的财产性收益。不过，农村集体经营性建设用地入市的收益，作为集体收入，如何分配是关键。实现农民集体经营性建设用地的收益权，重点是完善收益分配机制。目前，农村集体经营性建设用地入市的收益分配是不同的，一些地方以所有权为依据，将土地入市的增值归农民集体所有，用于发展农村各类事业；另一些地方实施地方政府、村集体和农户之间按比例分成的方式。目前，对于地方政府是否参与农村集体经营性建设用地入市的增值收益分成存在很大争论。如果从法律意义上讲，农村集体经营性建设用地的所有权归农民集体所有，收益应该归农民集体所有。农户是农民集体的组成部分，农户以资格权获得集体土地的增值收益是具有一定合理性的。同时，在入市交易中地方政府提供的服务性工作，也需要获得一定补偿。笔者认为，应该完善土地增值收益分配的法律法规，赋予土地所有者和农户完整的收益权，地方政府可以依法收取土地管理费和土地增值税等。避免地方政府通过公权力参与农村集体经营性建设用地入市的土地增值收益，损害农民集体和农户的收益权等。

3. 农地财产权的权利救济和保障

权利救济是指权利人的实体权利受到侵害时，有相关的机构或个人在现行法律框架内采取一定的补救措施来消除相关损害，将受害人的损失降低或给予特定补偿，以保障权利人的合法权益。英美法律强调"救济优先于权利"，具有"补救之法"之称，大陆法系则强调"权利先于补救"，具有"权利之法"之称。我国具有大陆法系的传统，对于权利的救济，一般以实体性权利存在为前提，强调侵权事实的发生。权利救济主要以法律

---

① 中华人民共和国土地管理法［M］. 北京：中国法制出版社，2019：32.

救济为主，具体包括司法救济、仲裁救济和行政司法救济等。现行法律对农地财产权的权利救济还是缺乏的。在《物权法》等相关法律中，已经将宅基地的使用权和承包地的承包经营权列入"用益物权"的范围，可以说已经具备了实体性权利了。但是还存在很多问题。一是集体经营性建设用地的收益权还没纳入实体性权利。二是"三权分置"以后，承包地的承包经营权分置为承包权和经营权，宅基地的"两权"也变成了所有权、资格权和使用权。这些权利哪些应该纳入用益物权的范围，需要法律进一步明确。在进一步明确相关权利的基础上，需要建立农地财产权的权利救济和保障机制。农地财产权的权利救济要坚持及时性、公平性、充分性、正义性和经济性等原则。重点需要畅通司法救济机制，让受到侵权的权利主体通过司法程序等获得相关的权利保护；需要建立仲裁救济机制，让一般性的土地财产权纠纷能够得到快速化解；需要建立行政司法救济机制，通过行政复议和行政裁决解决一般性的土地侵权行为等。

8.2.4　构建以用益物权为主要内涵的农地财产权制度

财产权是相对于人身权而言的。广义的财产权是以所有权为核心的物权、准物权、债权和知识产权等的总和；狭义的财产权主要指物权。大陆法系注重财产权的"物的属性"，英美法系注重财产权的"人的权利属性"。我国的财产权体系更加偏向于大陆法系。物权是大陆法系的法律用语，主要指以所有权、用益物权和担保物权为核心内容的"他物权"，权利人可以对特定的权利客体行使以上相关的权利。《物权法》颁布之前，我国农民的承包地的承包经营权和宅基地使用权还存在债权和物权的争论。2007年颁布的《物权法》明确了承包经营权和宅基地使用权为物权，[①] 且明确了这两种权利均为"用益物权"。用益物权是"用益物权人对他人所有的不动产或动产，依法享有占有、使用和收益的权利"[②]。

用益物权的特点与现行农地财产权制度具有较好的契合性。首先，用

---

① 2007年颁布的《物权法》仅规定了城市建设用地的使用权为物权，对农村集体建设用地使用权问题没有专门规定。

② 中华人民共和国物权法（实用版）[M].北京：中国法制出版社，2016：63.

益物权的设置以物的用益性为基本属性，强调客体物的使用和收益。这与现行农地产权制度中的权利设置是一致的。现行的农地财产权中，所有权属于农民集体，承包权归具有集体成员权的农户所有，经营权可以通过合法途径出租、出让或流转等。在坚持农村农地集体所有制的前提下，注重农地财产权中的使用权和收益权，是农村财产权改革的重要方向。其次，用益物权强调权利的相对独立性，要求在一定范围内排除所有权的干扰。用益物权一旦依法设立，用益物权人就可以独立享有特定物的使用权和收益权。我国现行农村土地制度也规定，按照国家法律法规，农地承包权人从农村集体发包方获得土地承包权后，在法定期限内不得收回。同时，具有集体成员权和资格权的农户依法获得的宅基地使用权等，在规定期限内农村集体也不得收回。这种注重农村产权使用权的权利体系设置，实际上在某种程度上强调了承包经营权和宅基地使用权的相对独立性。再次，用益物权对特定标的物是缺乏最终处分权的。在财产权体系中，最终处分权是属于所有权人的。用益物权本身是在坚持所有权的前提下，为提高资源的配置和使用效率而设置的，目的是最大限度地发挥使用权的作用。用益物权设定后，用益物权人可以享受使用、抵押、收益等细分权能，但是不能对特定标的物进行最终处分。这样的权利设置，与现行的农地财产权制度也是基本一致的。无论是农民的土地承包经营权，还是宅基地的使用权，都注重使用权、流转权、抵押权和收益权的权能实现，而不具有最终处分权。这样的财产权制度安排，是有利于坚持农村集体所有制和社会主义方向的，也是有利于最大限度地发挥农地财产权的经济价值和社会价值的。最后，用益物权具有一定的排他性和对抗性。这两种性质可以在一定程度上防止所有权人对用益物权人的干涉和权利侵害，也可以引导全社会更加注重对他人之物的利用。现行农地财产权制度，在法律条文和实施制度上都构建了保护承包地承包权人和宅基地使用权人权利的内容，一定程度上防止和限制了所有权人对其权利的侵害，保障了农地财产权制度的稳定性。

新时代，"三权分置"是农地产权改革的主要方向，主要涉及承包地的"三权分置"和宅基地的"三权分置"。构建以用益物权为主要内涵的农地财产权制度，需要坚持"三权分置"的改革方向，以用益物权为主要权属内涵，进一步实现以土地承包经营权、宅基地使用权和集体收益分配权为主的财产权权利价值。[①]

一是土地承包权和经营权。2007 年颁布实施的《中华人民共和国物权法》把承包经营权列为一类用益物权，规定"土地承包经营权人依法对其承包经营的耕地、林地、草地等享有占有、使用和收益的权利"[②]。该法还对承包地承包经营权的承包期限、互换、流转、转让、收回和征地补偿等做出明确规定。由于《物权法》是在农地"两权分离"的制度框架下进行的，所以法律规定承包地的承包经营权为用益物权。但是，为了进一步解放农村和农业生产力，实现农业规模经营，以及建立城乡融合的新型城乡关系，解决农民市民化过程的土地权利问题，2016 年，党中央和国务院以正式文件的形式确定了农地"三权分置"改革。[③] 农地"三权分置"中，承包经营权分置为承包权和经营权。那么承包权和经营权都是用益物权吗？首先，承包权是有集体成员资格权的承包权人通过与承包地所有权人，即承包地发包人签订合同获得的，是所有权的具体权能，如占有权、使用权、抵押权和收益权等的让渡。如果承包权人和使用权人是同一个人，这些单独的权利就由承包权人独享。如果承包权人将农地的经营权出租、转让或流转给其他人，则承包权人仅保留了占有权和部分收益权。从所有权人和承包权人的关系上看，承包权人获得了承包地的全部或部分用益物权，这主要取决于土地是否流转等。其次，经营权人通过出租、转让和流转等方式获得了承包地的使用权。在规定的期限内，承包权人将属于自己的一些用益物权权能，如使用权、抵押权和部分收益权分割给了经营权人。获得使用权的经营权人在合同规定的期限和范围内，可以获得部分的排他性和对抗性权利，来防止所有权人和承包权人的侵害。但是现实中，经营权人往往处于弱势地位，这是与经营权是第二次权利分离和权能分割的制度安排有关。"三权分置"背景下，要落实用益物权为主的承包

[①] 孔祥智，刘同山. 赋予农民更多财产权利：必要性、内涵与推进策略 [J]. 教学与研究，2014（1）：27 – 34.

[②] 中华人民共和国物权法（实用版）[M]. 北京：中国法制出版社，2016：66.

[③] 中共中央办公厅，国务院办公厅. 关于完善农村土地所有权承包权经营权分置办法的意见 [EB/OL]. 新华社，2016 – 10 – 30.

地财产权制度，需要进一步落实所有权、稳定承包权、放活使用权，重点是要明确各类权利的权利边界和相关关系，实现对所有权、承包权和经营权的平等保护等。

二是宅基地的资格权和使用权。2007 年颁布实施的《物权法》把宅基地使用权列为一类"用益物权"。① 这一规定是在"两权分离"的背景下提出的，在宅基地"三权分置"改革背景下，宅基地的资格权和使用权是不是可以被看作用益物权？首先，资格权是由于"农民集体"内部的农户通过向土地管理部门依法申请获得的，具有内部人性质和法律效力。如果获得宅基地的农户使用宅基地建房和附属设施用于居住和发展家庭经济等，宅基地的资格权和使用权是共同发挥作用的，即具有占有、使用等用益物权的一般特性。如果按照宅基地试点地区的做法和 2019 年新修订的《土地管理法》的相关规定，农户将宅基地之上的房屋和附属设施等用于出租、出借等，主要用于获得租金收益等，宅基地的资格权和使用权是分离的。农户所拥有的资格权是国家和农民集体赋予农户的特殊权利，目的是保障农民的基本居住需求。在乡村振兴背景下，通过创设宅地基资格权，既保证了农户的基本居住需求，又可以盘活农村宅基地和房屋资源，发展农村经济，增加农民收入。农民凭借资格权，将宅基地使用权和房屋使用权等共同出让，可以获得可观的财产性收益。那么，农户所拥有的宅基地资格权是不是严格意义上的用益物权？宅基地的资格权是所有权人依法让渡给农民集体的内部人的，也是对宅基地使用权的占有、使用和收益的依据。但是，资格权又不是严格意义上的使用权，它仅仅是一种准所有权，或者说所有权的延伸，它同样可以获得收益。尤其是宅基地和房屋等出租和出借时，宅基地的资格权和使用权归两个以上主体所有，农户可以通过资格权获得租金收益。其次，宅基地使用权是严格意义上的用益物权。在宅基地"三权分置"下，放活使用权是重点。《物权法》承认宅基地使用权是用益物权，但是又采用限制性的规定弱化了使用权的范围和行使方式，如用途管制和流转范围管制等。如何进一步放活宅地基使用权，国家层面还是非常谨慎的。2015 年，国务院获得全国人大常委会授权，在

---

① 中华人民共和国物权法（实用版）［M］. 北京：中国法制出版社，2016：75.

全国 33 个市、县和区试点宅基地有偿使用、有偿退出和直接入市。2019年新修订的《土地管理法》增加了新内容,即"国家允许进城落户的农村村民依法自愿有偿退出宅基地"①。全国范围来看,宅基地使用权的流转范围还主要在农民集体内部,不过已经允许农民在自家宅基地上建造房屋等附属设施用于出租和出借、发展农村各类产业。放活宅基地使用权,实际上是在探索宅基地使用权的共享机制,实现使用权的经济价值。现实中,宅基地的使用权是和房屋等附属设施的使用权共同出让、出租的。现行法律并不鼓励宅基地的使用权单独出让或出租等。不过,实践中出现的共建共享产权分割的泸州市泸县宅基地试点模式等,正在扩大宅基地使用权的利用方式。当前,要落实用益物权为主的宅基地财产权制度,要进一步推进宅基地"三权分置"改革,需要落实所有权、稳定资格权、放活使用权,重点是创新使用权的实现机制和风险防范机制。

需要说明的是,农地财产权制度体系,除了以用益物权为主要内涵的承包地财产权和宅基地财产权以外,还包括以所有权为核心的集体建设用地(除宅基地以外)的土地增值收益的分配体系,如集体建设用地(除宅基地以外)在转让、入市、征地等过程中获得收益的分配问题等。

---

① 中华人民共和国土地管理法 [M]. 北京:中国法制出版社,2019:32.

第9章

主要结论及政策建议

9.1 主要结论

新时代，以城乡融合发展为背景，新型城镇化的实质是农民的市民化。在农民市民化过程中，不仅要解决农民进城以后的就业、住房和社会保障等问题，还需要重点关注农民土地财产权的实现和权利保障问题。某种程度上讲，农民土地财产权的界定、保护和实现是解决进城农民后顾之忧，加速城镇化进程的重要保障。新中国成立 70 多年来，尤其是改革开放40 多年来，我国农民市民化的途径主要有两条：一是主动的市民化，如农村居民通过进城就业、参军和上学等成为城镇居民；二是被动的市民化，即随着工业化和城市化发展，一些农民失去了赖以生存的土地，被动地成为城市居民。无论是主动的市民化还是被动的市民化，都涉及农民土地财产权的实现问题。从演变历程看，我国农民市民化过程中农民的土地财产权也经历了从"双放弃"到"不放弃"的转变。当前，党和国家非常重视实现农民的土地财产权。在实践中，农民土地财产权实现模式不断创新。农地财产权的实现，是在农地"三权分置"改革背景下，通过农地产权改革实现的。具体来讲，就是在承包地"三权分置"、宅基地"三权分置"、经营性集体建设用地入市、林地"三权分置"等改革中，逐渐实现农民土地财产权的各项产权权能。基于本书的研究得出以下主要结论。

第一，城乡融合发展是新时代农民市民化的助推器。新时代"城乡融合"是基于中国实际对马克思和恩格斯城乡融合思想的创新与发展，是新时代全面建设社会主义现代化强国的根本要求，也是坚持"以人民为中心"的发展思想和落实新发展理念的具体体现。新时代城乡融合发展的核心要义是统筹处理好工农关系、城乡关系、农民和市民的关系、农村市场和城市市场的关系；本质要求是实现工农城乡的共享发展和高质量发展。新时代，我国已经具备了实现城乡融合发展的物质条件、制度条件和社会条件等。要实现城乡融合发展，需要准确把握两条基本遵循，创新和探索实现城乡融合的思想路径、方法论路径、生产力路径、制度路径和权利路径。城乡融合发展，尤其是城乡土地市场的一体化，是实现农民土地财产权的重要制度前提。

第二，"三权分置"下的农地产权改革是实现农民土地财产权的基础性制度要件。农地产权制度变革的核心问题是在双重约束下正确处理农民和土地的关系、农民和集体的关系、农民和市民的关系、农民和国家的关系。新时代，我国农地产权制度改革的总体趋势是在坚持农村集体所有制基础上，进一步还权赋能，落实"三权分置"，实现土地权利均等化和土地收益分配合理化。只有逐渐实现了农地"三权分置"改革的任务，农民市民化过程中的各项土地财产权才能得到保障和实现。

第三，农地产权制度改革实践的多样性是实现农民土地财产权的有益探索。当前，农村产权制度改革涉及承包地和宅基地的"三权分置"、经营性集体建设用地入市、林地"三权分置"改革等，各类改革的侧重点不同，但是总体方向是实现农地财产权的"还权赋能"。各地的实践模式也出现了多种创新，如政府主导型、市场导向型及股份合作型的承包地产权制度改革的实现模式，集体建设用地入市、共建共享、置产经营、抵押融资、房地置换强脱贫和超占宅基地有偿使用等闲置宅基地使用权实现模式，以及家庭林场、股份合作制和林地共营等林地"三权分置"中放活经营权的模式等。这些实践模式创新了农地财产权的实现机制，为进一步落实和保障农民市民化过程中的土地财产权提供了有益的探索。

第四，构建以用益物权为主要权属内涵和创新权力运行及救济机制等是实现农民土地财产权的关键。在农地"三权分置"改革背景下，只有通过"确权颁证"和"还权赋能"才能为农地财产权的实现创造条件。"还权赋能"既要厘清"三权"的边界和权利内涵及相互关系,也要赋予农民具体的权能,如流转权、抵押权、收益权和退出权等。总的来讲,在农民市民化过程中,实现农地财产权需要遵循权利赋予和回归、权利行使和运作、权利救济和保障的逻辑主线。其中,土地承包经营权、宅基地使用权和集体收益分配权等是进城农民可能享有的最为重要的土地财产权。这些权能的实现,需要进一步创新流转、抵押、入市和退出补偿机制等。

9.2　政策建议

新时代农民市民化的关键是要保障和实现其农地财产权益。具体来说,农民市民化过程中,实现其土地财产权要重点把握以下三条路径。

第一,法律路径。目前,以用益物权构建农民土地财产权已经部分在《物权法》中给予了确认,如土地承包经营权和宅基地使用权等。但是随着"三权分置"改革的推进,承包地的承包权和经营权分离、宅基地的资格权和使用权分离后,需要进一步明确到底哪些权利属于《物权法》规定范围内的用益物权。对具体权能的流转、抵押和退出等也需要补充和充实。尤其是对农民市民化过程中承包地的承包权保留与宅基地资格权的退出等进行规定,使农民获得应该享有的土地财产权。同时,既然 2019 年新的《土地管理法》已经容许集体经营性建设用地入市交易,那么,集体经营性建设用地的收益权应该尽快纳入《物权法》等范围内,重点规范好集体经营性建设用地土地增值收益的分配机制等。由于农地财产权的赋权和实现涉及多部法律法规,所以《土地管理法》《承包地法》《宅基地管理办法》《物权法》等法律法规要衔接一致,才能真实构建起以用益物权为主要内容的农地财产权体系。

第二,权利路径。一是"还权赋能",重点完善承包地经营权、宅基地使用权和集体建设用地收益权等流转、抵押、收益和处分等的具体权能。二是要建立健全权利的救济机制,通过行政司法救济机制、行政复议和行政裁决等体系化的农地财产权权利救济机制,解决权能使用权的冲突，保障农民合法的土地财产权益。农民市民化过程中，既要考虑一般性的还权赋能，也要考虑特殊性的"还权赋能"，重点是承包权的保留和宅基地退出的补偿等问题。

第三，市场机制路径。实现权利的经济价值，还是需要通过创新市场机制来实现。对于承包地的经营权，要探索建立区域性和全国性的经营权流转市场，促进权利抵押和地上附着物抵押向复合式抵押担保体系转变，实现权利融合，建立承包地抵押贷款的风险基金等，化解权利抵押贷款存在的潜在风险。对于宅基地使用权流转，既需要逐渐放开流转范围限制，允许农民通过多种方式来用活宅基地，增加财产性收益，又要构建与宅基地使用权和房屋所有权相结合的共同赋权机制，实现两者的同时流转等。宅基地的自愿有偿退出也需要合理的市场机制来解决资金来源、宅基地转换、宅基地定价和入市等问题。对于集体建设用地收益权的实现，关键是建立健全土地定价、入市和收益分配机制。农民市民化过程中要进一步实现其土地财产权利，就需要以上市场机制的支持，才能实现权利价值向经济价值的转换。

附件：

<h1 style="text-align:center">调研问卷</h1>

问卷编号：								
调查时间：20		年	月	日—20		年	月	日
调查 地址	农村：	省	市	县	镇（乡）			村
	城市：	省	市	区	街道/社区		居委会	

<h1 style="text-align:center">调 研 问 卷</h1>

国家社科基金青年项目
"农民市民化过程中农地财产权实现机制创新研究"课题组

致受访者

尊敬的受访者：

您好！我们是国家社科基金青年项目"农民市民化过程中农地财产权实现机制创新研究"课题组。本调查是一项纯学术研究的调查，主要目的是为了学者研究中国农村居民市民化过程中农地财产权的实现问题，形成相关的研究报告，以便相关决策部门采用，进一步保障和实现农民的土地财产权，增加农民的财产性收入。我们承诺本数据不用于商业目的，我们将严格遵守《统计法》等相关的法律和伦理道德，为您的回答保密。

衷心谢谢您的支持和配合！

"农民市民化过程中农地财产权实现机制创新研究"课题组

2017 年 6 月

访员承诺书

我保证本问卷所填写的各项资料，均按照访问规定程序完成，绝对真实无欺，若有任何一份问卷作假或伪造，我所做的其他全部问卷作废。并赔偿由此带来的经济和名誉损失，直至承担相应的法律责任。

访员签名：

注意事项

1. 本问卷中，若被调查对象已经转化为城市户口，则使用城市地址；若仍然为农村户口，则使用农村地址。

2. 本问卷中的村、乡镇、县、市、省泛指同级别的行政区划（"村"泛指所有村级行政区，包括村、社区、管理区、嘎查、大地等；"乡镇"泛指所有乡镇级行政区，包括乡、民族乡、镇、街道、苏木、民族苏木、（县辖）区、（县辖）市等；"县"主要是指县、县级市、市辖区、少数民族地区的旗、特区、特区和林区等，具体行政区划名称根据当地情况确定。

填表说明

1. 本表由课题组的问卷调查员填写。所有数据务必要做到客观、公正和准确，要务必确保调查数据的真实性和可靠性。

2. 在填写相关数据时，问卷调查员要注意保留受访者的联系方式和基本信息，以便后期回访和数据处理。

3. 填写问卷时务必做到字迹工整和问卷整洁。

4. 填写问卷时存在有疑问的地方，请及时联系课题组负责人。

T1：访问开始时间：_____年_____月___日___时___分

第一部分　调查员观察

调查员注意事项：以下为基本场景问题，请调查员根据自己的观察自行完成，务必做到客观和公正。

［F0001］受访者所居住的城市小区或村落位于：（　　　）

    ① 丘陵地区

    ② 高山地区

    ③ 高原地区

    ④ 平原地区

    ⑤ 草原地区

    ⑥ 海边渔村

    ⑦ 其他地区

［F0002］受访者所居住的房屋位于以下哪个区域？（　　　）

    ① 大城市市区

    ② 大城市的郊区

    ③ 中等城市

    ④ 小城镇

    ⑤ 乡镇集市

    ⑥ 农村

［F0003］受访户所居住的房屋是什么结构的建筑？（　　　）

    ① 农家房

    ② 单独的建筑，住有一两户人家

    ③ 两户或多户人家并排的建筑

    ④ 这幢楼有两个以上单元，且有五层以上

［**F0004**］受访户所在的小区/村子有物业吗？（　　）

　　① 有

　　② 无

［**F0005**］受访户所居住的小区或村子中，停放的车辆预估价格大概是多少？（　　）

　　① 3 万元以下

　　② 30000 ~ 100000 元

　　③ 100001 ~ 200000 元

　　④ 200001 ~ 500000 元

　　⑤ 50 万元以上

［**F0006**］这小区/村子有可以通车的马路吗？（　　）

　　① 有

　　② 无

［**F0007**］小区/村子内部马路的整洁程度怎样？（　　）

　　①非常差　②较差　③一般　④较好　⑤非常好

［**F0008**］小区/村子的拥挤程度：（　　）

　　①不拥挤　②一般拥挤　③较拥挤　④非常拥挤

［**F0009**］小区/村子绿化程度：（　　）

　　①非常差　②较差　③一般　④较好　⑤非常好

［**F0010**］小区/村子经济状况：（　　）

　　①非常差　②较差　③一般　④较好　⑤非常好

第二部分　特征变量

一、家庭成员基本信息（以户口本登记信息为准）*

受访者家中人口数：_____人

家庭成员编号	(1)	(2)	(3)	(4)	(5)	(6)	(7)	(8)	(9)
1. 与户主关系[a]									
2. 性别 （1）男；（2）女									
3. 年龄									
4. 民族									
5. 教育水平 （1）文盲/半文盲；（2）小学；（3）初中； （4）高中/中专；（5）大专；（6）本科或 以上									
6. 现在户口类型 （1）农业；（2）非农业									
7. 最近 10 年是否发生户口类型改变 （1）没有；（2）农转非；（3）非转农									
8. 婚否 （1）未婚；（2）已婚；（3）离异；（4）丧 偶；（5）其他									
9. 职业 （1）无业；（2）务农；（3）农民工或产业 工人；（4）营销员和服务员；（5）个体劳 动者和个体工商户；（6）私营企业主； （7）国家机关工作人员；（8）事业单位工 作人员；（9）在校学生；（10）自由职业 者；（11）其他									

---

　　* 若受访者是户主，则被访者信息填写在第（1）列；若受访者不是户主，则被访者信息填写在第（2）列；若被访者是同一户口本内的其他亲人信息填写在第（3）~第(8)列内。请将所选项的序号填写在相应的空格内。

续表

家庭成员编号	(1)	(2)	(3)	(4)	(5)	(6)	(7)	(8)	(9)
10. 是否干部 （1）否；（2）村干部；（3）乡镇干部； （4）县级或以上干部									
11. 政治面貌 （1）中共党员；（2）群众；（3）民主党 派；（4）其他（请注明：_____）									
12. 健康状况 （1）健康；（2）一般；（3）患病；（4）残疾									
13. 宗教信仰 （1）没有宗教信仰；（2）基督教；（3）伊 斯兰教；（4）道教；（5）佛教；（6）其他									
14. 是否外出务工？ （1）是（若回答"是"，请继续填写 15～ 19 题）；（2）否									
15. 外出务工年限（填写年份，如 4 年）									
16. 外出务工目的地 （1）本村；（2）本县及以内；（3）本省及 以内；（4）外省									
17. 外出务工所从事行业 （1）农业；（2）制造业；（3）建筑业； （4）交通运输业；（5）仓储、邮政和快递 配送业；（6）批发零售业；（7）住宿餐饮 业；（8）采矿业；（9）居民服务及其他服 务业；（10）教育行业；（11）国家机关和 事业单位；（12）其他（请注明：_____）									
18. 从事何种工种 （1）体力劳动者；（2）初级技术人员； （3）熟练技师（农业、工业和运输业等行 业）；（4）基层管理人员；（5）中高层管理 人员；（6）初级商业经营人员；（7）中高 级商业经营人员									
19. 外出务工的月收入约为： （1）1000 元以下；（2）1000～2000 元； （3）2001～3000 元；（4）3001～4000 元； （5）4001～5000 元；（6）5001 元～10000 元；（7）10001 元以上									

二、家庭基本情况

1. 家庭成员构成信息

1.1 家庭总人口数	（ ）	人
1.2 老人数量	（ ）	人
1.3 在读学生数量	（ ）	人
1.4 劳动者数量	（ ）	人
其中：完全务农数量	（ ）	人
工农兼业数量	（ ）	人
完全务工人数（含本地务工和外地打工）	（ ）	人

2. 家庭经营基本情况

2.1 农户承包地总面积 　　（以土地承包经营权证上记载的面积为准）	（ ）	亩
其中：水田面积	（ ）	亩
旱地面积	（ ）	亩
草地（场）面积	（ ）	亩
林地面积	（ ）	亩
2.2 承包地的承包期限为	（ ）	年
2.3 最近3年土地是否抛荒？ 　　（1）是；（2）否	（ ）	
接上题，若抛荒，最近3年土地抛荒面积约为	（ ）	亩
2.4 最近3年土地是否转卖？ 　　（1）是；（2）否	（ ）	
接上题，若转卖，最近3年土地转卖面积约为	（ ）	亩

2.5 家庭年货币收入估算（包括非现金收入折算）

其中：务农收入（主要指从事农林牧渔业的收入）	（ ）	元/年
政府各类补贴收入（农业种植补贴和其他补贴等）[b]	（ ）	元/年
外出务工收入	（ ）	元/年
打临工收入	（ ）	元/年
企事业单位工资收入	（ ）	元/年
个体经营或私营企业收入	（ ）	元/年
其他	（ ）	元/年

3. 家庭资产和负债情况

3.1 农村住房情况

其中：拥有住房数量	（　　　　）处
现居住住房面积	（　　　　）平方米
现居住住房类型：（1）瓦房；（2）平房；（3）楼房；（4）窑洞；（5）其他（请注明：＿＿＿＿＿＿＿）	选项：（　　　　）
宅基地面积	（　　　　）平方米

3.2 城市住房情况

其中：您在乡镇或县城或其他城市是否购买住房？ （1）没有； （2）有，＿＿＿＿平方米，总价约＿＿＿＿万（现价）	选项：（　　　　）
如果条件允许，您是否愿意到城镇买房居住？ （1）愿意；（2）不愿意；（3）没想清楚	选项：（　　　　）

3.3 车辆购买情况

其中：是否购买小汽车 （1）购买，小汽车总价为＿＿＿＿＿元； （2）没有	选项：（　　　　）

3.4 金融资产情况

其中：您家是否具有存款账户（活期账户＋定期账户） （1）有；（2）没有	选项：（　　　　）
接上题：存款账户（活期账户＋定期账户）余额大约在哪个范围： （1）5000元以下；（2）5001～10000元以内；（3）10001～30000元以内（4）30001～50000元以内；（5）50001～100000元以内；（6）100001～200000元以内；（7）200001～300000元以内；（8）300000元以上	选项：（　　　　）
您家有下列哪些金融资产？（可多选） （1）股票；（2）债券；（3）基金；（4）衍生品； （5）金融理财产品；（6）都没有	选项：（　　　　）
接上题：以上金融资产的总价值大约在哪个范围： （1）5000元以下；（2）5001～10000元以内；（3）10001～30000元以内；（4）30001～50000元以内；（5）50001～100000元以内；（6）100001～200000元以内；（7）200001～300000元以内；（8）300000元以上	选项：（　　　　）
你家是否具有家庭债务？ （1）有；（2）没有	选项：（　　　　）

家庭债务类型为（可多选）： （1）学生教育负债；（2）建房或购买住房负债；（3）治病负债；（4）婚丧嫁娶负债；（5）找工作负债；（6）农业生产购买生产资料负债；（7）其他类型负债	选项：（　　　　　）
接上题：以上负债总额大约在哪个范围（1）5000元以下；（2）5001~10000元以内；（3）10001~30000元以内；（4）30001~50000元以内；（5）50001~100000元以内；（6）100001~200000元以内；（7）200001~300000元以内；（8）300000元以上	选项：（　　　　　）

3.5 家庭社会保障

您家购买了以下哪些社会保障和保险类型（可多选）： （1）农村医疗保险（如新农合等）；（2）城镇医疗保险；（3）社会基本养老保险；（4）新型农村社会养老保险；（5）失业保险；（6）其他类型保险（如商业保险等）	选项：（　　　　　）
接上题：您家每年的社会保障和保险支出大约为：（1）500以内；（2）501~1000元以内；（3）1001~3000元以内；（4）3001~5000元以内；（5）5001~10000元以内；（6）10001~30000元以内；（7）30001~50000元以内	选项：（　　　　　）
您家是否缴纳住房公积金： （1）否；（2）是，每月缴纳_____元	选项：（　　　　　）
您家最近一年内是否得到过亲朋好友或邻居等的经济支持（如借款、赠送礼物、给予其他经济支持等）？ （1）没有；（2）有	选项：（　　　　　）

注：a. 与户主关系包括：父子、母女、母子、母女、夫妻、兄弟、姐妹等；

　　b. "农业补贴"包括：种粮直接补贴、良种补贴、农民专业合作社补贴政策、可繁殖母猪补贴、优良种猪补贴、农机补贴、小额贷款贴息、奶牛补贴等。

第三部分　专题调研

土地财产权内涵与实现问题

1. 您所在行政村是否已经完成了农地（包括耕地、林地、山地和荒地等）的确权登记发证工作？（　　）

①已经完成　　　　　　②正在进行　　　　　　②尚未完成

2. 您是否支持对农地（包括耕地、林地、山地和荒地等）进行确权登记发证？（　　）

①支持　　　　　　　　②不支持（跳转至第4题）

3. 您支持农地（包括耕地、林地、山地和荒地等）确权登记发证的原因是？（　　）

①土地产权明晰和取得产权证后心里有底

②土地确权登记发证后土地流转更加方便

③有利于保障土地收益等权利的实现

④因土地产权边界不清产生的纠纷会减少

⑤其他原因：（请注明：_____）

4. 你不支持农地（包括耕地、林地、山地和荒地等）确权登记发证的原因是？（　　）

①觉得土地确权后没啥用

②确权会产生新的纠纷，没必要确权

③确权需要花费很大的人力和物力，觉得没必要。

④确权后自己的土地可能会减少

⑤确权后自己的土地会增加，相应的各种税费会增加

⑥其他原因：（请注明：_____）

5. 您家农地（包括耕地、林地、山地和荒地等）确权后面积是否有变化？（　　）

①没有变化

②有变化，增加了_____亩

③有变化，减少了_____亩

6. 您是否仍然耕种土地（包括耕地、林地、山地和荒地等）？（   ）

①是（如果是，请回答第 7 题）

②没有，已经流转给其他人耕种了（如果没有，请跳转至第 8 题）

③没有，已经抛荒（如果没有，请跳转至第 8 题）

④没有，已经转卖（如果没有，请跳转至第 8 题）

7. 您目前主要种植以下哪些农业作物？（可多选）（   ）

①玉米、小麦和稻谷等粮食作物

②油菜、棉花、胡麻和大豆等经济作物

③蔬菜和水果等作物

④花卉和苗木等

⑤其他作物

8. 您是否具有土地流转的意愿？（   ）

①有   ②没有

9. 目前您家土地是否已经流转出去？（   ）

①有   ②没有（若没有，请跳转至第 12 题）

10. 您家土地主要流转给以下对象或组织：（可多选）（   ）

①亲戚朋友   ②中粮大户   ③家庭农场

④土地股份合作社   ⑤农业专业合作社   ⑥农业企业

⑦其他

11. 您流转土地后，每年的租金收入一般在以下哪个范围：（   ）

①没有租金   ② 0 ~ 500 元   ③ 501 ~ 1000 元

④ 1001 ~ 1500 元   ⑤ 1501 ~ 2000 元   ⑥ 2001 ~ 2500 元

⑦ 2501 ~ 3000 元   ⑧ 3001 元以上

12. 您没有将自家土地流转出去的原因是：（   ）

①自己仍然在耕种

②流转出去后租金低

③没有流转市场，没人愿意接受土地

④土地规模太小，懒得流转

⑤其他原因

13. 您是否愿意利用农地经营权进行抵押贷款？（　　　）

①愿意　　　　　　　　　　②不愿意

14. 您是否利用农地经营权进行过抵押贷款？（　　　）

①没有（如果回答是"有"，请跳转至第16题）

②有（请回答：贷款金额约为_____元）

15. 如果您有农地经营权抵押贷款经历，主要用于以下目的：（　　　）

①购买农用机械设备、农具和化肥等生产资料

②扩大农业种植养殖规模

③装修房屋

④婚丧嫁娶费用

⑤创业和外出打工费用

⑥小孩上学费用

⑦疾病治疗费用

⑧其他费用

16. 如果您没有利用农地经营权进抵押贷款，主要原因是（　　　）

①不知道农地经营权可以进行抵押贷款等相关政策

②没有银行等金融机构愿意发放贷款

③家庭条件较好，暂时不需要使用农地经营权抵押贷款

④农地对自己很重要，不愿意用农地进行抵押贷款

⑤其他原因

17. 您认为利用农地经营权进行抵押贷款的主要风险是（可多选）

（　　　）

①不能按时还款的违约风险

②抵押贷款的担保风险

③相关的法律风险

④抵押失败后失去土地的风险

⑤其他风险

18. 您认为农地的承包经营权是：（　　　）

①国家给予农民的，对自己很重要的一项特殊权利

②国家给予农民的，对自己已经不重要的一项特殊权利

③自己拥有的，但对自己很重要的权利

④自己拥有的，但对自己已经不重要的权利

19. 您进城务工或居住后，如果给予适当的经济补偿，您是否愿意放弃农地承包经营权？（　　）

①不愿意（如果回答"不愿意"，请跳转至第 21 题）

②愿意

20. 您认为，如果要您放弃农地承包经营权，应该给予多少经济补贴？每亩约（　　）

① 20000 元以下

② 20001～50000 元以内

③ 50001～100000 元以内

④ 100001～200000 元以内

⑤ 200001～300000 元以内

⑥ 300001～400000 元以内

⑦ 400000 元以上

21. 您不愿意放弃农地承包经营权的主要原因是：（　　）

①农地是家庭成员生存的基本保障

②有地，可以保证老有所依

③农地承包经营权是我的基本权利，不愿轻易放弃

④放弃农地承包经营权时给予的经济补偿或其他补偿太少或补充不到位

⑤其他原因（请注明：_____）

22. 您家宅基地是否进行了确权登记发证？（　　）

①没有　　　　　　　　②有

23. 您认为农民宅基地的所有权属于：（　　）

①国家　　　　　　　　②农民集体

③农民自己　　　　　　④以上都不是

24. 进城工作和居住后，您认为宅基地应该如何处理？（　　）

①和房屋一起流转出去

②和房屋一起卖出去

③仍然保留在自己名下

④放弃宅基地

⑤归还给村集体

⑥馈赠给亲朋好友

25. 进城工作和居住后，如果您认为应该继续保留宅基地，主要原因是：（　　　）

①现行政策不允许宅基地自由流转和买卖

②宅基地是保障自己拥有固定住所的关键性资源

③流转出去后，经济收益太低

④没有合理的流通市场，不能实现顺畅流转或交易

⑤将宅基地流转和买卖出去，对自己和社会的风险都会增大。

26. 您家宅基地是否进行过流转或买卖？（　　　）

①没有

②有（流转后获得经济收入约为：＿＿＿＿＿＿＿＿＿＿元）

27. 接上题，如果您家宅基地进行了流转或买卖，流转或买卖的对象是：（　　　）

①本村居民　　　　　②非本村的亲戚朋友

③当地的城里人　　　④外地人

⑤政府相关部门

28. 您认为宅基地使用权应该进行抵押贷款吗？

①应该　　　　　　　②不应该

29. 您认为当前宅基地进行抵押贷款的困难主要是：（　　　）

①相关的法律和政策不允许

②没有银行愿意接受类似的抵押贷款

③抵押贷款手续繁杂，太麻烦

④房屋和宅基地价值难以评估

⑤其他原因（请注明：＿＿＿＿＿＿＿＿＿＿＿＿＿＿＿＿＿＿＿）

30. 您认为利用宅基地使用权进行抵押贷款的风险主要是：（　　　）

①不能按时还款带来的违约风险

②抵押担保风险

③法律风险

④失去宅基地的风险

⑤其他风险（请注明：_____）

31. 您家是否具有农地或宅基地被政府征收的情况发生？（　　　）

①没有（如果没有，请跳转至第37题）

②有

（以下32－36题，如果有请如实填写，没有则不用填写）

32. 您家农地被征收时，政府给予的经济补偿标准约为：每亩____元。

33. 您家宅基地被征收时，政府给予的经济补偿标准约为：每平方米_____元。

34. 您家农村住房被征收时，政府给予的经济补偿标准约为：每平方米_____元。

35. 您家农地被政府征收或直接入市后时，给予的经济补偿中，乡镇政府提取了_____%，村集体提取了_____%，自己留存_____%，其他提取部分为_____%。

36. 您家宅基地被政府征收或直接入市后时时，给予的经济补偿中，乡镇政府提取了_____%，村集体提取了_____%，自己留存_____%，其他提取部分为_____%。

37. 您认为农地和宅基地征收的补偿标准需要提高吗？（　　　）

①不需要（如果回答不需要，请跳转至第39题）

②需要

38. 您认为农地和宅基地征收的补偿标准应该比现在提高多少？（　　　）

①一倍或以上　　　　②二倍

③三倍　　　　　　　④四倍

⑤与国有土地一样，按照市场价，实现同地同权，同地同价

⑥现行标准

39. 您认为宅基地使用权应该直接入市进行流转和买卖吗？（　　　）

①应该　　　　　　　②不应该

40. 如果您已经进城工作或定居，给予适当的经济补偿，您是否愿意放弃宅基地？（　　　）

①愿意　　　　　　　②不愿意

41. 接上题，如果您愿意放弃宅基地，您觉得应该得到哪些补偿：（可多选）（　　　）

①城市住房补偿

②经济补偿

③购买社会保障（如养老、医疗等社保）

④其他补偿（请注明：＿＿＿＿＿＿＿＿＿＿＿＿＿＿＿＿＿＿＿）

42. 贵村的集体建设用地是否已经确权登记发证？（　　　）

①是　　　　　　　　②没有

43. 贵村的集体建设用地是否有流转（包括出租、直接入市交易、以土地入股、征收、抵押等形式)？（　　　）

①有流转，流转了＿＿＿＿＿亩，总价约为＿＿＿＿＿元

②没有（如果没有，跳转至第46题）

44. 接上题，如果有流转，流转的主要方式是（　　　）

①入股　　　　　　②出让或出租　　　　　③租赁

④征收　　　　　　⑤直接入市交易　　　　⑥抵押贷款

⑦其他

45. 接上题，如果有流转，您是否分配获得集体建设用地流转形成的增值收益？（　　　）

①没有　　　　　　②有（大约＿＿＿＿＿元/年）

46. 您认为农村集体建设用地是否应该直接入市交易？（　　　）

①应该　　　　　　②不应该

47. 目前贵村集体假设用地主要的使用方式是（　　　）（可多选）

①闲置未利用

②修建商品住宅或商铺

③发展村集体产业（村集体工业企业、旅游业、休闲服务业等）

④修建学校、医院、养老院等公益性事业用建筑或场所

⑤其他（请注明：＿＿＿＿＿＿＿＿＿＿＿＿＿＿＿＿＿＿＿）

48. 您是否认为农地财产权（包括承包权、经营权、流转权、处置权、收益权等）是农民的一项重要的财产性权利？（　　　）

①是　　　　　　　　②否

49. 您认为农民应该拥有哪些土地财产权？（可多选）（　　　）

①承包权　　　　　　②经营权　　　　　　③流转权

④处置权　　　　　　⑤收益权　　　　　　⑥继承权

⑦其他权利

50. 现阶段，您认为实现农民的土地财产权（包括承包权、经营权、流转权、处置权、收益权等）最大的障碍是（　　　）（可多选）

①相关产权界定不清晰，权利不明确

②相关法律限制了权利的实现，存在障碍

③农地产权交易市场部健全和不完善

④获益太少，没有积极性参与

⑤政府征地补偿标准太低

⑥保护机制不健全，农地财产权实现过程中存在不法行为，导致财产权利不能正常实现

⑦其他原因

51. 您认为农民的土地财产权（包括承包权、经营权、流转权、处置权、收益权等）应该允许继承吗？（　　　）

①应该　　　　　　　②不应该

52. 未来10年，您对实现农民的土地财产权是否充满信心？（　　　）

①是（如果回答"是"，请跳至第54题）

②否

53. 您对农民土地财产权的实现没有信心的原因是（　　　）

①权利的赋予存在一定的法律障碍

②权利实施起来困难重重

③利益分配再调整比较困难

④农民可能获益太少，参与的积极性不高

⑤农地财产权实现的经济和社会条件还不成熟

⑥其他原因

54. 您觉得未来"农民"是一种（　　　）

①一种身份　　　　　②一种职业

55. 您认为目前农村以"土地为核心"的乡村治理存在哪些问题？
（　　　）（可多选）

①土地产权纠纷导致了更多的乡村纠纷

②土地增值收益分配纠纷导致了更多的乡村矛盾

③土地流转纠纷导致了更多的乡村矛盾

④土地征收和补偿纠纷导致了更多的农村矛盾

⑤其他问题

56. 您愿意参与以"土地为核心"的乡村治理吗？（　　　）

①愿意

②不愿意（如果"不愿意"，请回答第57题）

57. 您不愿意参与以"土地为核心"的乡村治理的原因是（　　　）

①已经离开农村，现在在城市务工和定居，不需要参与

②外出务工，对土地的依赖度减少，对传统农村集体组织的依赖度
　减少

③仍在农村，但是农村集体带给我的归属感在弱化，不愿意参与

④仍在农村，但是没有机会参与乡村治理

⑤其他原因

58. 您家土地是否已经转卖？（　　　）

①是，每亩约_____万元（如果回答"是"，请继续回答59－60题）

②否

59. 您家土地转卖的对象主要是（　　　）

①房地产开发企业　　　　②旅游企业

③矿产资源型企业　　　　④农业企业

⑤政府部门　　　　　　　⑥其他组织或企业

60. 与政府征收的土地价格相比，您家土地转卖的价格要（　　　）

①高于政府征收的土地价格

②低于政府征收的土地价格

②和政府征收的土地价格一样

致谢及访问结束

再次感谢您的支持与合作！

受访者姓名：_____受访者联系电话：_____
调查员姓名：_____联系电话：_____

——访问结束，检查问卷，感谢被调查对象——

T1：访问结束时间：_____年_____月____日____时____分

督导员姓名：_____审查员姓名：_____复核员姓名：_____

参 考 文 献

［1］艾希. 农村宅基地闲置原因及对策研究［J］. 中国人口·资源与环境，2015，25（S1）：74 – 77.

［2］巴泽尔. 产权的经济分析［M］. 费方域，段毅才，译. 上海：上海人民出版社，1997.

［3］蔡昉. 以农民工市民化推进城镇化［J］. 经济研究，2013（3）：6 – 8.

［4］陈金涛，刘文君. 农村土地"三权分置"的制度设计与实现路径探析［J］. 求实，2016（1）：81 – 89.

［5］陈明，武小龙，刘祖云. 权属意识、地方性知识与土地确权实践——贵州省丘陵山区农村土地承包经营权确权的实证研究［J］. 农业经济问题，2014，35（2）：65 – 74.

［6］陈锡文. 农村宅基地改革的焦点和核心是什么［J］. 中国乡村发现，2016（5）：1 – 9.

［7］陈锡文. 深化农村土地制度改革与"三权分置"［J］. 公民与法（综合版），2017（7）：3 – 7.

［8］陈燕妮. 马克思恩格斯城乡融合思想与我国城乡一体化发展研究［M］. 北京：中国社会科学出版社，2017.

［9］邓小平. 邓小平文选（第三卷）［M］. 北京：人民出版社，1993.

［10］丁文. 论"三权分置"中的土地承包权［J］. 法商研究，2017（3）：15 – 26.

［11］董景山. 我国农村土地制度60年：回顾、启示与展望——以政策与法律制度变迁为视角［J］. 江西社会科学，2009（8）：15 – 20.

［12］董祚继. 以"三权分置"为农村宅基地改革突破口［J］. 中国乡村发现，2017（1）：93 – 99.

［13］杜奋根．农地集体所有：农地"三权分置"改革的制度前提［J］．学术研究，2017（8）：81－86．

［14］杜敬．关于"五四指示"和《中国土地法大纲》的几个问题［J］．天津社会科学，1985（3）：20－24，85．

［15］杜群，董斌．农民住房抵押贷款实现机制创新略论——基于试点实践的考察［J］．湖南农业大学学报（社会科学版），2018，19（2）：55－60．

［16］杜润生．杜润生自述：中国农村体制改革重大决策纪实［M］．北京：人民出版社，2005．

［17］方婷婷，吴次芳，周翼虎．农村土地"三权分置"的法律制度构造［J］．农村经济，2017（10）：30－36．

［18］菲吕博顿，佩杰威齐．产权与制度变迁［M］．上海：上海三联书店，1994．

［19］付坚强，郭彩玲．农村宅基地使用权退出的必要性与可行性分析［J］．求实，2014（10）：92－96．

［20］付文凤，郭杰，欧名豪，易家林．基于机会成本的农村宅基地退出补偿标准研究［J］．中国人口·资源与环境，2018，28（3）：60－66．

［21］盖凯程，于平．农地非农化制度的变迁逻辑：从征地到集体经营性建设用地入市［J］．农业经济问题，2017，38（3）：15－22．

［22］高海．论农民住房有限抵押［J］．中国农村观察，2017（2）：27－40．

［23］龚宏龄．农户宅基地退出意愿研究——基于宅基地不同持有情况的实证研究［J］．农业经济问题，2017，38（11）：89－99．

［24］顾龙友．对农村宅基地制度改革试点实践的思考（下）［J］．中国土地，2018（1）：36－38．

［25］关于加大改革创新力度加快农业现代化建设的若干意见［N］．人民日报，2015－02－01．

［26］关于落实发展新理念加快农业现代化实现全面小康目标的若干意见［N］．人民日报，2016－01－27．

［27］关于全面深化农村改革加快推进农业现代化的若干意见［N］．

人民日报，2014 - 01 - 19.

［28］关于稳定和完善土地承包关系的意见［J］. 农村工作通讯，
1995（6）：18 - 19.

［29］管洪彦，孔祥智. 农村土地"三权分置"的政策内涵与表达思
路［J］. 江汉论坛，2017（4）：29 - 35.

［30］桂华，贺雪峰. 宅基地管理与物权法的适用限度［J］. 法学研
究，2014，36（4）：26 - 46.

［31］郭彩琴. 马克思主义城乡融合思想与我国城乡教育一体化发展
［J］. 马克思主义研究，2010（3）：100 - 105.

［32］郭贯成，李金景. 经济欠发达地区农村宅基地流转的地域差异研
究——以河北省张家口市为例. 资源科学，2014，36（6）：1229 - 1234.

［33］郭熙保. 市民化过程中土地退出问题与制度改革的新思路［J］.
经济理论与经济管理，2014（10）：14 - 23.

［34］郭晓鸣，廖祖君. 从还权到赋能：实现农村产权的合法有序流
动——一个"两股一改"的温江样本［J］. 中国农村观察，2013（3）：2 - 9.

［35］郭晓鸣，张克俊. 让农民带着"土地财产权"进城［J］. 农业
经济问题，2013（7）：4 - 11.

［36］国家林业和草原局关于进一步放活集体林经营权的意见［J］.
当代农村财经，2018（8）：54 - 55.

［37］国家统计局.2018年居民收入和消费支出情况［EB/OL］. http：//
www. stats. gov. cn/，2019 - 01 - 21.

［38］国家统计局. 国家统计年鉴2013［M］. 北京：中国统计出版
社，2013.

［39］国家统计局国民经济统计司. 新中国六十年统计资料汇编
［M］. 北京：中国统计出版社，2010.

［40］国务院办公厅发出关于完善集体林权制度的意见［J］. 城市规
划通讯，2016（23）：6.

［41］韩长赋. 再谈"三权分置"［J］. 农村经营管理，2017（12）：
6 - 8.

［42］韩立达，史敦友，韩冬，周璇，王艳西. 农村土地制度和户籍

制度系统联动改革：历程演进、内在逻辑与实施路径［J］. 中国土地科学，2019，33（4）：18-24.

［43］韩立达，王艳西，韩冬. 农村宅基地"三权分置"：内在要求、权利性质与实现形式［J］. 农业经济问题，2018（7）：36-45.

［44］韩立达，王艳西，韩冬. 农地"三权分置"的运行及实现形式研究［J］. 农业经济问题，2017，38（6）：4-11.

［45］韩松. 农民集体土地所有权的权能［J］. 法学研究，2014，36（6）：63-79.

［46］韩文龙，李强，杨继瑞. 习近平新时代农地"三权分置"的实践探索［J］. 财经科学，2018（11）：37-50.

［47］韩文龙，刘灿. 共有产权的起源、分布与效率问题——一个基于经济学文献的分析［J］. 云南财经大学学报，2013，29（1）：15-23.

［48］韩文龙，刘灿. 农民土地财产权的内涵及实现机制选择——基于案例的比较分析［J］. 社会科学研究，2013（4）：21-26.

［49］韩文龙，谢璐. 宅基地"三权分置"的权能困境与实现［J］. 农业经济问题，2018（5）：60-69.

［50］韩文龙，朱杰. 承包地"三权分置"的理论实质及实现机制——基于案例的比较分析［J］. 西部论坛，2018，28（4）：12-21.

［51］韩文龙. 以城乡融合发展推进农业农村现代化［J］. 红旗文稿，2019（1）：24-26.

［52］何承斌. 我国农村宅基地使用权抵押贷款的困境与出路［J］. 现代经济探讨，2014（12）：70-72.

［53］河北省档案局等.《中国土地法大纲》诞生记［J］. 档案天地，2019（6）：10-11.

［54］贺雪峰. 不必着急让农民退出宅基地［N］. 第一财经日报，2016-06-23（A11）.

［55］胡建. 农村宅基地使用权有限抵押法律制度的构建与配套［J］. 农业经济问题，2015，36（4）：38-43.

［56］胡锦涛在党的十七大上的报告［N］. 人民日报，2007-10-24.

［57］胡锦涛在中国共产党第十八次全国代表大会上的报告［N］. 人

民日报，2012 – 11 – 18.

[58] 胡祖才. 城乡融合发展的新图景 [J]. 求是，2019 (14).

[59] 华生. 进城农民工的土地权益是改革的核心 [J]. 农村工作通讯，2013 (16)：44.

[60] 黄少安. 改革开放 40 年中国农村发展战略的阶段性演变及其理论总结 [J]. 经济研究，2018，53 (12)：4 – 19.

[61] 简新华. 新生代农民工融入城市的障碍与对策 [J]. 求是学刊，2011，38 (1)：60 – 63.

[62] 科斯. 论生产的制度结构 [M]. 上海：上海三联书店，1994.

[63] 孔凡斌，廖文梅，杜丽. 农户集体林地细碎化及其空间特征分析 [J]. 农业经济问题，2013，34 (11)：77 – 81.

[64] 孔祥智，刘同山. 赋予农民更多财产权利：必要性、内涵与推进策略 [J]. 教学与研究，2014 (1)：27 – 34.

[65] 孔祥智. "三权分置"的重点是强化经营权 [J]. 中国特色社会主义研究，2017 (3)：22 – 28.

[66] 孔祥智. 农业供给侧结构性改革的基本内涵与政策建议 [J]. 改革，2016 (2)：104 – 115.

[67] 赖丽华. 农村土地"三权分置"下经营权物权化制度构建 [J]. 社会科学家，2016 (10)：104 – 107.

[68] 雷绍业. 探索山区农村集体产权制度改革之路 [J]. 农村工作通讯，2018 (2)：39 – 40.

[69] 李宾，孔祥智. 我国农业生产经营的制度突破：日韩镜鉴于启示 [J]. 改革，2015 (1)：119 – 131.

[70] 李宁，张然，仇童伟，王舒娟. 农地产权变迁中的结构细分与"三权分置"改革 [J]. 经济学家，2017 (1)：62 – 69.

[71] 李周. 中国农业改革与发展 [M]. 北京：社会科学文献出版社，2017.

[72] 林乐芬，沈一妮. 异质性农户对农地抵押贷款的响应意愿及影响因素——基于东海试验区 2640 户农户的调查 [J]. 财经科学，2015 (4)：34 – 48.

［73］林毅夫等．制度、技术与中国农业发展［M］．上海：上海三联书店，2005.

［74］刘灿，韩文龙．农民的土地财产权利：性质、内涵和实现问题——基于经济学和法学的分析视角［J］．当代经济研究，2012（6）：62-69.

［75］刘灿．构建以用益物权为内涵属性的农村土地使用权制度［J］．经济学动态，2014（11）：31-40.

［76］刘守英，熊雪锋．经济结构变革、村庄转型与宅基地制度变迁——四川省泸县宅基地制度改革案例研究［J］．中国农村经济，2018（6）：2-20.

［77］刘守英．直面中国土地问题［M］．北京：中国发展出版社，2014.

［78］刘守英．中国城乡二元土地制度的特征、问题与改革［J］．国际经济评论，2014（3）：9-24.

［79］刘守英．中国土地制度改革：上半程及下半程［J］．国际经济评论，2017（5）：29-56.

［80］刘雅静．新中国成立以来农村土地政策的演进及基本经验［J］．国家治理，2019（18）：38-48.

［81］刘元胜，胡岳岷．农民权益：农村土地增值收益分配的根本问题［J］．财经科学，2017（7）：40-49.

［82］刘云生，吴昭军．政策文本中的农地三权分置：路径审视与法权建构［J］．农业经济问题，2017，38（6）：12-22.

［83］刘振伟．乡村振兴中的农村土地制度改革［J］．农业经济问题，2018（9）：4-9.

［84］柳礼泉，汤素娥．马克思主义共享发展思想的历史演进与当代创新［J］．马克思主义研究，2017（5）：134-143.

［85］卢新海，张旭鹏．农地"三权分置"改革的政治社会学分析［J］．新疆师范大学学报（哲学社会科学版），2017，38（6）：112-120.

［86］罗必良．农业共营制：新型农业经营体系的探索与启示［J］．社会科学家，2015（5）：7-12.

[87] 马克思. 资本论（第一卷）[M]. 北京：人民出版社，2018.

[88] 马克思恩格斯全集（第 1 卷）[M]. 北京：人民出版社，1995.

[89] 马克思恩格斯全集（第 7 卷）[M]. 北京：人民出版社，1959.

[90] 马克思恩格斯文集（第 1 卷）[M]. 北京：人民出版社，2009.

[91] 马克思恩格斯文集（第 5 卷）[M]. 北京：人民出版社，2009.

[92] 马克思恩格斯文集（第 8 卷）[M]. 北京：人民出版社，2009.

[93] 马克思恩格斯选集（第 1 卷）[M]. 北京：人民出版社，2012.

[94] 马克思恩格斯选集（第 2 卷）[M]. 北京：人民出版社，1972.

[95] 马克思恩格斯选集（第 3 卷）[M]. 北京：人民出版社，2012.

[96] 马晓河，蓝海涛，黄汉权. 工业反哺农业的国际经验及我国的政策调整思路 [J]. 管理世界，2005（7）：55 – 63.

[97] 毛泽东文集（第七卷）[M]. 北京：人民出版社，1999.

[98] 毛泽东选集（第五卷）[M]. 北京：人民出版社，1977.

[99] 孟捷，李怡乐. 改革以来劳动力商品化和雇佣关系的发展——波兰尼和马克思的视角 [J]. 开放时代，2013（5）：74 – 106.

[100] 潘俊. 农村土地承包权和经营权分离的实现路径 [J]. 南京农业大学学报（社会科学版），2015，15（4）：98 – 105.

[101] 彭长生，范子英. 农户宅基地退出意愿及其影响因素分析——基于安徽省 6 县 1413 个农户调查的实证研究 [J]. 经济社会体制比较，2012（2）：154 – 162.

[102] 彭鹏，仇晓璐，赵荣. 我国集体林区林业规模经营的现实分析与实现路径 [J]. 世界林业研究，2018，31（1）：86 – 90.

[103] 钱龙，钱文荣，郑思宁. 市民化能力、法律认知与农村宅基地流转——基于温州试验区的调查与实证 [J]. 农业经济问题，2016，37（5）：59 – 68.

[104] 全面部署实施乡村振兴战略 [EB/OL]. 新华网，2018 – 02 – 04.

[105] 任荣. 六十年土地改革的演变历程 [N]. 烟台日报，2009 – 02 – 16.

[106] 上官彩霞，冯淑怡，陆华良，曲福田. 不同模式下宅基地置换对农民福利的影响研究——以江苏省"万顷良田建设"为例 [J]. 中国软

科学，2017（12）：87-99.

［107］深化农村改革综合性实施方案［EB/OL］. 新华社，2015-11-02.

［108］十八大以来重要文献选编（上）［M］. 北京：中央文献出版社，2014.

［109］十八大以来重要文献选编（中）［M］. 北京：中央文献出版社，2016.

［110］孙聪聪. 民法典编纂中承包地"三权分置"的制度体系重塑［J］. 法学评论，2019，37（4）：118-128.

［111］王启荣. 完善管理是健全农业生产责任制的关键——《全国农村工作会议纪要》学习笔记［J］. 华中师院学报（哲学社会科学版），1982（4）：1-8.

［112］王小映. "三权分置"产权结构下的土地登记［J］. 农村经济，2016（6）：3-7.

［113］王亚华. 农村土地"三权分置"改革：要点与展望［J］. 人民论坛·学术前沿，2017（6）：56-60.

［114］威廉姆森. 资本主义经济制度［M］. 北京：商务印书馆，2002.

［115］温世扬，潘重阳. 宅基地使用权抵押的基本范畴与运行机制［J］. 南京社会科学，2017（3）：96-105.

［116］邬巧飞. 马克思的城乡融合思想及其当代启示［J］. 科学社会主义，2014（4）：142-145.

［117］吴郁玲，石汇，王梅，冯忠垒. 农村异质性资源禀赋、宅基地使用权确权与农户宅基地流转：理论与来自湖北省的经验［J］. 中国农村经济，2018（5）：52-67.

［118］习近平. 把乡村振兴战略作为新时代"三农"工作总抓手［N］. 人民日报，2018-09-23.

［119］习近平. 决胜全面建成小康社会 夺取新时代中国特色社会主义伟大胜利——在中国共产党第十九次全国代表大会上的报告［M］. 北京：人民出版社，2017.

［120］习近平谈治国理政（第二卷）［M］. 北京：外文出版社，2017.

［121］习近平历次讲话，都讲了什么——从七个方面读懂中国治国理

政思路［N］.人民日报（海外版），2014－02－27.

［122］习近平在中共中央政治局第二十二次集体学习时强调健全城乡发展一体化体制机制让广大农民共享改革发展成就［N］.人民日报，2015－05－04.

［123］习近平主持召开十九届中央全面深化改革领导小组第一次会议［J］.改革与开放，2017（23）：161－162.

［124］夏敏，林庶民，郭贯成.不同经济发展水平地区农民宅基地退出意愿的影响因素——以江苏省7个市为例［J］.资源科学，2016，38（4）：728－737.

［125］肖鹏.土地承包权初探［J］.中国农业大学学报，2017（1）：1－8.

［126］谢富胜，吴越，王生升.平台经济全球化的政治经济学分析［J］.中国社会科学，2019（12）：62－81，200.

［127］谢家银.农村宅基地使用权抵押面临的现实困境及路径选择［J］.广西社会科学，2016（5）：90－94.

［128］邢祖礼，陈杨林，邓朝春.新中国70年城乡关系演变及其启示［J］.改革，2019（6）：20－31.

［129］闫东升，杨槿，陈雯.失地农民生活满意度测度及影响因素研究——以南京市仙林新村为例［J］.长江流域资源与环境，2018，27（7）：1625－1636.

［130］杨冬梅，朱述斌，赵馨.集体林权制度改革实施绩效研究进展及展望［J］.广东农业科学，2017，44（10）：166－172.

［131］杨继瑞，汪锐，马永坤.农村承包地产权收益的经济学解析［J］.中国农村经济，2014（12）：13－17.

［132］杨璐璐.农村宅基地制度面临的挑战与改革出路——基于产权完善的收益共享机制构建［J］.南京社会科学，2017（11）：17－22.

［133］杨玉珍.城市内层边缘区农户宅基地腾退影响因素研究——基于河南省6地市33个自然村的调查［J］.中国土地科学，2013，27（9）：44－50.

［134］杨志明.我国农民工发展的历程和特色［N］.人民日报，2018－

10 – 15（7）.

［135］易宪容 . "过客"定居可让中国 GDP 再翻番——城镇化的实质是农民的市民化［J］. 人民论坛，2013（4）：26 – 27.

［136］易小燕，陈印军，袁梦 . 基于 Shapley 值法的农村宅基地置换成本收益及分配分析——以江苏省万顷良田建设工程 X 项目区为例［J］. 农业经济问题，2017，38（2）：40 – 47.

［137］翟全军，卞辉 . 城镇化深入发展背景下农村宅基地流转问题研究［J］. 农村经济，2016（10）：10 – 17.

［138］翟帅 . "三权分置"下农地权利主体界定之困境分析［J］. 行政科学论坛，2017（10）：26 – 31.

［139］张海鹏 . 中国城乡关系演变 70 年：从分割到融合［J］. 中国农村经济，2019（3）：2 – 18.

［140］张珩，罗剑朝，王磊玲 . 农地经营权抵押贷款对农户收入的影响及模式差异：实证与解释［J］. 中国农村经济，2018（9）：79 – 93.

［141］张慧鹏 . 毛泽东构建新型工农城乡关系的探索与启示［J］. 马克思主义与现实，2017（6）：185 – 192.

［142］张克俊，付宗平 . 基于功能变迁的宅基地制度改革探索［J］. 社会科学研究，2017（6）：47 – 53.

［143］张克俊 . 推动农村土地制度逐步形成"三权分置"格局研究［J］. 开发研究，2017（1）：18 – 25.

［144］张蕾，黄雪丽 . 深化集体林权制度改革的成效、问题与建议［J］. 西北农林科技大学学报（社会科学版），2016，16（4）：131 – 137.

［145］张守夫，张少停 . "三权分置"下农村土地承包权制度改革的战略思考［J］. 农业经济问题，2017，38（2）：1，9 – 15.

［146］张旭昕 . 农地"三权分置"政策背景下的"三权"定位及其关系［J］. 德州学院学报，2017，33（1）：60 – 64.

［147］张占斌，郑洪广 . "三权分置"背景下"三权"的权利属性及权能构造问题研究［J］. 西南大学学报（社会科学版），2017，43（1）：29 – 37.

［148］张占仓 . 中国农业供给侧结构性改革的若干战略思考［J］. 中

国农村经济，2017（10）：26 – 37.

［149］张占耕. 农村土地制度改革的方向研究［J］. 区域经济评论，2017（4）：99 – 106.

［150］赵康杰，景普秋. 新中国 70 年城乡互动与城乡一体化演进——基于对外开放视角［J］. 南开学报（哲学社会科学版），2019（4）：23 – 35.

［151］郑风田，阮荣平，孔祥智. 南方集体林区林权制度改革回顾与分析［J］. 中国人口·资源与环境，2009，19（1）：25 – 32.

［152］郑风田. 振兴乡村必须打破城乡资源流动的障碍［J］. 农村工作通讯，2017（24）：48.

［153］郑有贵. 土地改革是一场伟大的历史性变革——纪念《中华人民共和国土地改革法》颁布 50 周年［J］. 当代中国史研究，2000（5）：6 – 16.

［154］中共中央、国务院关于保护森林发展林业若干问题的决定［J］. 云南林业，1981（1）：1 – 5.

［155］中共中央、国务院关于深入推进农业供给侧结构性改革加快培育农业农村发展新动能的若干意见［N］. 人民日报，2017 – 02 – 05.

［156］中共中央办公厅 国务院办公厅关于完善农村土地所有权承包权经营权分置办法的意见［EB/OL］. 新华社，2016 – 10 – 30.

［157］中共中央关于全面深化改革若干重大问题的决定［N］. 人民日报，2013 – 11 – 16（001）.

［158］中共中央关于推进农村改革发展若干重大问题的决定［J］. 国土资源通讯，2008（19）：1，4 – 11.

［159］中共中央关于在农村建立人民公社问题的决议——一九五八年八月二十九日［J］. 法学研究，1958（5）：11 – 12.

［160］中共中央国务院关于加大改革创新力度加快农业现代化建设的若干意见［EB/OL］. 新华社，2015 – 02 – 01.

［161］中共中央国务院关于建立健全城乡融合发展体制机制和政策体系的意见［N］. 人民日报，2019 – 05 – 06.

［162］中共中央国务院关于落实发展新理念加快农业现代化实现全面

小康目标的若干意见［N］. 人民日报，2015 – 12 – 31.

［163］中共中央国务院关于全面深化农村改革加快推进农业现代化的若干意见［J］. 农村工作通讯，2014 (3)：9 – 14.

［164］中共中央国务院关于全面推进集体林权制度改革的意见［J］. 楚雄政报，2008 (5)：1 – 3.

［165］中共中央国务院关于实施乡村振兴战略的意见［N］. 人民日报，2018 – 02 – 05.

［166］中共中央国务院关于稳步推进农村集体产权制度改革的意见［EB/OL］. 新华社，2016 – 12 – 29.

［167］中国共产党第十一届中央委员会第三次全体会议公报［J］. 实事求是，1978 (4)：3 – 9.

［168］中国将探索宅基地"三权分置"［N］. 人民日报 (海外版)，2018 – 01 – 16 (01).

［169］中华人民共和国土地管理法［M］. 北京：中国法制出版社，2019.

［170］中华人民共和国物权法 (实用版)［M］. 北京：中国法制出版社，2016.

［171］中华人民共和国民法通则［J］. 人民司法，1986 (5)：2 – 10.

［172］中华人民共和国农村土地承包法［J］. 中国改革 (农村版)，2002 (4)：27 – 29.

［173］中华人民共和国森林法［N］. 人民日报，2020 – 01 – 02 (016).

［174］周其仁. 土地制度改革有四方面值得关注［J］. 理论学习，2014 (10)：36 – 37.

［175］周其仁等. 还权赋能——成都土地制度改革探索的调查研究［J］. 国际经济评论，2010 (2)：54 – 92.

［176］周文，赵方，杨飞，李鲁. 土地流转、户籍制度改革与中国城市化：理论与模拟［J］. 经济研究，2017，52 (6)：183 – 197.

［177］朱广新. 土地承包权与经营权分离的政策意蕴与法制完善［J］. 法学，2015 (11)：88 – 100.

［178］朱启臻．宅基地"三权分置"的关键是使用权适度放活［J］．农村工作通讯，2018（3）：57．

［179］朱文珏，罗必良．农地流转、禀赋效应及对象歧视性——基于确权背景下的 IV – Tobit 模型的实证分析［J］．农业技术经济，2019（5）：4 – 15．

［180］朱新华，陆思璇．风险认知、抗险能力与农户宅基地退出［J］．资源科学，2018，40（4）：698 – 706．

［181］朱新华．农村宅基地制度创新与理论解释——江苏省江都市的实证研究［J］．中国人口·资源与环境，2012，22（3）：19 – 25．

［182］邹伟，徐博，王子坤．农户分化对宅基地使用权抵押融资意愿的影响——基于江苏省 1532 个样本数据［J］．农村经济，2017（8）：33 – 39．

［183］Alchian，A．，A．Some Economics of Property Rights［J］．Politco，1965（30）：816 – 829．

［184］Brandt L．，Huang J．，Li G．and Rozelle S．Land Rights in Rural China：Facts，Fiction and Issues［J］．The China Journal，2002，47（6）：67 – 97．

［185］Coase，R．H．The Nature of the Firm［J］．Economica，1937，4（16）：386 – 405．

［186］Coase，R．H．The Problem of Social Cost［J］．Journal of Law and Economics，1960（3）：1 – 44．

［187］Demsetz H．Toward a Theory of Property Rights［J］．America Economic Review，1967（57）：347 – 359．

［188］Kung J．Common Property Rights and Land Reallocations in Rural China：Evidence from a Village Survey［J］．World Development，2000，28（4）：701 – 719．

［189］Lin J．Y．Rural Reforms and Agricultural Growth in China［J］．American Economic Review，1992（82）：34 – 51．

［190］Pejovich，Svetozar．Towards an Economic Theory of the Creation and Specification of Property Rights［J］．Review of Social Economy，1972（30）：309 – 325．

［191］Putterman L. On the Past and Future of China's Town-ship and Village Owned Enterprises ［J］. World Development, 1997, 25 （10）: 1639 – 1655.

［192］RDI. The Rural Land Question in China: Analysis and Recommendations Based on a 17 Province Survey in 2005 ［J］. RDI Report, 2006.

［193］Shenggen F. and Pardey P. Research, Productivity and Output Growth in Chinese Agriculture ［J］. Journal of Development Economic, 1997, 53 （6）: 115 – 137.

图书在版编目 (CIP) 数据

农民市民化过程中农地财产权的实现机制创新研究/
韩文龙著. —北京：经济科学出版社，2020.12
（马克思主义政治经济学青年论丛）
ISBN 978 - 7 - 5218 - 2283 - 0

Ⅰ. ①农⋯　Ⅱ. ①韩⋯　Ⅲ. ①农民 - 土地所有权 -
研究 - 中国　Ⅳ. ①F321.1

中国版本图书馆 CIP 数据核字（2020）第 266569 号

责任编辑：宋艳波　赵　蕾
责任校对：杨　海
责任印制：李　鹏　范　艳

农民市民化过程中农地财产权的实现机制创新研究
韩文龙　著
经济科学出版社出版、发行　新华书店经销
社址：北京市海淀区阜成路甲 28 号　邮编：100142
总编部电话：010 - 88191217　发行部电话：010 - 88191540
网址：www.esp.com.cn
电子邮箱：esp@esp.com.cn
天猫网店：经济科学出版社旗舰店
网址：http://jjkxcbs.tmall.com
北京季蜂印刷有限公司印装
710×1000　16 开　14.25 印张　220000 字
2021 年 12 月第 1 版　2021 年 12 月第 1 次印刷
ISBN 978 - 7 - 5218 - 2283 - 0　定价：66.00 元
（图书出现印装问题，本社负责调换。电话：010 - 88191510）
（版权所有　翻印必究　举报电话：010 - 88191586
电子邮箱：dbts@esp.com.cn）